k.w.

Franz Huber

HERZENS HÜHNER

Ein erfülltes Leben mit Hühnern

SILBERSCHNUR VERLAG

MIX
Papier aus verantwortungsvollen Quellen
FSC® C014138

ISBN: 978-3-96933-013-5

1. Auflage 2021

Umschlaggestaltung & Satz: XPresentation, Güllesheim; unter Verwendung eines Motivs von © Sonsedska Yuliia; www.shutterstock.com
Druck: Finidr, s.r.o. Cesky Tesin

Verlag »Die Silberschnur« GmbH · Steinstraße 1 · D-56593 Güllesheim
www.silberschnur.de · E-Mail: info@silberschnur.de

Für Gabriela

Kennst du das Bild auf zartem Grunde,
Es gibt sich selber Licht und Glanz.

Ein andres ist's zu jeder Stunde,
Und immer ist es frisch und ganz.

Im engsten Raum ist's ausgeführet,
Der kleinste Rahmen faßt es ein,
Doch alle Größe, die dich rühret,
Kennst du durch dieses Bild allein.

Und kannst du den Kristall mir nennen,
Ihm gleicht an Wert kein Edelstein,
Er leuchtet, ohne je zu brennen,
Das ganze Weltall saugt er ein.

Der Himmel selbst ist abgemalet
In seinem wundervollen Ring,
Und doch ist, was er von sich strahlet,
Noch schöner, als was er empfing.

Friedrich von Schiller

Liebe Leserin, lieber Leser,

unerwartet hat für mich ein neuer Lebensabschnitt - mit Hühnern - begonnen. Nein, so möchte ich nicht anfangen. Anstelle von "Lebensabschnitt", was wohl besagt, dass etwas von meinem Leben abgeschnitten wird, möchte ich lieber so beginnen:

Völlig unerwartet hat meine Zeit mit den Hühnern begonnen. Meine liebe Mutter, die eine große Freundin der Hühner war und immer Hühner hatte, war leider verstorben. Da waren noch die Hühner ... Nun musste sich jemand um das Federvieh kümmern.

Das Einfachste wäre es gewesen, die Tiere zu verschenken - allerdings brachte ich das nicht übers Herz. Aus Respekt vor meiner Mutter. Insgeheim aber überlegte ich mir, wie ich sie mit Anstand loswerden könnte.

Es ist anders gekommen. Im Laufe der Zeit habe ich mich, für mich selbst überraschend, mit Bruno dem Gockel, mit Martha, Hoffnung, Silberpfeil, Esperanza und den anderen angefreundet - und sie mit mir. Das war nicht immer einfach. Vermutlich lag es neben meiner Unerfahrenheit auch daran, dass Hühner ihre Eigenarten haben und ich dasselbe auch von mir behaupten darf. Mehr und mehr lernte ich sie mit der Zeit schätzen. Dabei wurde mir ihre Sonderstellung im Reich der Tiere bewusst: Hühner sind immerhin aufrecht schreitende Zweibeiner, gemeinsam mit Vögeln und uns Menschen. So einfach ist es nicht, sie zu verschenken. ...

Gerade erst ist geschehen, was in diesem Buch beschrieben wird. Man könnte meinen, Teile davon seien meiner Einbildung entsprungen. Das ist nicht der Fall. Vermutlich konnte ich meine

Herzenshühner durch unser enges Zusammenleben besser kennenlernen, konnte mehr von ihnen erfahren, viel mehr, auch Seltsames mit ihnen erleben, als sich das der kritische Zeitgenosse vorstellen kann.

Kann es sein, dass Grenzen durchlässiger werden, dass man Ungewöhnliches wahrnehmen kann, wenn die Abenddämmerung fast lautlos 'daherpfotet', oder, wenn in den letzten Augenblicken der vergehenden Nacht der Gockel mit sehnsuchtsvollem Krähen die Sonne ruft?

Wo genau die Grenzen verlaufen zwischen dem, was einer glaubt, was real ist und was nicht, hängt schließlich davon ab, wie bunt er sein Leben gestalten möchte.

Hand aufs Herz: Möchten Sie ein graues und langweiliges Leben führen?

Bis auf unseren geliebten Rottweiler Enrique, der viel zu früh auf seiner Lebensreise, dem Regenbogen gefolgt ist, erfreuen sich Bruno und fast alle im Text vorkommenden Hühner – wie auch Fräulein A-nette – noch heute bester Gesundheit.

Ich danke allen, die mich bis hierher so liebevoll begleitet haben. Möge ihnen das Hundertfache, das ich von ihnen erhalten durfte, zuteilwerden!

Mit diesem Buch würdige ich neben meiner Mutter, meine geliebten, sich oft so menschlich verhaltenden Herzenshühner – stellvertretend für alle Hühner und Tiere dieser Welt.

Franz Huber

Die Hühner legen schlecht. Gut, das Wetter trägt das Seine dazu bei. Wer möchte schon klamm im kalten Nest sitzen, wenn Nebel und Schnee, ums Hühnerhäuschen toben? Grundsätzlich akzeptiere ich, dass die Hühner in der kalten Jahreszeit weniger Eier legen. Aber, kann es sein, dass von zwölf Damen täglich insgesamt nur ein einziges Ei gelegt wird? Und das nun schon seit zwei Wochen! Jeden Tag ein weißes Ei, nicht mehr. Das kann, das darf doch nicht wahr sein! Es deutet darauf hin, dass die schneeweiße Martha das Ei gelegt hat. Die gute Martha! Alle anderen legen entweder beigefarbene, hellbraune, mittelbraune, dunkelbraune oder hellgrüne Eier mit Blaustich. Nur Martha legt weiße Eier.

Haben die Hühner Kummer, sind sie unzufrieden? Möchten sie mir etwas mitteilen? Ist es zu kalt im Hühnerstall? Wie kann ich das herausfinden und dazu beitragen, ihr Wohlbefinden zu verbessern, damit wieder ordentlich gelegt wird? Für die Tiere trage ich die Verantwortung, das muss ich bedenken. Ich fühle mich auch bezüglich unserer Abnehmer verpflichtet. Sie schwören auf diese Eier, haben gute Erfahrungen mit ihnen gemacht, rechnen damit, dass sie Nachschub bekommen. Immer wieder wird nachgefragt. Mit wachsender Ungeduld.

Zum Beispiel von Frau Sieglinde von der anderen Straßenseite, einer älteren Dame mit schlohweißem Haar, aufgefrischt mit violett-rosa Strähnchen. Sie wohnt mit ihrem Dackel Wacki in einem putzigen Holzhäuschen, mit rot-weiß-rot gestrichenen Fensterläden. Hexenhäuschen sage ich immer dazu. Obwohl Frau Sieglinde weiß Gott nichts von einer Hexe an sich hat. Im Gegenteil. Im Gegenteil? Wacki hat die wunderbare, und gewiss bei Hunden seltene Farbe, des dem Wipfel nahen Stammes der Föhren in der Abenddämmerung.

Das Haus von Frau Sieglinde wird vor dem Zerfallen von dickstämmigen Kletterrosen bewahrt, die in der warmen Jahreszeit reich in rosa, weiß und herzensrot blühen. Es sind alte Sorten. In ihrer Lust sich zu verschenken, verdecken sie die Fensterläden und drängen die mit weißen Kreuzen geviertelten Glasflächen in den Hintergrund. Es gibt zwei kleine Fenster im Erdgeschoss, ein Fensterchen darüber. Die Eingangstüre befindet sich auf der rechten Seite des Häuschens, wettergeschützt vom hölzernen Vorbau.

Wenn der Wind günstig steht, überwiegend haben wir ja Westwind, wehen feinste Gespinste von süßestem Duft auf unsere Seite herüber. Nehme ich mir die nötige Zeit mich einzuschwingen, beschenkt von der Gunst der Stunde und trifft es zu, dass wenige Kumuluswolken über den Himmel driften, kann man gegen ihre etwas dunklere Seite – ich meine die Seite der Wolke, die sonnenabgewandt ist – am besten dort, wo das Weiß am festesten steht, diese Duftwolken wahrnehmen. Sehen sogar. Als hellgoldene Schleier wirbeln sie wie Sternenwolken über das Leuchtblau ins Kumulusweiß, sich verdichtend, dann auseinanderstrebend, endlich in die Kumuluswolken einsinkend. Ähnlich, jedoch viel gemächlicher bewegt, als man das von Wolken Tausender von Eintagsfliegen her kennt. So schnell ziehen diese Fliegen ihre Kreise, dass man sie, falls die Sonne scheint, als verdimmendes, feines Lichtliniengewirr wahrnimmt. Als einen Fragen aufwerfenden Lichtlinienknäuel. Eingedenk ihrer kurzen Lebenszeit, erklärt sich der Grund für ihre Eile. Ich habe oft beobachtet, wie diese Eintagsfliegenwolken über dem Fluss schweben, wie sie wie auf ein Kommando hin ihr Revier wechseln, plötzlich nach oben driften, von der Sonne in den Schatten, fast schluckt sie der Wasserfall. Gerade dehnt sich die Wolke hin zum tiefen Erlenast, zieht sich zusammen wie ein atmendes Luftwesen.

Zurück zu den Rosen: Gott weiß, ob und auf welche Weise sich die Kumuluswolken mit den Düften der rosa, der weißen und der herzensroten Rosen vermählen. Mehr als ein Schimmern, das sich an der Oberfläche der Wolke zeigt, sich dann in ihr Inneres zurückzieht, konnte ich von hier unten nicht beobachten. Die Distanz ist einfach zu groß. Wird der Regen, der für morgen angesagt ist, ein wenig nach Rosenblüten duften? Werden die Tropfen hauchzart eingefärbt sein, rosa, weiß und herzensrot schimmern, werden die Pfützen duften?

Ich hoffe es. Irgendwo müssen ja all diese herrlichen Düfte bleiben. Sie können sich doch nicht in nichts auflösen! Jedenfalls werde ich dem nachgehen. Ohne Schirm, versteht sich, damit sich kein Hindernis zwischen dem Duft und meiner Nase befindet. Gegen den Himmel werde ich die Regentropfen beobachten, um so hoffentlich ihre Farben zu sehen. Vielleicht bilden sich aus diesen Farben Regenbögen. Dann wäre ein Rätsel gelöst! Und man wüsste endlich, woher die Farben der Regenbögen kommen.

Kann man den Duft wirklich sehen, werden Sie fragen? Darüber haben wir in unserem engen Kreis heftig diskutiert. Auch wenn ich mit meiner Meinung ziemlich allein stand, mir gar vorgeworfen wurde, ich würde fantasieren: Die Antwort heißt ja. Allerdings muss man es für möglich halten und ganz fest darauf hoffen, dass es klappt. Man muss mit dem Herzen mögen, den Duft zu sehen. Ein wenig von der eigenen Herzenssubstanz, die - und da bin ich mir sicher - sehr nahe mit dem Rosenblütenduft verwandt ist, sollte man aussenden, um die Bereitschaft der Düfte zu fördern, sich zu zeigen. Das ist die Voraussetzung, sonst sieht man garantiert nichts.

Heutzutage sind wir daran gewöhnt, mit ungeheuren Mengen von Werbebotschaften sowie Informationen aller Art durch eine Vielzahl von Medien überflutet zu werden. Dazu bedarf es keiner eigenen Anstrengung. Wir sind zu Rund-um-die-Uhr-Konsumenten geworden. Kann es sein, dass der eine oder andere wegen dieser

Dauerberieselung vergessen hat, seinen feinen Herzensregungen zu folgen? Dass keine Zeit mehr für seine Träume bleibt, er nicht mehr weiß, wie es ist, sich einzuschwingen, sich hineinfallen zu lassen in das Wunderbare?

Ich habe des Öfteren beobachtet, dass Passanten vor der Rosenblütenpracht traumverloren stehen bleiben, sich mit beiden Händen an den oben zugespitzten, schwarzen Zaunlatten aus Holz festhalten, sich weit nach vorne mit gespitzten Nasen über den Zaun neigen, um der Blütenpracht so nahe wie möglich zu kommen. Ich habe bemerkt, wie sie schnuppern, fast das Weitergehen vergessen. Dann, lustlos einige Schritte auf ihrem Weg zurücklegen, innehalten, zurückkehren, weiter vor der Blütenpracht verweilen, Fotos schießen. Manchmal sehe ich eine lächelnde Frau Sieglinde hinter ihrem Vorhang die Szene beobachten.

Düfte sind die Gefühle der Blumen.

Heinrich Heine

Vermutlich werden diese Passanten erst zu Hause bemerken, dass ihre Handinnenflächen schwarz eingefärbt und fettig sind. Bestimmt werden sie nicht darauf kommen, dass dies von den mit altem Motorenöl gestrichenen, schwarzen Zaunlatten von Frau Sieglindes Zaun herrührt.

Bei schönem Wetter setze ich mich in den Garten, in den Schatten der großen Fichte, schließe die Augen, vergesse alles um mich herum, lasse mich von diesem Duft durchströmen. An guten Tagen – vorausgesetzt ein kaum wahrnehmbares Lüftchen weht gleichmäßig und ohne Böen – meine ich die feinen Duftunterschiede zwischen den rosa, den weißen und den herzensroten Rosen unterscheiden zu können. Der rosa Duft ist der mildeste, der sich am schnellsten und feinsten in der Luft auflöst und flugs davongetragen wird. Der weiße entfaltet sich am deutlichsten beim Schnuppern gegen das Dunkel der Fichten, lebt auf im Kontrast zu ihrem herben, grünwürzigen Duft. Der herzensrote, wie könnte es anders sein, überlagert weiß und rosa, möchte mit ihnen zu einem verschmelzen, achtet gleichzeitig darauf, dass er inhaltlich nicht verwässert wird, somit seine Mission aufgäbe, falls man dazu so sagen darf.

Dann setzt sich der Gockel Bruno neben mich. Er schleicht sich so leise an, dass ich eine Weile brauche, bis ich ihn bemerke. Aufmerksam folgt er meinen Blicken, als ob er verstünde, worum es geht. Er ist ganz leise, bewegt sich kaum. Er verzichtet sogar auf die ruckartigen Bewegungen seines Köpfchens.

Ich spüre in meinen Körper hinein, wandere mit meiner Aufmerksamkeit zärtlich tastend über die Haut. Ich fahre so lange damit fort, bis sie aufwacht, lebendiger wird und ein wenig ausstrahlt. Das linke Bein hinkt wie so oft hinterher. "Komm, wach auf!" Noch einmal beschäftige ich mich mit ihm. Langsam wird es lebendiger. "Sendet eure Bitte zu den Rosen", spreche ich zu meinen Körperzellen, "damit sie ihren Duft reichlich abgeben. Bitte genießt den herrlichen Duft! Damit ich und alle, die in mir wohnen, den vollen Riechgenuss haben werden." Ich werfe mich in die Düfte hinein, versuche sie bis tief in meinen Bauch wahrzunehmen, sie sauber zu unterscheiden. Selten gelingt mir das, da sich die nötigen Voraussetzungen nicht so häufig zusammenfinden. Wenn es aber endlich so weit ist, bespringt, überwältigt mich eine ungeheure Freude, ein überirdisches Entzücken, eine Weite, Höhe und Tiefe. Mein Herz jubiliert. Lachen, weinen, singen möchte ich.

Am Firmament blitzen rosa, weiße und herzensrote Sterne auf, bilden duftende Rosenduftmilchstraßen. Farbenmilde Schleiertänze, in rosa, weiß und herzensrot betören mich. Duftwolken hängen in

Fichtennadeln fest, kommen nicht weiter. “Sinkt herunter zu mir! Bitte!” Vollkommen, mit Haut und Haar, tauche ich in diese Augenblicke ein, vergesse, wer ich bin, was ich vorhatte. Mein Atem beginnt leicht zu werden, hebt sich, streicht zärtlich nur noch entlang der oberen Innenfläche meiner Nase, tänzelt hinein und hinaus, macht lange Genusspausen. Nur jetzt den konzentrierten Duft durch zu tiefes Atmen nicht verdünnen oder gar verschrecken! Den Kopf drehe ich sachte in alle Richtungen, schnuppere hier- und dorthin, atme eine Weile durch den Mund, halte dabei die Nasenflügel zu, versuche den Duft breit auf der Zunge zu schmecken. Wieder zurück geht es in den Schnuppermodus.

Da ist ein Aufblühen, ein sachtes Ausblasen, ein Explodieren von Blütenstäuben. Insekten werden angelockt, können sich wie ich nicht von dem Wunder losreißen. Lange sitze ich bewegungslos unter meiner Fichte. Die feinsten Nuancen versuche ich aufzunehmen, sie mir tief einzuprägen, um sie später zu erinnern und wieder hervorzuholen, von dem sicheren Platz, an welchem diese Düfte aufbewahrt werden. Tage später noch, fühle ich mich froh und reich beschenkt.

Bruno bewegt sich nicht. Das Köpfchen hält er schief. Hat er die Augen offen? Ist er eingeschlafen? So gerne möchte ich seine Gefühle in mir spüren und die Gedanken lesen.

In langen Winternächten, wenn der Kachelofen lieblich vor sich hin bullert, wenn die Luft eiskalt in die Haut beißt, erinnere ich mich gerne daran, schnuppere ein wenig hier-, ein wenig dorthin, um festzustellen, ob die Düfte bereit sind, aus ihrem Sonnenversteck hervorzuschleiern. Dann wächst in meinem Herzen die Sehnsucht nach den warmen Rosentagen und mit ihr verstärkt sich die Fähigkeit, in die lebendigen Düfte einzutauchen.

Viel später, ich sitze noch unter der Fichte, Bruno hat sich bereits grödelnd in den Hühnerstall zurückgezogen. Zwischen den schwarzen Zaunlatten strahlt vergehend das müde gewordene, vom Hexenhäuschen aufgesogene Tageslicht matt herüber. Sanft glühend, das tagessattgewordene Auge schonend. Namenlos schön. Meine Finger hängen locker an den Händen, betasten ohne Auftrag das nun schon taufeuchte Gras, bohren sich in die noch sonnenwarme, mürbe Erde, bis hin zu wurzeligem Widerstand. Feucht riecht es, nach glattem Mondschein. Still senkt sich die Dämmerung hernieder, es verlischt der Tag. Die Fichtennadeln bereiten sich auf die Nacht vor, übergeben ihre Sonnenrezeptoren dem Schlaf, bald beginnt die Zeit des Tautrinkens. Ein Nachtvogel übt erste krumme Töne, lässt es sein. Recht so. Es ist noch zu früh. Etwas schwirrt über mir, zieht dunkel nach vorne, kehrt zurück, lässt sich leise raschelnd in der Fichte nieder. Der Mond gewinnt zunehmend blassen Schimmer, die Fenstergläser des Hexenhäuschens spiegeln ihn käsig auf schwarzblau.

Das Geheimnisvolle zieht uns mehr an,
als das Offensichtliche.

Herbert

Schwermut springt mich an, krallt sich fest an meine Brust. Es riecht bitter nach Herbst. Ein welkes Kraut? Waren da dumpfe Schritte im Garten? Nun stocken sie, oder schluckt sie das Gras? Schallt aus der Tiefe etwas wie gebrochene Musik, dröhnen Klänge der Erdentiefe an mein Ohr? Mich fröstelt. Schattenzacken krümmen sich, vom Blauen ins Schwarze, füllen mit grobem Pinsel die Lücken zwischen sich schwärzenden Zaunlatten. Frech vorstehende Rosenblüten, zeigen bereits dunkelstes herzensrot fast schwarzes Herzensrot, versinken dann im rotlosen Schwarz. Fernes Lachen tönt zögernd auf, erstickt. Als wären sie nie gewesen, stieben letzte

Bilder des Tages gedämpft auseinander, verlieren sich. Überraschend schnell kühlt die Luft ab. Es ist Zeit. ins Haus zu gehen.

Nach solchen Stunden unter der Fichte, versuchte ich oft die feinen Unterschiede der Rosendüfte zu beschreiben. Ich konnte und kann es noch immer nicht. Es ist ja schon schwierig genug, sie wahrzunehmen und auseinander zu halten. Mir scheint, unsere Buchstaben sind dafür nicht weich genug, sie scheinen mir rundum gleich dick und starr, im Gegensatz zum Rosenduft, der wie flüchtende Morgennebel, welche ja nahe Verwandte der Wolken sind, die Lüfte veredelt. Der Rosenduft ist nicht bereit, sich an irgendetwas anzupassen, schon gar nicht an dicke, unflexible Buchstaben.

Wenn diese köstlichen Augenblicke eintreten, halten sie in ihrer äußersten Intensität nicht länger als einige Sekunden, maximal kurze Minuten an. Schnell hänge, klammere ich mich an den Duft der herzensroten, manchmal auch an den der rosa oder der weißen Rosen, mache mich so leicht ich nur kann, federleicht, und noch leichter, rosenduftleicht, lasse mich hineinziehen in ihr Spiel, ein Stück mitwirbeln, hinauf-, hinaustragen, dorthin, wohin ihr Duft mich trägt. Das kann weit sein, sehr weit. Manchmal zieht es mich in die Gegenrichtung, hin zu den Rosen, direkt in ihre Blüte, in ihren Lebensmittelpunkt, in ihr liebesbereites Herz hinein. Meist sind es die herzensroten, die mich dann besonders anlocken, wenn sie sich in ihrem am weitesten aufgeblätterten Zustand, der Kulmination ihres Blütenlebens, der vollsten Blüte befinden.

Noch einmal, im letzten Lustrausch, möchten sie sich ausdehnen, leidenschaftlich hingeben, sich vollkommen verlieren und verschenken. Alle, alles und noch viel mehr, möchten sie mit übergroßer Freude zu der anstehenden Transformation einladen, die ganze Welt umfangen. Im Höhepunkt des Liebesaktes verbinden sie sich mit dem anwehenden gold-zarten Blütenstaub, teilen ihre überbordende Fülle mit tanzenden Insekten, freundlichen Winden, und allen, die noch der Liebe fähig sind und wissen, dass sie vor allem anderen geben bedeutet. Wer möchte da nicht mit dabei sein und neben seiner Freude, die allerbesten Wünsche beisteuern, noch schnell, bevor die Blütenblätter zu welken beginnen, ihre Schönheit einbüßen, abfallen und sich die wunderbare Wandlung von der Blüte zur strahlendroten Frucht vollzieht? Allergrößtes Glück, nein, höchste Glückseligkeit kann dabei empfunden werden. Ja, höchste Glückseligkeit!

Wer möchte schon ohne Freunde feiern, allein sein in Zeiten allerhöchsten Glücks? Die herzensroten, die weißen und auch die rosa Rosen möchten das nicht.

Es gibt Augenblicke,
in denen eine Rose wichtiger ist als ein Stück Brot.

Rainer Maria Rilke

Wie viele andere Blumen, Apfelblüten übrigens auch, sind Rosen im Grunde fünfblättrig angeordnet, also mit fünf Kelchblättern. Bis zu einhundertfünfzig duftige Blütenblätter wurden an einer Blüte schon gezählt! Obwohl mich solche Zahlen beeindrucken, würde ich nie einer Statistik wegen, auch nur ein einziges Blütenblatt abreißen. Es gibt einen, sich in Hunderttausenden von Jahren entwickelten, vorgeschriebenen Weg für alles Leben, eine archaische Ordnung, wie sich die Dinge zu verhalten, wie sie zu sein haben. Und wie sie sich zeitlich abbilden. Dazu gehört nicht das Rosenblätter abreißen. Diese gewaltige Ordnung gilt nicht nur für Rosen, sondern auch für Menschen. Achten möchte ich sie, so wenig als irgend möglich möchte ich sie stören.

Viele Beispiele könnten genannt werden. Wer hat beispielsweise nicht schon beobachtet (um ein augenscheinliches Beispiel für den zeitlichen Ablauf dieser Ordnung zu bemühen), dass Zimmerpflanzen in der ersten Winterhälfte ihr Wachstum einstellen und dann, kaum geht es ins neue Jahr mit voller Kraft, zu wachsen beginnen.

Bei den reifen Äpfeln sieht man übrigens auf der dem Stiel entgegengesetzten Seite, mittig noch einen dunklen Rest der eingeschrumpelten Blüte und sie umgebend fünf allerliebste kleine Hügelchen. Eine Erinnerung an die Sonnentage der Blüte. Wer von Apfelblütenträumen weiß, gar selbst schon mitträumte, hält sich einen Apfel vor die Nase, freut sich daran wie das Licht an seiner Schale entlangschimmert, dreht ihn sachte, lässt seinen Duft in sein Innerstes einströmen, wartet darauf, dass Freude überspringt und sein Herz erwärmt. Fünf ist die Zahl des Menschen, wie mir gesagt wurde. Die Zahl ergäbe sich aus den Armen, Beinen und dem Kopf, welche aus dem Rumpf herausragen. Auch andere Begründungen habe ich vernommen, aber das gehört nicht hierher.

Nur außerhalb des Paradieses
kann der Mensch zum Menschen werden.

Unbekannt

Kann ich nicht wenigstens zwei haben", fragte Frau Sieglinde, "ein Grünes mit Blaustich und ein Weißes", dabei hielt sie mir ihr geflochtenes grünbeschleiftes Weidenkörbchen unter die

Nase. "Ach, liebe Frau Sieglinde ... wenn Sie nur wüssten!" "Damit", sie sah mich dabei bittend an, "damit ich das gequirlte Schaumerlebnis à la Roswitha für meine Enkelchen machen kann. Ich werde Ihnen etwas abgeben, wie immer. Es schmeckt doch so wunderbar. Sie erinnern sich doch, ich hatte erwähnt, dass Roswitha Großmamachens Vorname war. Diese", fuhr Frau Sieglinde unbeirrt fort, "diese herrliche Nachspeise hat sie sich selbst ausgedacht. Eine feine Dame war das. Gott hab sie selig. Manche behaupten in ihren Adern floss blaues Blut. Ein bisschen was davon wäre ja dann auch in meinen Adern."

Frau Sieglinde nahm während sie das sagte Haltung an, hob den Kopf, drehte ihn nach links und nach rechts, blickte in weite Ferne, nickt mehrmals bedächtig, sodass der runzlige Hals Falten warf. "Wie gesagt, das gequirlte Schaumerlebnis hat sie sich selbst ausgedacht. Eigenmächtig", fährt sie fort, "habe ich à la Roswitha hinzugefügt. Zu ihrer Ehre. Das *à la* habe ich von à la Gundel übernommen. Hatte ich das erwähnt? Die Familie Gundel hat in Budapest die wunderbarsten Gerichte gekocht. Weltberühmt war sie.

Einmal war ich in ihrem Restaurant, mit meinem verstorbenen Joseph. An unserem Hochzeitstag, ich glaube es war der Dreißigste, wir wollten uns etwas ganz Besonderes gönnen. Hinein lassen wollte man uns nicht, da Joseph kein Sakko trug. Erst als ich die Ellenbogen in die Seite stemmte und grimmig darauf bestand, hat man ihm ein Leihsakko gegeben. Wie der ausgesehen hat! Mein Gott! Die Ärmel waren viel zu kurz. Zum Lachen!" Frau Sieglinde lachte ihr frohes Hexenhäuschenlachen.

Denken ohne Fantasie ist nutzlos.

Aus Moldawien

"Wissen Sie, die Enkelchen kommen morgen auf Besuch. Sie freuen sich schon so auf die Nachspeise. Ich möchte sie nicht enttäuschen. Und mit anderen Eiern schmeckt das gequirlte Schaumerlebnis à la Roswitha einfach nicht." Frau Sieglinde schwieg und sah mich an, als ob die Blüte der rosa, der weißen und der herzensroten Rosen im kommenden Jahr von einem weißen und einem grünen Ei mit Blaustich abhängen würde. Es fiel mir schwer ihr zu sagen: "Ach, Frau Sieglinde ... Es tut ... Tut mir wirklich schrecklich leid, ich kann Ihnen nicht helfen, so gern ich das täte, derzeit legen die Hühner kaum."

Immer wieder muss ich erklären, dass die Hühner schlecht legen, weil es kalt ist und ich deswegen keine Eier liefern kann. Enttäuschte Gesichter allenthalben. Gestern kam eine Nachbarin mit besorgtem Gesichtsausdruck zu mir, teilte mir mit, dass ihre Schwiegermama erkrankt sei. Diese wünsche sich so sehr einige von den beigefarbigen Eiern. Sie glaube, nein hundertprozentig überzeugt sei sie, dass sie nach deren Genuss schnell wieder gesunden würde. Leider konnte ich der guten Frau nicht weiterhelfen, versprach aber, dass ich ihr sofort, wenn ich beigefarbene Eier vorfände, diese unverzüglich persönlich bei ihr vorbeibringen werde. "Noch warm, verspreche ich Ihnen, noch warm. Sie können sich auf mich verlassen", schob ich nach, als ich ihren hängenden Kopf sah. "Und gute Besserung für Ihre Schwiegermama!"

Ob mir überhaupt geglaubt wird? "Beim Supermarkt gibt es immer Eier", hörte ich unlängst von einem enttäuschten dreitagebartbewachsenen jungen Herrn mit schwarzem Rollkragenpullover und grauer, mit ausgerissenen Gucklöchern ruinierter Jeans.

“Sie können mir doch nicht im ernst weismachen, dass ausgerechnet Ihre Hinkel nicht legen.” “Wie bitte? Hinkel?” Ich war sprachlos, bin ich und werde es in dieser Sache wohl auch bleiben. Zu dieser doppelten Entgleisung möchte ich mich nun wirklich nicht äußern, das geht zu weit. Diesem jungen Herrn mangelt es offensichtlich an einer gediegenen Grundausbildung. Ich werde ihn aus meinem Verteiler nehmen.

Jedenfalls ist die derzeitige Situation für meine Hühner, meine Abnehmer und für mich höchst unbefriedigend, ein gewaltiger Imageverlust obendrein.

Erwähnen möchte ich noch: Verkauft werden unsere Eier nicht. Das kommt nicht infrage. Dafür sind sie mir zu wertvoll. Jedes Einzelne ist eine Meisterleistung in Form, Farbe, Inhalt, Lebendigkeit und Ausstrahlung. Man spürt das, wenn man sie in die Hand nimmt, die Augen schließt und sich einen nicht zu kurzen Augenblick auf sie einschwingt. Sie schmeicheln einem in den Handflächen, fühlen sich so unsagbar angenehm an.

Vor Freude möchte man sie drücken, was der gesunde Menschenverstand meist zu verhindern weiß. Gerne lasse ich ein Ei bei geschlossenen Augen von einer Handfläche in die andere kullern, erfreue mich an der feinen Bewegung, an dem leichten Eindruck in der Haut, welchen das Ei zurücklässt, an seiner Temperatur, spüre der zarten Kullerspur nach. Dann schließe ich es vorsichtig in beide Hände ein und wärme es ein bisschen. Mir kommt es vor, als ob es dabei noch lebendiger würde. Kraft geht von ihm aus. Energie. Auch Licht, wie mir von verschiedener Seite bestätigt wurde. Ein feines Schimmern wollen mehrere meiner Abnehmer wahrgenommen haben. Nicht bei allen Eiern einheitlich, die Farben der Schalen spielten dabei eine gewichtige Rolle, wurde mir gesagt. Die Weißen und die Beigefarbenen leuchteten hell, ein wenig ins Gelbliche tendierend, die Hellbraunen, Mittel- und Dunkelbraunen hingegen schimmerten von Orange bis ins kräftige Rot, während sich die hellgrünen Eier mit Blaustich, grünlich und bläulich, manchmal bis hin zum blassen Violett präsentierten.

Junghenneneier, sogenannte Glückseier, insbesondere das erstgelegte, wiesen zusätzlich etwas wie bunte Bögen, Regenbögen nicht unähnlich, auf. Mir selbst sind diese Erscheinungen längst aufgefallen. Allerdings ziehe ich es vor, die Angaben von Mitmenschen hier zu zitieren. Man könnte sonst denken, ich hätte mir das nur ausgedacht oder eingebildet. Übrigens: Man sagt, die hellgrünen Eier mit Blaustich enthielten wesentlich weniger Cholesterin als die andersfarbigen.

Die Henne ist ein kluges Tier:
Erst wenn das Ei gelegt ist, gackert sie.

Bruno

Alle Eier sind befruchtet. Von einem kraftstrotzenden, sehr männlichen, sympathischen Gockel. Genauer gesagt von Bruno. Das erhebt sie im Vergleich zu den allerorts käuflichen Eiern in eine völlig andere, höhere Liga. In die Champions League der Eier, sozusagen. Und das nicht nur bezüglich ihrer Konsistenz, der Farbe, des Wohlgeschmacks. Nein, auch der gesundheitliche Wert und der geistige Gehalt müssen bedacht werden. Durch die Befruchtung wird das Ei erst zum Ei. Zum freudigen Er-Ei-gnis.

Es kann kein Zufall sein, dass in dem Wort Ereignis das Wort Ei vorkommt. Vor der Befruchtung ist es eine halbe Sache, ein Ei in Progress sozusagen. In jeder Hinsicht unvollendet. Üblicherweise wird diese wichtige Information nicht kommuniziert, die meisten Käufer haben nicht die blasseste Ahnung, was ihnen entgeht!

Diese geliebten Eier, gelegt von geliebten Hühnern, befruchtet von einem liebenden Gockel zu einem üblichen Preis zu verkaufen? Überhaupt zu verkaufen. Das ist nicht vorstellbar. Eine Beleidigung wäre dies für die Hühner. Diese Eier sind ohne Preis. Sie sind unverkäuflich! Definitiv.

Hat nicht einst der berühmte Juwelier Peter Carl Fabergé, genannt Karl Gustavovich Fabergé (1846–1920), seine berühmten sogenannten Fabergé Eier für den russischen Zaren kreiert? Diese herrlichen Kunstwerke in Miniatur. Alle feinen Leute wollten solche Eier haben, der Meister kam mit der Herstellung nicht nach. Hätte er nicht genau so gut Fabergé Würfel, Fabergé Tetraeder, Fabergé Bananen oder Fabergé Zitronen anstelle von Eiern wählen können? Er hat es nicht getan. Und dies aus gutem Grund.

Wir sind mit dem Unsichtbaren näher
als mit dem Sichtbaren verbunden.

Novalis

Überzählige Eier, also solche, die über den Eigenverbrauch zahlenmäßig hinausreichen und derer sind viele, schenke ich an ausgewählte Mitmenschen. Dazu verwende ich die üblichen Eierbehälter. Allerdings nur diejenigen mit sechs Mulden. Man sollte es mit den Geschenken nicht übertreiben. Wenn Ihnen nun: "Kleine Geschenke erhalten die Freundschaft", in den Sinn käme, wäre ich geneigt Ihnen zu empfehlen, diesen Text noch einmal von ganz vorne zu lesen und in Ruhe auf sich einwirken zu lassen.

Vor dem Verschenken untersuche ich die Eier genauestens. Dazu benutze ich eine Lupe mit integriertem Lämpchen. Falls der geringste Mangel an ihnen sein sollte, werden sie dem Eigenverbrauch zugeführt. Sollte ein Stäubchen sie verschmutzen, reinige ich sie mit Umsicht, feinem Dachshaarpinsel, trockenem Brillenputztüchlein und destilliertem, lauwarmem Wasser. Dann lege ich sie behutsam in ein längliches Körbchen, das schon meine Mutter für diesen Zweck verwendete. Es ist mit sauberem, kurz geschnittenem Stroh ausgelegt. Das Körbchen stelle ich auf den quadratischen Holztisch, der vor dem grünen Sessel steht und freue mich ausgiebig über jedes einzelne Ei.

Manchmal nehme ich eines der Eier heraus, betrachte es von allen Seiten, falls man so sagen kann, lege es in anderer Ordnung wieder zurück. Meine Mutter hat die Eier manchmal in aufsteigenden Farben in das Körbchen gelegt. Also beginnend mit den weißen, dann den beigefarbenen, den hellbraunen, den mittelbraunen, dunkelbraunen und zuletzt den hellgrünen Eiern mit Blaustich. Ganz schön finde ich es, die Farben zu mischen. Das ergibt immer wieder neue interessante Farbkombinationen.

Des Öfteren hat Mutter zu mir gesagt: “Augen zu! Welche Farbe hat das Ei am rechten Ende?” Das hat mich schon als Kind dazu gebracht, Eier besonders aufmerksam zu betrachten. Hatte ich es erraten, gab es ein Leckerli.

Erst wenn alle Eier gereinigt und mit weichem Zellstoff getrocknet wurden, werden sie einzeln gestempelt. Eigens für diesen Zweck habe ich mir einen Stempel anfertigen lassen. Mit einem konturierten Herzen und kurzem Text. Nicht einen der üblichen Texte wie: Eier von frei laufenden Hühnern, Eier von glücklichen Hühnern, Eier von Hühnern aus Bodenhaltung, Eier vom Bauern Wiedemann und so weiter. Nein, die Wahrheit habe ich in den Stempel schreiben lassen: Eier von geliebten Hühnern! Der zweizeilige Text ragt in das Herz hinein, wodurch dessen Kontur auf der rechten Seite, im Bereich der Schrift unterbrochen wird.

Dieses fehlende Stück Herzlinie soll andeuten, dass noch viel mehr an einem Ei dran ist, als man sehen kann. Viel mehr als durch ein Herz dargestellt werden kann. Nicht nur an physischem Material, sondern an tieferer Bedeutung und Wirkung.
Der Stempel durfte nicht zu groß sein, da auf Rundes zu stempeln nicht einfach ist. Der Abdruck soll schließlich sauber werden. Ich verwende rote Stempelfarbe. Früher habe ich mir überlegt, die Eier jeden Huhns durchzunummerieren, um einen Bezug zum Huhn und zum Datum des Legens herzustellen und um ihren Wert anzudeuten, ähnlich wie man wertvolle limitierte Stiche nummeriert. Davon bin ich abgekommen. So schön das wäre, das Verfahren ist viel zu umständlich, einfach zu aufwändig.

Das Ei steht auch für neu entstehendes Leben. Bemalte Ostereier werden verbunden mit dem Osterfest, der Auferstehung Christi. Allerdings würde ich unsere Designereier niemals mit künstlicher Farbe einfärben. Geht's noch? Wer würde schon - um einen wie ich meine, treffenden Vergleich zu bemühen - das Gemälde der Mona Lisa, welches im Pariser Louvre hängt, übermalen wollen?

Schon mit wenig Lebenserfahrung
wundert man sich über nichts mehr,
was in dieser Welt passiert.

Herbert

Um das Eiergeschenk künftig noch persönlicher gestalten zu können, fotografiere ich demnächst jedes Huhn. Nicht das ganze Huhn, Brustbilder möchte ich haben. Das Gesichtlein soll vorteilhaft abgebildet, der Kamm soll leuchtendrot, wie er ja auch in Wirklichkeit ist, dargestellt sein. Und das Gefieder muss blenden wie weißer Schnee in der Mittagssonne.

Auf das Gefieder der Grünleger, wie man so wenig respektlos sagt, möchte ich besonders hinweisen. Es zeigt Ähnlichkeit mit dem weißen Winterfell des Hermelins. Behauptet wird, bevor sich die Katze als Mäusefänger bei unseren Vorfahren etablierte, sei das Hermelin auf vielen Bauernhöfen mit dieser Aufgabe betraut gewesen. Der Legende nach, möchte das Hermelin lieber sterben als sein Fell schmutzig zu machen. Auf das Fell wurden früher verstreut die schwarzen Schwanzspitzen des Tieres aufgenäht. Dies gab ihm sein charakteristisches schwarzgetupftes Aussehen. Es war Bestandteil von Wappen hochadeliger Gebiete, gehörte zu den Insignien der Macht. Päpste, Fürsten, Könige und Kaiser trugen Hermelinmäntel. Zurück zum königlichen grünlegenden Huhn. Schwarze Punkte hat es locker auf dem weißen Gefieder verstreut, zeigt also von Natur aus ganz wunderbar das, was beim Hermelinpelz erst künstlich geschaffen werden musste.

Die Fotos möchte ich mit dem jeweiligen Namen des Huhns, einer Beschreibung der Farbe seiner Eier und mit einigen seiner positiven Charakterzüge versehen. Bruno, der Gockel, in abgelegenen Regionen der Republik auch als Hahn bezeichnet, legt zwar keine Eier, aber als Chef des Hühnervolkes muss er natürlich ebenfalls und zwar an exponierter Stelle aufgenommen werden. Dann sollen noch Geschmacksnuancen der Eier vermerkt werden, kurz und prägnant, ähnlich wie man es von der Beschreibung von Weinen kennt.

Es bedarf keiner weiteren Erläuterung, dass Eier von Hühnern, welche in einer löwenzahnbewachsenen Wiese grasen, einen etwas anderen Geschmack aufweisen als solche, die sich in Kleewiesen tummeln. Nicht zu reden von dem Geschmack der Eier derjenigen Hühner, die mit Pflanzen, welche in sauren oder nassen Wiesen gedeihen, vorliebnehmen müssen. In nassen Wiesen wachsen teils harte, fast holzige Gräser und Pflanzen, bis hin zu Binsen, welche die Hühner verständlicherweise ungern auf ihrem Speiseplan sehen.

Es ist verboten zu verbieten!

Neunzehnhundertachtundsechzig

Herausgearbeitet werden wird, dass verschiedenfarbige Eier selbstverständlich unterschiedlich schmecken. Je nach Farbe werden sie eingesetzt, um ein optimales Ergebnis zu erreichen.
Wer käme zum Beispiel auf die Idee, mit weißen Eiern Ochsenaugen zu braten, oder grüne Eier mit Blaustich zum Backen eines Guglhupfs zu verwenden? Schon beim daran Denken sträubt sich einem das Gefieder!

Dann folgen noch einige Hinweise, wie man Eier am besten lagert und zubereitet, um das Aroma möglichst voll zu erschließen. Welche Art von Fetten, Ölen, Butterschmalz (bitte keine Margarine) oder Butter bei den unterschiedlich farbigen Eiern zur Verwendung kommen sollen, wie man würzt (obwohl dies bei den Eiern meiner Hühner überflüssig ist). Höchstens eine kleine Prise Salz (ohne Fluor) ist erlaubt. Und so weiter und so fort. Eines sei schon im Vorhinein verraten: Wenn man sich noch nicht zu den Eierprofis zählen darf, kann man bei Verwendung wirklich guter Markenbutter nicht allzu viel falsch machen. Das alles und mehr soll künftig auf einem ansprechenden Leporello in Größe eines Sixpack-Eierkartons gedruckt und jeder Packung beigegeben werden.

Nach einigen Monaten, wenn meine Hinweise bei den Beschenkten hoffentlich in Fleisch und Blut übergegangen sind, werde ich mein Leporello mit einem Text erweitern, der die Auswirkungen der Jahreszeiten, mit den dabei naturgemäß unterschiedlichen Futterangeboten und variierenden Getreidegaben auf Geschmack und Einsatz der Eier adressiert. Auch eine Farbtabelle mit den Farben der Dotter und der Eiweise, selbstverständlich wiederum unter Berücksichtigung der Jahreszeiten, mit dazugehörigen Erläuterungen, ist bereits in Arbeit. Auch Fragen, die weniger mit dem Verzehr zu tun haben werde ich beantworten. Zum Beispiel, warum ein Ende des Eis dicker ist als das andere, oder dass Eier länger gelagert werden können, wenn sie mit der spitzeren Seite nach unten in den Behältern gelagert werden. Nicht zu vergessen, warum es sinnvoll ist, pulverisierte Eierschalen unserem Essen beizumischen, oder was es mit dem Ei des Kolumbus auf sich hat.

Dass unsere Eier bio sind, gar den Demeter-Vorschriften entsprechen, braucht nicht eigens erwähnt zu werden. Wobei mir Demeter sympathischer ist als Bio, ist es doch der Name der griechischen Fruchtbarkeitsgöttin, der Tochter der Titanen Kronos und Rhea. Demeter wird gerne mit Weizenähren und Bienen dargestellt. Sie reitet auch. Im Wasser auf Delphinen, am Land auf Schweinen. Letzteres verdunkelt etwas das leuchtende Bild, das ich von ihr in mir trage. Bei der Vorstellung, aufzuschreiben, dass eine Göttin auf Schweinen reitet, sträubt sich die Feder. Die alten Griechen hat das offenbar wenig gestört. Demeters alljährliches Fest wurde drei Tage lang gefeiert.

Zusätzlich zu all dem Gesagten weise ich darauf hin, dass es Dutzende von Hühnerrassen gibt. Dass sich daraus feine Unterschiede im Geschmack der Eier ergeben, liegt auf der Hand.

Besser mit zehn Zwerghühnern allein zu leben,
als zwanzig Brahmas mit dem Nachbargockel zu teilen.

Bruno

Verwunderlich ist es, dass die Küchengourmets das Ei mit seinen vielen Aspekten und unterschiedlichen Geschmäckern für sich noch nicht entdeckt haben. Ei ist für sie gleich Ei. Ei-nerlei. Unglaublich ist das! Das gibt mir zu denken und lässt mich an deren Professionalität zweifeln.

Bleibt nur zu hoffen, dass die Gourmetköche kurz von ihren Kochbüchern, Bratpfannen und Schüsseln aufschauen und diesen Text lesen. Es könnte dann eine neue Zeit in der Kochkunst anbrechen. Nouvelle Cuisine gehörte der Vergangenheit an. Die Zukunft gehörte der Oeuf de Poule Cousine oder so ähnlich. Das ist eine ziemlich freie Übersetzung ins Französische. Sie soll ja nur zur ersten Anregung dienen. Französisch ist leider nicht meine Stärke. Die neue Bezeichnung sollte schon etwas hermachen. Da wäre Französisch gerade recht. Das deutsche Wort Eierküche, oder das englische egg kitchen hören sich ein wenig bieder an, es würde der Größe der Sache nicht gerecht.

Die Gerichte, in denen die Eier der Champions League zum Einsatz kommen, schimmern je nach Wahl der Eier in zarten Farben. Bei Verwendung der weißen und der beigefarbenen leuchten sie hell, ein wenig ins Gelbliche tendierend, bei den hellbraunen, mittel- und dunkelbraunen hingegen schimmern sie von Orange bis ins kräftige Rot gehend, während sich Gerichte bei Verwendung von hellgrünen Eiern mit Blaustich, grünlich und bläulich, manchmal bis hin zum blassen Violett präsentieren. Sollten gar Junghenneneier, sogenannte Glückseier, verwendet werden, insbesondere das erstgelegte, weisen die Gerichte zusätzlich etwas wie bunte Bögen, Regenbögen nicht unähnlich, auf.

Ich stelle mir die Verwunderung der Gourmet-Köche vor, wenn sie einen mit Junghenneneiern gebackenen Guglhupf betrachten, über welchem ein bunter Bogen/Regenbogen schwebt. Da kratzte der eine oder andere sich am Kopf, löschte gerne das Licht, um den bunten Bogen besser betrachten zu können. Ein Licht ginge ihm auf, während er ein Stück Guglhupf probierte.

Beschäftige dich mit Wundern,
damit du die Realität erkennst.

Aus Österreich

Angefangen hat es mit mir und den Hühnern unerwartet und unfreiwillig. Meine liebe Mutter, die eine große Freundin von Hühnern war, immer Hühner hatte, war verstorben. Nun musste sich jemand um das Federvieh kümmern. Das Einfachste wäre es gewesen, die Tiere zu verschenken, allerdings brachte ich das nicht übers Herz. Aus Respekt vor meiner Mutter. So, in der dahineilenden Zeit, habe ich mich mit den Hühnern angefreundet – und die Hühner mit mir. Das war nicht immer einfach. Vermutlich lag es neben meiner Unerfahrenheit auch daran, dass Hühner ihre Eigenarten haben und ich dasselbe auch von mir behaupten darf.

Wie könnte ich sie besser kennenlernen? Mir wurde klar, dass ich auf meine vorgefassten Meinungen verzichten musste. Dazu gehörte unter anderem, dass die Hühner erst mal als vernunftbegabte Wesen anzuerkennen seien. Wie weit sie im menschlichen Sinne vernünftig sind, wollte ich herausfinden. Im menschlichen Sinne deshalb, weil mir bedauerlicherweise nichts anderes zur Verfügung steht. Den Hühnern jegliche Vernunft vorweg abzuerkennen, betrachtete ich als Vorurteil. Es würde uns viele Möglichkeiten des Kennenlernens verbauen. Beim Beschäftigen damit wurde mir klar, wie meilenweit höherstehend ich mich ihnen gegenüber wähnte.

Ich, sozusagen als die Krone der Schöpfung, die Hühner rechtlich als Sache betrachtet, als Geschöpfe, die sich meiner Meinung nach ziemlich am Ende der Schlange der Wesen befanden. Das verursachte mir Missbehagen. So konnte das nicht bleiben, wenn ich die Hühner besser verstehen wollte.

Um die Hühner besser kennenlernen zu können, war es notwendig, sie unterscheiden zu lernen, sprich, sie sollten einen Namen haben. Schwierig ist es, treffende Namen für Hühner zu finden. Wer es nicht glauben mag, möge es probieren. Sind unsere, meist christlich geprägten Namen für Hühner geeignet? Sollte ich mir neue ausdenken? Wären sie denn näher bei den Hühnern angesiedelt als die christlichen? Zu Mutters Zeiten hatten nur der Gockel und Mutters Lieblingshenne den Vorzug, einen Namen zu erhalten. Es gab also jede Menge weiterer Namen zu vergeben.

Schwierig war es anfänglich, die Tiere auseinanderzuhalten. Sie glichen sich sozusagen wie ein Mensch dem anderen. Manche sahen sich wirklich sehr ähnlich. So entschied ich mich, mit zwei Hühnern, die ich gut unterscheiden konnte, zu beginnen und die anderen nach und nach mit Namen zu beglücken. Der Name sollte das Einzigartige an ihnen unterstreichen, ja aufgrund des Namens sollte man unschwer herausfinden können, um welches Huhn es sich handelte.

Einige Tage habe ich mich mit der Suche nach geeigneten Namen gequält, in mich hineingehört, im Internet gesurft, Listen mit Favoriten auf- und umgeschrieben. Namen sind eben nicht Schall und Rauch, wie oft behauptet wird. Ein wenig Mühe sollte man sich deshalb schon geben. Später ging ich so vor: Ich stellte einen Namen in den Raum, stülpte ihn sozusagen einer Henne über, spürte in Henne und Namen und schließlich in mich hinein. Bei etwa dreißig provisorisch vergebenen Namen war kein einziger dabei, welcher ein gutes Gefühl erzeugte. Eigenartig. Um eine Referenz zu haben, verteilte ich diese Namen auf mir nahestehende Menschen. Dabei kam ich auf sechs Treffer. Bei Menschen scheint es offensichtlich einfacher zu sein.

Da ich so nicht weiterkam, wählte ich einen anderen Weg. Ich versuchte, mich auf ein Huhn zu konzentrieren, was nicht einfach war, da Hühner sich ständig unberechenbar durcheinanderbewegen, und mich ablenkende Töne von sich geben. Seltsame Namen kamen mir in den Sinn, die ich jedoch wieder verwarf. Einige erinnere ich noch: Akri, Somunalwegis, Tandrani, Herana, Tarti, Markera. Diese Namen waren mir zu fremd, zu eigenartig. Ich nahm davon Anstand. Heute bereue ich das.

Dann kam mir der Name Berta in den Sinn. Die Henne Berta. Berta. Nicht übel – aber trivial, einfach nicht gut genug. Die Lieblingshennen meiner Mutter hießen viele Hühnergenerationen lang Paula. Nur, und immer wieder Paula. Wenn meine Mutter nach ihr rief, gab es hin und wieder Verwechslungen mit der Nachbarin, die ebenfalls Paula hieß und immer noch heißt. Mit ein wenig gutem Willen konnten in den meisten Fällen Missverständnisse schnell ausgeräumt werden.

Aus Anerkennung und Respekt für eine mir sympathische braune Henne und zur Erinnerung an meine Mutter, habe ich mich entschlossen, ihr ebenso den Namen Paula zu geben. Warum auch nicht? Aber, ein bisschen besonders sollte er schon sein. Raffinierter. Paula schien mir ein wenig abgegriffen. Daran musste ich noch arbeiten. Auch wollte ich künftigen Problemen mit der Nachbarin vorbeugen.

Heutzutage sucht man möglichst exotische Namen für seine Kinder aus. Den Kleinen nach dem Großvater zu benennen? Um Gottes willen! Geht's noch? Am besten ist es, wenn den Namen noch niemand vorher gehört hat und er überdies schwer auszusprechen ist. Optimal wäre es, wenn man sich beim Lesen des Namens den Kopf kratzt und im Internet recherchiert, in der Hoffnung mehr darüber zu erfahren. Machen Sie sich nicht die Mühe! Er wird dort kaum zu finden sein. So besonders und selten ist er. Wenn Sie die Eltern fragen, erhalten Sie erstaunliche Antworten.
Eine von mir befragte junge Mutter im Trachten-Look und passendem kecken, grünen Hütchen, einen blauen Kinderwagen vor sich herschiebend, habe ich nach dem Namen ihres Babys gefragt. Klar, erst nachdem ich das Kleine ausgiebig bewundert hatte. Es war wirklich ein süßes Baby. Es trug ein blaues Mützchen auf dem in weiß "Baby" stand. Wie befürchtet, habe ich trotz Mühe den Namen nicht verstanden. Noch mal nachgefragt ergab sich das gleiche Ergebnis. Das war mir peinlich. Deshalb fragte ich, woher der Name käme, um vielleicht auf diese Weise auf ihn schließen zu können. Die junge Mutter erklärte, das sei der Name der Mondgöttin eines javanischen Eingeborenenstammes gewesen. Dieser Stamm sei leider ausgestorben, ohne dass wir je seinen Namen erfahren hätten und uns Deutsche träfe die Schuld daran. Ich war betroffen. Mit Schuldgefühlen verabschiedete ich mich.

Ein weiterer Versuch, mit einer jungen Mutter mit hochhackigen knallgelben Schuhen, eine Art Zigarre oder Zigarillo rauchend,

welche mich an die bei meinem Großvater beliebten Virginier erinnerte, ergab folgendes Bild: Wie zu erwarten, habe ich den Namen wieder nicht verstanden. Er rühre, wie mir stolz erklärt wurde, von einer violett-gelb gestreiften Tiefseekrabbenart, die nur in den tiefsten Stellen des Marianengrabens vorkommt. Diese Krabbenart erinnere in ihrem Aussehen an die allseits bekannte, ebenfalls gestreifte Tigerente, sei vermutlich mit ihr sogar genetisch verwandt. Diesbezügliche Untersuchungen liefen gerade. Beim Auftauchen, kein Mensch wisse warum, huste sie immer diesen Namen aus.
Der überraschte Zeitgenosse staunt vermutlich mit mir. Ich nickte einige Male anerkennend. Bravo! Da muss einer erst darauf kommen.

Ich begleitete die junge Mutter noch eine Weile, wir fanden uns sympathisch. Das ging so weit, dass sie mir eine von ihren Zigarren anbot, die ich dankend ablehnte. Ob sie denn noch weitere Kinder wolle, fragte ich. Sie bejahte das, habe sich aber mit ihrem Lebensgefährten abgesprochen, hierbei erst den nächsten Schritt zu tun, wenn sie einen geeigneten Namen gefunden hätten. Besser gesagt, ergänzte sie, es seien ja zwei Namen erforderlich, ein männlicher und ein weiblicher. Ganze Wochenenden seien sie damit beschäftigt, gute Namen zu recherchieren. Müde seien sie davon. Dass zwei Namen erforderlich seien, konnte ich nicht einsehen, da man derartigen Namen ja keinesfalls ansieht, ob sie männlich oder weiblich sind.

In übertriebener Hilfsbereitschaft bot ich ihr die von mir gefundenen Hühnernamen an, ohne dabei diplomatisch, wie ich mir vorkam, die Hühner zu erwähnen. Akri, Somunalwegis, Tandrani, Herana, Tarti, Amera, Markera. Insgeheim erwartete ich staunende Begeisterung. Die junge Mutter lächelte nur, schüttelte den Kopf. Es schien mir, als ob ich an Achtung in ihren Augen verloren hätte. "Haben wir alles schon gehabt", meinte sie. "Kommt nicht infrage. Das sind doch Namen für Kanarienvögel." Das saß! Ich fühlte mich durchschaut. Weitere Befragungen nahm ich nicht vor. Mir wurde aber klar, dass junge Eltern das Auswählen von Namen für ihre Kinder sehr ernst nehmen. Ernster noch, als wir das früher getan haben und in unserer Ideenlosigkeit die Namen der Großeltern wählten.

Als ewig Gestriger wollte ich nun nicht mehr gelten und in der Masse der Ideenlosen zurückbleiben. Die beiden Mütter hatten mich inspiriert und gleichzeitig meine geistige Enge aufgezeigt! Ja, Namen sollten eindrucksvoll sein. Nicht übertrieben exotisch, wenn es geht noch ein wenig französisch angehaucht. Das riecht dann gleich nach Hochkultur und Grande Nation. Nach Chanel und Coco Vin. Halt! Coco Vin ist zugegebenermaßen etwas geschmacklos, passt aber gut hierhin und so konnte ich nicht widerstehen, es niederzuschreiben. Sorry, liebe Hühnerdamen. Verzeih mir, lieber Bruno! Vielleicht lösche ich das mit dem Coco Vin später wieder.

Nach einer durchgrübelten Nacht muss nun eine Entscheidung her. So kann es nicht weitergehen. Also entschließe ich mich endlich das Huhn Paulá zu nennen. Nicht nur Paula, das ist mir zu wenig, nicht bedeutend genug, sondern Madame Paulá. Man beachte den Akzent auf dem letzten á. Das mag grammatikalisch falsch sein. Mit Akzent habe ich Paulá jedenfalls noch nie gehört. Der gefundene Name befriedigt mich ungemein, obwohl ich ihn mit Sicherheit nicht mit jungen Müttern diskutieren möchte. Madame Paulá. Schön!

Die Geisterwelt ist uns in der Tat schon aufgeschlossen, sie ist immer offenbar. Würden wir plötzlich so elastisch, so sähen wir uns mitten unter ihr.

Novalis

Es drängt mich, ein anderes Thema anzuschneiden: Das von Bruno und mir gemeinsam an einem dunklen Winternachmittag erdachte unterhaltsame und gewiss lehrreiche "**Brunos Goldene-Eier-Zufallsspiel**", möchte ich Ihnen vorstellen. Es kann von einer oder von mehreren Personen gleichzeitig gespielt werden. Es ist leicht zu lernen. Man benötigt dazu für jeden Mitspieler lediglich zehn Eier in unterschiedlichen Farben und einen Eierkarton. Darüber hinaus ein Schreibgerät und ein Stück Papier zum Notieren der Ergebnisse. Für Fortgeschrittene empfiehlt sich ein Eierkarton mit zwölf Mulden und zwölf Eiern. Ja, so etwas gibt es. Den Deckel schneide ich ab.

Das "Brunos Goldene-Eier-Zufallsspiel" besteht darin, dass ich diesen Eierkarton jeweils paarweise mit weißen, beigefarbenen, hellbraunen, mittelbraunen, dunkelbraunen und hellgrünen Eiern mit Blaustich farbansteigend befülle. Zwei Mulden verbleiben, die ich beliebig besetze. Meist mit den Farben, die am zahlreichsten zur Verfügung stehen. Auch andere Kriterien können zur Anwendung kommen. Wichtig ist, dass die Eier annähernd gleich groß sind, sonst kann man leicht eine Verbindung von der Größe der Eier zu deren Farbe herstellen. Bei den hellgrünen Eiern mit Blaustich gibt es die Eigenheit, dass diese oft am dünneren Ende etwas spitzer zulaufen als die andersfarbigen. Zum Glück gibt es genügend viele von ihnen, sodass ich eine passende Auswahl treffen kann.

Das Spiel geht so: Ich schließe die Augen, drehe den Karton mehrmals links- und rechtsherum, um jeweils neunzig, einhundertachtzig oder dreihundertsechzig Grad, so lange, bis ich sicher bin, dass ich mich an die ursprüngliche Stellung des Eierkartons nicht mehr erinnere. Nun entnehme ich ohne System einige Eier, lege sie auf den Tisch, tausche die im Eierkarton verbliebenen mehrmals untereinander aus, drehe ihn wieder einige Male wie oben beschrieben, fülle ihn mit den vorher entnommenen Eiern auf, bis alle Mulden gefüllt sind.

Das hat sorgsam zu geschehen, damit auch nicht ein Ei zerbrochen wird, was bei geschlossenen Augen große Aufmerksamkeit verlangt. Das eine oder andere Ei ist leider schon auf den Boden geplumpst und zerbrochen. Wenn der Dackel Wacki nicht unter dem Tisch sitzt, stelle ich diese Eier den Hühnern zur Verfügung, die sie mit großem Genuss verzehren. Manchen Adrenalinstoß und dotterbefleckten Pulloverärmel hat es gegeben. Das Zerbrechen von Eiern ist zwar bedauerlich und ich ärgere mich dann über meine Ungeschicklichkeit, hoffe aber, dass ich bald routiniert genug sein werde, dass es damit ein Ende haben wird. Das "Brunos Goldene-Eier-Zufallsspiel" zeigt sich hier ohne Zweifel als eine wirkungsvolle, kaum zu übertreffende Bewusstseinsübung.

Endlich öffne ich die Augen, lasse mich von dem neu entstandenen Farbmuster, das sich durch die umgelegten Eier ergibt, überraschen und faszinieren. Meist entstehen Konfigurationen, auf die ich im Leben nicht gekommen wäre. Kürzlich bin ich dazu übergegangen, das jeweilige Endergebnis zu fotografieren, mit Datum zu versehen und in meinem roten Hühnerordner abzuheften. Neugierig bin ich, ob sich nach hundert Spielen manche Muster wiederholen. Gibt es etwa einen Favoriten, den der berühmte Zufall präferiert? Auf das Bauchgefühl allein möchte ich mich nicht verlassen. Das ist zu unsicher. Mit einer zusätzlichen Statistik fühle ich mich wohler bzw. sicherer.

Mancher vergisst auf der Suche nach dem Besseren
das Gute, das er bereits hat.

Bruno

Das "Brunos Goldene-Eier-Zufallsspiel" kann auf interessante Weise erweitert werden, indem man vor Spielbeginn eine Schätzung abgibt, auf welche Weise die Eier am Ende im Eierkarton verteilt sein könnten, oder eine einfachere Version, wie viele richtig liegende Eier man errät. Mit richtig liegend sind diejenigen Eier gemeint, welche nach der Umgruppierung wieder an ihrem alten Platz gelandet sind. Mein Rekord bei der letzteren Spielversion liegt bei sechs erratenen Eiern. Also bei fünfzig Prozent. Nicht übel, finde ich.
Man kann das Spiel auch mit mehreren Personen spielen. Dabei muss peinlich darauf geachtet werden, dass am Ende jeder zwölf Eier, also über einen vollständig gefüllten Eierkarton verfügt. Meist spiele ich das "Brunos Goldene-Eier-Zufallsspiel" allein, manchmal mit Frau Sieglinde.

Ob Frau Sieglinde spielen möchte, sehe ich schon, wenn sie am Gartentürchen steht und klingelt. Sie bringt dann passend zur Spielidee eine Flasche von dem selbst gemachten Eierlikör mit, die sie nach dem Spiel mit wesentlich geringerem Flüssigkeitspegel wieder mit nach Hause nimmt. Wenn jemand dergestalt mitdenkt, weiß ich das zu schätzen. Übrigens, den Eierlikör trinken wir stilecht aus Eierbechern meiner Großmutter. Sie wurden Anno Dazumal aus weißem Carrara Marmor herausgefräst. Bei genauerem Hinsehen sieht man noch die Frässpuren. Ihre Beliebtheit ergibt sich unter anderem daraus, dass sie etwas mehr Flüssigkeit fassen als andere Schnapsgläser. Oben sind die Ränder mit dünner, verschnörkelter Linie blau umrandet. Die Linien treffen nach dreihundertsechzig Grad nicht immer genau aufeinander, was mich vermuten lässt, dass die Eierbecher einst handbemalt wurden. Unter der blauen Linie ist ein buschiges kleines Küken abgebildet. Fast das ganze Tierchen ist gelb, mit Ausnahme des roten Schnabels und den braunen Füßchen.

Des Öfteren wird Frau Sieglinde von Dackel Wacki, liebevoll Wackelino genannt begleitet. Wacki lässt sich unter dem Tisch nieder und wartet geduldig darauf, dass ein Ei auf den Boden fällt. Wenn es wieder einmal so weit ist, schnappt er es gierig, vertilgt es in Windeseile, schleckt den Boden ab, offensichtlich mit großem Genuss. Es ist schon vorgekommen, dass Wacki ein Ei in der Luft auffing und als Ganzes, mitsamt der Schale verdrückte. Das ist der Idealfall. Dann brauche ich nicht zu putzen. "Bravo, Wackelino. Gut gemacht!"

Frau Sieglinde ist ein ernst zu nehmender Gegner, sie gewinnt meist. Ob sie wohl die Augen öffnet und sich auf diese Weise einen Vorteil verschafft? Das traue ich ihr nicht zu, möchte sie keinesfalls verdächtigen. Vielleicht sollten wir uns beim nächsten Mal die Augen verbinden.

Wer das Spiel nachspielen möchte und nicht über weiße, beigefarbene, hellbraune, mittelbraune, dunkelbraune oder hellgrüne Eier mit Blaustich verfügt, kann ersatzweise auch weiße Eier mit Buntstift vorsichtig markieren. Zu starker Druck würde das Ei verletzen.

Kürzlich schlug Frau Sieglinde vor, um Geld zu spielen. Und zwar dergestalt, dass der Verlierer die Differenz zu der Anzahl der erratenen Eier des Siegers mit je einem Euro pro Ei an den Sieger zu bezahlen habe. Wir haben das einen Nachmittag lang gespielt. Siebzehn Euro habe ich verloren. In Zukunft möchte ich nicht mehr um Geld spielen. Der Fokus liegt sonst zu sehr auf dem Geld, weniger auf der Spielfreude und den Eiern. Das möchte ich nicht.

Wenn die Hühner zur Terrassentüre kommen, zeige ich ihnen das volle Eierkörbchen. Dann leuchten die Eier, als ob sie auf diesen Augenblick gewartet hätten. "Gut habt ihr das gemacht. Sehr,

sehr schön sind sie geworden! Findet ihr nicht auch? Achtet bitte auf die Farbkombination. Und, vielen Dank für eure Mühe!" Dann gackern die Hühner ihr großes Freudengegackere, geben kurze Fieptöne von sich, ähnlich dem heute üblichen Pfeifen in Konzerten, freuen sich, dass ihre Arbeit so hochgeschätzt wird. Bruno wächst dabei um einige Zentimeter, sieht dabei stolz auf seine Damen, nickt anerkennend, kräht drei Mal.

Auf dem quadratischen Tisch bleibt das Eierkörbchen für einen Tag zum Betrachten aufgestellt. Jedes Mal, wenn ich daran vorbeikomme, freue ich mich. Dann drängen neue Eier nach.

Weiter möchte ich an dieser Stelle auf die Kraftbombe Ei und dessen Bedeutung im normalen Leben, wie auch in historischen, mythischen und anderen Zusammenhängen nicht eingehen, sondern mich wieder dem aktuellen Problem zuwenden.

Unsichtbare Harmonie ist stärker als sichtbare.

Heraklith

Die durch den Mangel an Eiern entstandene, unangenehme Situation, versuche ich mit den Hühnern nun endlich einer Klärung zuzuführen. Nachdem ich ihnen ausführlich die Lage erläutert habe, beginnt ein schreckliches Durcheinandergegackere, ein Schnarren, Piepsen und Grödeln (darunter verstehe ich ein wiederholtes, lang hingezogenes stakkatoartiges Grummeln mit hoher Stimme), untermalt durch weitere mir bekannte und auch neue Worte aus dem Hühnerischen.

Auffallend häufig kommt neuerdings eine längere Folge von kurz hintereinander ausgestoßenen Tönen vor, welche an die gleichmäßige Perforierung von Papier erinnert. Dieses fortwährende Rattern könnte auch von einer Maschine herrühren. Dabei kommen mir die von Hermann Hollerith erfundenen, gestanzten, sogenannten Hollerithkarten in den Sinn, die er 1884 zum Patent anmeldete.

Der Geist einer Sprache offenbart sich am deutlichsten in ihren unübersetzbaren Worten.

Marie von Ebner Eschenbach

Die in diesem Zusammenhang von den Hühnern verwendeten Worte hier zu beschreiben, würde diesen Rahmen bei Weitem sprengen, es ist aber beabsichtigt, in naher Zukunft ein Wörterbuch mit dem Grundwortschatz des Hühnerischen herauszugeben. Mit von mir selbst entwickelter Lautschrift. Vielleicht produziere ich eine CD dazu, damit Verwechslungen und Unschärfen in der Aussprache vermieden werden. Allerdings ohne Grammatik, welche einer späteren, ergänzten Auflage vorbehalten bleibt.

Eine Sammlung bestehend aus weit über zweihundert Zetteln, oben beschriftet mit dem Hühnerischen Wort, das ich so gut es ging der Aussprache nach notiert habe, also mit der bereits erwähnten von mir entwickelten Lautschrift und der darunter stehenden Übersetzung ins Deutsche, existiert bereits. Eine interessante Aufgabe erwartet mich, wenn es darum geht, den Wortfamilien nachzuspüren, mich mit den Dialekten der unterschiedlichen Hühnerrassen und Schimpfworten zu beschäftigen. Dazu fehlt mir gegenwärtig die Zeit, ich muss das leider in die Zukunft verschieben.

"Ruhe bitte, meine Damen. Man versteht ja sein eigenes Wort nicht. Wollt ihr bitte nacheinander reden? Von mir aus in der

Reihenfolge der Hackordnung.” Das Durcheinander wiederholt sich. “Bruno”, ermahne ich den Gockel, “kannst du bitte für Ordnung sorgen?” Um überhaupt Gehör zu finden, stellt sich Bruno auf die Zehen, streckt sich, reckt Hals und Kopf weit nach vorne und oben, richtet den Kamm auf, sodass die feuerroten Zacken wie blutige Messer nach oben stehen und bedrohlich wirken, schlägt mit den Flügeln. Dann reißt er den Schnabel weit auf, sodass sein vorschnellendes, rotes Spitzzünglein sichtbar wird, beginnt mit einem kräftigen dreifachen Kikeriki. Es folgt aufgeregtes Ermahnungs- und Zurechtweisungsgegackere in enormer Lautstärke, verbunden mit Flügelschlagen und einigen Kurz-Hüpfern. Bruno fährt fort, indem er die Damen bittet, der Reihe nach vorzutragen. So ungefähr habe ich es in dem Durcheinander der Stimmen verstanden.

Valeria hat nicht zugehört. Stattdessen hat sie an einer am Boden liegenden Wurzel geknabbert. Unhöflich finde ich das. Mir scheint, sie hat überzogen und Bruno provoziert. In der Tat. Bruno empfindet es ebenso. Er vollführt den zur linken Seite gerichteten, hopsenden Mehrfach-Seitenschritt, der aus eindrucksvollen Hopsern besteht. Damit drängt er Valeria auf die Seite, etwas aus der Mitte der Versammlung hinaus. Dazu schnarrt, örgelt und pfeift er bedrohlich.

Der hopsende Mehrfach-Seitenschritt ist so etwas wie die gelbe Karte im Sport. Wenn das nicht hilft, folgt die rote Karte nach. Das bedeutet, dass Bruno auf das Huhn springt, es dadurch in die Knie zwingt und mit seinem Schnabel am Kamm zieht. Dann springt er elegant herunter, achtet genau darauf, ob die Maßnahme bei dem gemaßregelten Huhn wie auch bei den Mithühnern die erwartete Wirkung erzeugt. Das gezüchtigte Huhn springt hoch, piepst jämmerlich, plustert sich auf, schüttelt sich, richtet das Gefieder, verlässt eilig den Ort des Schreckens. Man sieht Bruno an, dass ihm die

Sache peinlich ist. Eigentlich mag er solche Aktionen nicht. Andererseits ist er für Zucht und Ordnung in der Familie zuständig. So muss er eben manchmal auch unangenehme Aufgaben anpacken.

Nach Brunos deutlicher Ansage bessert sich die Lage etwas, leider sprechen immer noch zwei oder mehr der Damen durcheinander. Den Antworten nach zu urteilen haben sie Bruno verstanden. Zumindest gibt es rege Redebeteiligung. Leider verstehe ich kaum etwas von ihrem Anliegen. “Könnt ihr nicht deutlicher und langsamer sprechen? Ihr wisst doch, ich bin noch nicht so gut in Hühnerisch, um dieses Durcheinander zu verstehen.”

So sehr ich mich auch anstrenge, so komme ich nicht weiter. Zu viele neue, mir unbekannte Worte, die für das Thema wohl erforderlich sind, könnten dafür die Ursache sein. Endlich breche ich ab, beruhige die Damen mit einigen Leckerli. Später beginnen wir von vorne. Mehrmals wiederhole ich dieses Procedere, jedes Mal bleibe ich mit gleichem Unverständnis zurück. Da muss ich wohl selber meinen Grips bemühen. Nach einigen Entschuldigungen ziehe ich mich in den grünen Sessel zurück. Draußen geht das Gegacker unvermindert weiter. Wohin soll das nur führen? Wo soll ich bloß anfangen? Noch immer weiß ich nicht, worum es den Hühnern geht. Die Sache ist zu ernst, als dass ich sie locker nehmen könnte.

Im grünen Sessel sitzend denke ich nach. Das ist der Platz, wo seit Jahrzehnten nachgedacht wird. Wenn einem nirgendwo etwas einfällt, im grünen Sessel steigt die Wahrscheinlichkeit einen Einfall zu erhalten enorm. Trotzdem fällt mir nichts ein.

Falten ziehe ich über die Stirn und konzentriere mich dabei auf die Fontanelle. Das hat früher gute Resultate gebracht.

Ohne Musik wäre das Leben ein Irrtum.

Friedrich Nietzsche

Viel später kommt mir ein vielleicht rettender Gedanke. Gehört habe ich, dass sich bei Berieselung mit klassischer Musik, Kühe wohler fühlten, mehr Milch gäben. Auch bei anderen Tierarten stellte man positive Resultate fest. Das hätten wiederholte wissenschaftliche Untersuchungen unter Prüfung des Blutdrucks, des Pulses, der Blutfettwerte, eingeschlossen der Berücksichtigung des Hormonspiegels und so weiter ergeben. Auch die Gehirnströme wurden gemessen. Mozart und Beethoven hätten diese Verbesserungen geschafft. Warum sollte Ähnliches bei Hühnern nicht auch möglich sein? Ist das die Lösung? Vermissen die Hühner etwa ein Kulturprogramm? Das mit der Musik könnte ich ja ausprobieren. Konservenmusik mag ich ihnen allerdings nicht anbieten, das möchte ich ihnen wirklich nicht zumuten. Wer weiß, wie sich das für ihr feines Gehör, das nach meiner Beobachtung zarteste Laute vernehmen kann, anhört. Zum Beispiel hören sie das für mich nicht wahrnehmbare Geräusch eines sich ringelnden Regenwurms auf mindestens fünf Meter Entfernung.
Für meinen Geschmack ist in den Musikkonserven zu viel Digitales, zu viel an Pixeln und zu wenig von mir enthalten.

Von einem schlechten Huhn kann kein gutes Ei kommen.

Slawisches Sprichwort

Ich möchte ihnen selber vorspielen, dann werden sie sehen, dass ich um sie besorgt bin und mir Mühe gebe. In das Spiel wird meine Wenigkeit einfließen. Das ist wichtig. Schließlich stehen wir uns näher als sich beispielsweise meine Hühner und die Wiener

Philharmoniker nahstehen. Auch darum geht es, uns näher kennenzulernen, unsere Verbindung zu stärken, uns besser zu verstehen. Was soll ich bloß spielen? Das, was aus mir herauskommt. Gut. Was wird das sein? Etwas, was den Hühnern gefällt, Hühnermusik - eben Musik, die sie aufbaut, hoffentlich nicht nervt.
Mir kommt ein Geistesblitz.

Eine Kontemplation könnte ich vor das Spiel setzen, um mich noch mehr in die Sache einzuschwingen. Womit beschäftige ich mich genau in dieser Kontemplation? Es mangelt an Eiern, also neige ich zu einer Eierkontemplation. Nein, das wird den Hühnern nicht gerecht. Lieber beginne ich mit ihnen. Auf eine Huhn-Ei-Diskussion, genauer, wer von beiden zuerst da war, mag ich mich aber nicht einlassen. Das lenkt nur ab. Zuerst kontempliere ich also Bruno, anschließend die Hühner, schön der Reihe nach, dann zusätzlich "das Huhn an sich", um auch wirklich alle wichtigen Aspekte mit dabei zu haben. Außer einigen verschiedenfarbigen Eiern, die vor meinen inneren Augen blassfarbig hin und her wackeln, tut sich in der Kontemplation nichts. Das enttäuscht mich etwas, hatte ich doch einen Hinweis darauf erhofft, wie unser Problem zu lösen sei.

Wenn Hühner und Frösche singen zusamm,
dann muss wohl bald die Welt untergahn.

Bruno

Die Hühner haben sich inzwischen vor der Terrassentür versammelt, plustern sich auf, pflegen das Federkleid. Die Schnäbel blitzen. Das trifft sich gut. Wenn ich mich aus dem grünen Sessel erhebe, bemerken sie mich. Sie drehen die Köpfchen, kommen ganz nah ans Fenster, gucken neugierig herein, klopfen mit ihren Schnäbelchen an die Fensterscheibe, wetzen daran, als ob sie sagen möchten:

“Wann gibt es wieder etwas Feines? Sonnenblumenkerne, Brösel vom Guglhupf, Spaghetti, Reste vom Reis oder was auch immer. Wie lange sollen wir noch warten?”
Scheint die Sonne, so strahlen in solchen Glücksmomenten ihre Kämme, besonders Brunos dicker, fetter Kamm im Gegenlicht. In einem Leuchtrot, das in keiner Farbskala dieser Welt zu finden ist. Damit befindet es sich auf einer Stufe mit dem unübertroffenen Braun, welches das Fell der Rottweiler auszeichnet und dem unnachahmlichen Rot der Katzen, das ich gerne als Katzenrot bezeichne.

Nun kündige ich das Klavierspiel an. Die Hühner sind aufgeregt und voller Erwartung. Danielzsche steht auf dem rechten Bein, wischt sich mit dem anderen verwundert über das linke Auge.
“Stellt euch bitte in Reih und Glied auf, ich knipse jetzt ein Foto und hinterher, also nach dem Klavierspiel, noch eines. Damit ich den Unterschied, ich meine die Wirkung des Klavierspiels auf euch nicht nur höre, sondern auch sehe. Vielleicht kommt ihr mir hinterher freundlicher vor, oder ich erkenne einen Anflug von Vergnügen, ein Lächeln auf euren Gesichtlein. Das möchte ich dokumentiert haben. Luise, bitte komm her, stell dich in die Reihe, du sollst doch auch mit drauf. Luise, hierher.”
Das in eine Reihe stellen klappt nicht besonders gut. Bevor ich fruchtlose Diskussionen führe, lege ich eine Fresslinie, bestehend aus Sonnenblumenkernen aus. Parallel zur Terrassentüre. Nun sind sie da, in Reih und Glied. Ich muss nur noch abwarten, bis von den Sonnenblumenkernen nichts mehr übrig ist und sie ihre Köpfchen heben.

Rechts neben der Fresslinie, beginnend am Ende der Terrassentüre, wächst ein immergrüner Strauch mit zugespitzten, fleischigen Blättern, auf welchen auf beigefarbenem Grund grüne Flammen hemmungslos züngeln. Ein Flammenstrauch, ein brennender Busch. Im Frühjahr sieht ein Teil seiner Blätter ganz normal aus, bis sie dann im Lauf des Jahres zu brennen beginnen. Die Flammen sind unterschiedlich geformt, so wie eben auch Feuerflammen in unterschiedlicher Form auftreten. Über das Feuer könnte ich einiges anmerken. Mehr darüber gerne ein andermal. Hier wäre es zu viel an Neuem, es gäbe ein Durcheinander, ich verlöre den Faden beim Schreiben und die geneigte Leserin und der geneigte Leser beim Lesen. Das möchte ich nicht.

Wenn ich die Augen beim Einfallen der Abendsonne, kurz bevor sie den Tag rotgolden beendet, bis auf zwei schmale Schlitze schließe, greifen Andeutungen von Flammen fresswütig über den Rand der Blätter hinaus. Äste knacken, recken, verbiegen sich ob der Hitze, die Luft über dem Feuerbusch schliert heiß. Schon liegt der Geruch von Rauch in der Luft. Schnell reiße ich die Augen auf, um Schlimmeres zu verhüten.

Das Verstehen macht den Geist träge.

Unbekannt

Im Herbst ist der Feuerbusch über und über mit kleinen feuerroten Beeren bedeckt. Funken, gleich sprühen sie aus dem Dunkelgrün, schimmern wie heruntergebrannte Glut in blauender Dunkelheit. Windet es, wirbeln Beeren-Sternschnuppen am Himmel. Vögel und Hühner fressen die Glühfrüchte den Winter über, um sich aufzuwärmen. Sie beginnen mit den niedrig hängenden Früchten. Klar, genauso macht man es in der Wirtschaft. Wenn diese abgeräumt sind, nehmen sie sich höhere Äste vor. Die Vögel machen es umgekehrt. Sie beginnen mit den oberen Früchten. So kommt man sich anfangs nicht ins Gehege. Auch nicht, wenn nur noch in der goldenen Mitte Glühfrüchte zu finden sind.

Die Hühner werden von den Vögeln respektiert und ziehen sich kurz zurück, wenn die Hühner kommen. Die Hühner schwanken auf den dünnen Ästen hin und her, versuchen mittels Unterstützung der Flügel zu balancieren. Meist gelingt es. Das ist nett anzusehen. Manchmal stürzen sie mit Gegacker und Flügelschlagen ab.

In größere Schuhe sollte man eigentlich leicht hineinpassen.

Der zweite Ritter

Knapp neben dem Feuerbusch wächst ein ebenfalls immergrüner Strauch mit kleinen, seitlich aufgebogenen Blättern, welche wie kleine Boote aussehen. Dunkel, mit großem Rot- wie auch Blauanteil, glänzen sie fett. Je nach Sonneneinfall verändern sie die Farbe für den Betrachter, vorausgesetzt, er bringt sich in die richtige Position, aus der er die Blätter betrachtet. Meiner Erfahrung nach überwiegt der Blauanteil, wenn man die Blätter von unten gegen den Himmel betrachtet. Denken Sie jetzt nicht, das hätte mit dem blauen Himmel zu tun, der eine Täuschung verursacht. Nein, der gleiche Eindruck entsteht auch bei Bewölkung.

Von oben, am besten gegen den Wildrosenstrauch betrachtet, wirken die Blätter rötlich. Der Eindruck des Rötlichen nimmt zu, je näher die Blätter am Feuerbusch wachsen. Rot, oder blau –

bereit sind sie, sich kühn in wilde Wasser zu stürzen. Beide Sträucher, oder sind es Bäume, sind zusammengewachsen, bilden eine Einheit, der Bootestrauch ragt hoch über den brennenden Busch hinaus, während Letzterer verbissen um jeden Quadratzentimeter Boden ringt. Wenn das so weitergeht, wird in absehbarer Zeit die Terrassentüre zugewachsen sein. Den gepflasterten Weg zum Haus hin haben die beiden längst für sich eingenommen. Ihre Präsenz hat mich beeindruckt, sodass ich mein Vorhaben, die Zweige und Äste zurechtzustutzen, aus Respekt vor ihrem Sein aufgab. Gartenschere und Arbeitshandschuhe legte ich beiseite, ließ die beiden gewähren. Wegen der Wegblockade nehme ich Umwege in Kauf, was genau genommen nicht schadet und unsere Verbindung vertieft. Ja, ich spüre wirklich, wie die beiden dankbar sind. Wenn ich sie betrachte, kommt mir Wohlwollen entgegen. Und wie wir noch sehen werden, brauche ich das ganz dringend.

Der Bootestrauch hat es geschafft, einen langen, dünn beblätterten Ast, kerzengerade, exakt im gleichen Winkel wachsen zu lassen, den das Dach des weiter entfernten Nachbarhauses auf der anderen Straßenseite aufweist. Unglaublich! Am einfachsten bringe ich Dachkante und Ast zur Deckung, wenn ich im Sessel weit nach unten rutsche. So weit, dass ich mit dem Hinterkopf fast die Sitzfläche berühre. Nun kann ich durch minimales Anheben und Senken des Kopfes den Ast sozusagen auf die Dachkante legen und prüfen, ob sich der Winkel geändert hat, oder ob er noch stimmt. Der Ast ist immer noch exakt gleich mit der Dachschräge! Beruhigt nehme ich wieder die Sitzposition ein.

Unter dem Feuerbusch befindet sich das Reich von Mausefräulein A-nette. Wenn die Hühner auf der Terrasse ihre Leckerli abholen, lugt Fräulein A-nette mit ihren schwarzblitzenden Knöpfchenaugen unter den züngelnden Blättern hervor, wartet geduldig darauf, dass sie abziehen. Manche der Köstlichkeiten werden übersehen oder sind den Hühnern zu klein. Ihre Schnäbelchen können sie nicht greifen. So finden sie nicht den Weg in ihre Mägen.

Kaum dass sie weg sind, sich anderen Aufgaben zuwenden, flitzt Fräulein A-nette unter dem schützenden Blätterdach hervor. Blitzschnell, von hier nach da, weiter nach dort, hinüber auf die andere Seite, in den duftenden Schatten der Erdbeere, fort nach drüben, quer zurück, einen weiten Bogen bildend, um das ganze Terrain zu überblicken, geschickt Blumentöpfe und andere Gegenstände als Deckung nutzend, Köstliches aufnehmend. Hier und da hält sie einen Moment inne, schnuppert, sieht sich aufmerksam, prüfend um. Das ist einer der Momente auf den ich hoffte und gerne wartete.
Nun darf ich sie bewundern, ihr glattes, graumeliertes, matt glänzendes Fellchen, das dünne, kurzbehaarte, schwarze Schwänzchen, das allerliebste strahlendweiße Bäuchlein, aus dem frech, vereinzelt längere weiße Haare aus beiden Seiten zitternd ragen. Ja, es ist Fräulein A-nette. Mich entzückt ihr feines und unschuldiges Lächeln.

Fräulein A-nette weiß, dass ich da bin, dass ich sie betrachte. Betrachtet zu werden kann man fühlen. Sie fühlt das. Zum Beispiel: Wenn ich der Hühnerschar folge, um ein gewisses Huhn aufzunehmen, sagen wir Martha, rennt Martha schnell weg, die anderen spazieren langsam, sozusagen pro forma, seitlich davon. Um die Hühner zu täuschen, habe ich Martha nur kurz angesehen und dann auf Mathilde umgeschaltet, und Martha nur in den Augenwinkeln gehalten. Es nützte nichts, egal wohin ich sah, Martha fühlte, dass sie gemeint war.

Um Fräulein A-nette nicht zu beunruhigen, bewege ich mich nicht. Nun setzt sie sich graziös auf die Hinterpfoten, legt die Vorderpfoten manierlich über ihrem Bäuchlein zusammen. Ihre zuckersüßen, oben abgerundeten, innen weißlich gepolsterten

Öhrchen hat sie nach vorne gerichtet, direkt auf mich zu, sieht mich an, ebenfalls bewegungslos. Unsere Augen fallen ineinander, tief und tiefer, glänzen sich an, möchten mit dem Sinken nicht aufhören. Schwarz fallen sie bis in die dunkelblaue Weitung hinein, in welcher es so geheimnisvoll hallt und glitzert. Dort konnte ich bislang kein Ende des Raumes, falls man von einem Raum sprechen kann, ausmachen. Auch heute ist das der Fall. Es ist nicht so, dass sich die Weitung nach den Seiten hin abdunkelt, und auf diese Weise ihre Geheimnisse verbirgt. Eher scheint sich das Dunkelblau blausilbrig zu biegen, sodass hinter die Biegungen zu sehen nicht möglich ist. Dann und wann blitzt lila Schein in die linke Wölbung ein.

Ich blinzle nicht, wenn ich Fräulein A-nette gegenüberstehe. Fräulein A-nette übrigens auch nicht. Das würde stören. Mit dem "nicht blinzeln" habe ich mich lange beschäftigt, bin schon recht darin geübt. So schwierig ist es nicht. Wenn man es zeitlich übertreibt, brennen allerdings die Augen, röten sich. Am nächsten Tag ist die Rötung dann wieder verschwunden.
Hinunter auf den glatten, glänzenden Boden des Raumes sinken wir gemeinsam. Wie Flaumfedern. Zeitlupe. Die Augenpaare, mit Pupillen weit geöffnet, können sich voneinander nicht lösen, sind nicht satt zu bekommen.

Aber auch der Katzen und Kater muss gedacht werden! Vorsicht ist angeraten! Wie wäre es, wenn nun Leo hinter der Hausecke 'hervorpfotete', Berti, Leni oder Michael? Schrecklich wäre es, wenn die dreifarbige Kathi hervorstürzte. Kathi macht kurzen Prozess mit allem, was ihr vor die Barthaare gerät. Die gnadenlose Räuberin. Keine Maus ist zu klein, keine Ratte zu groß. Kein Vogel fliegt hoch genug, um ihr zu entwischen. Wild ist sie, ungestüm, fürchterlich. Mehrmals habe ich sie zur Mäßigung bewegen wollen, allein, sie macht ruchlos wie sie ist, weiter.

Ich fürchte, sie wird eines Tages dadurch umkommen. Auch bei Katzen gibt es Gesetze und Regeln, die sie nicht ungestraft überschreiten dürfen! Kathi hat auch ihre zärtliche Seite, liebt es, zwischen den Öhrchen gekratzt zu werden. Vorsicht aber! Eine ungeschickte Bewegung, dann haken sich ihre Krallen tief ins Fleisch, rutschen heraus, blitzschnell zieht sie die gefürchteten Kathi-Furchen über die Haut, dass das Blut nur so herausperlt. Mit einem Sprung entzieht sie sich berechtigtem Tadel. Katzen mit dreifarbigem Fell werden zurecht als Glückskatzen bezeichnet. Eine von Kathis Farben ist übrigens das bereits gepriesene Katzenrot. Seltsamerweise macht Kathi einen Bogen um die Hühner. Bisher konnte ich die Ursache dafür nicht herausfinden.

Was aber wäre ein Abenteuer, ein Lustgewinn, ohne Prickeln, ohne Gefahr? Fräulein A-nette deutet ein Schließen der Augen an, blitzt herüber, nimmt ein Körnchen auf, flitzt in ihr Reich unter dem Flammenbusch. Die Beinchen hasten mit so großer Geschwindigkeit über den Boden, dass es unmöglich ist, sie als solche wahrzunehmen. Grauer Beinchenflaum huscht vorbei, weg ist sie. Einen Augenblick lang vibrieren heiß die Flammenblätter. Freude bleibt.

Wenn meine Augen wieder zurückspaziert sind, ich in meinen grünen Sessel zurückgelehnt bin, den Sessel der in die Träume der Altvorderen führt, total locker und entspannt, fein vibrierend vor Glückseligkeit, meine ich mehr über die Welt der Mäuse, ihr Leben, ihre Sorgen und Vergnügungen zu erfühlen. Mir scheint, dass ich mich selbst ein wenig besser verstehe. Wenn ich die Augen bis auf einen schmalen Schlitz schließe, die Härchen meines Unterarms gegen das Licht ins Visier nehme, scheint es mir, dass dort ein Fellchen wächst. Dünn zwar. Noch! Zu erleben am besten in der Dämmerung. Den geschenkten Minuten, die das Beste von Tag und Nacht vereinen, in denen hell und dunkel gemeinsam aufblitzen und demonstrieren, dass sie ohne einander ihre Kraft verlören. In der Zeit, in welcher zur Geburt drängt, was Tag und Nacht, was beides braucht.

Klar wird: Vieles läuft im Mäuse- wie im Menschenleben ähnlich, oder gar gleich ab. Wir sind näher miteinander verwandt, als wir dies wahrhaben mögen, haben ähnliche Schicksale zu tragen, wirken gemeinsam mit an einer helleren Zukunft.

Musik offenbart, was auf eine andere Weise
zu offenbaren unmöglich ist.

Aus Flandern

Etwas in mir beginnt zu schwingen, sich zu drehen, zu springen. Nicht das einfache, eher plumpe, ziellose Herumhüpfen. Es sind weite Ballettsprünge, mit elegant ausgebreiteten Armen, nach oben geöffneten Händen, aufwärts gerichtetem Blick in das sich andeutende Höhere. Die Sprünge scheinen ohne ein Ende zu sein, sind es auch, wenn ich das nur möchte. Nurejew?
Mit dem Fliegen sind sie verwandt, jeglicher irdischen Physik stehen sie entgegen, nähren mein Wollen. Sehnsucht brennt. Wonach? Wohin richten sich diese Flugsprünge? Wo ist ihr Ziel, was ist an ihrem Ende vorzufinden? Zugegeben, ich versetze mich gerne in diese Lage. Mein Herz dehnt sich dabei in alle Richtungen,

auch nach oben und unten, wird so warm, so weich, die Welt so groß und weit. Und so geliebt! Sehnsucht ruft ihre kleine Schwester, die Wehmut hinzu. Gemeinsam schießen sie Liebespfeile von goldenem Bogen, verwunden das warme Herz. Ziehender, feiner Schmerz bricht hervor, pulsiert pochend in der Brust. Hinaus möchte ich. Springfliegen. Weit, ganz weit hinaus, der Wind darf dabei in den Haaren wühlen, Luft mein Hemd aufblähen. Den Duft einer anderen Welt möchte ich einsaugen, in mich aufnehmen. Leicht werden, wie er. Durchdringen das Harte, erheben zuerst mich und dann mit mir die ganze Welt, ja, die ganze, geliebte Welt.

Später, viel später werde ich ans Ende des Fluges gelangen, ja, ankommen werde ich, nach einem Flug mit herrlicher Aussicht über fremde Berge und Meere; bedeckt mit Drachenbooten. Werden dort nicht einige der Boote des Bootestrauchs im azurblauen Gewässer unterwegs sein? Leuchtende Städte werde ich überfliegen und gründunkle Täler, gleißende Wüsten und stille Hügel. Windzerzaust, mit Wolkenkrümeln im Haar, mit allem, was ich bin werde ich aaaaankommen, sehen, was dort ist, wahrnehmen, was dort ist. Sehen, wer ich bin, mich selber entdecken. Finde ich dort endlich das mir Fehlende, das mich Erfüllende, Ergänzende, das mich für immer Beglückende?
Das, was mir in den wie von Motten zerfressenen Nächten, in denen ich mehr wach bin als schlafe, vorschwebt und mein Herz begehrt, wie sonst nichts in dieser Welt? So weit mache ich mein Herz, so weit! "Nun ist Platz für Dich! Komm, komm doch endlich!"

Manchmal, wenn der Mond durch die Gardine scheint und durch sie Botschaften an die Wand über meinem Bett malt, glaube ich kurz davor zu sein, mehr zu begreifen, von mir, von den anderen, von allem. Bevor jedoch der Lichtblitz der Erkenntnis in mein Herz fällt und sich dort einbrennen kann, zieht eine unachtsame Wolke vorbei, droht die Botschaft wegzuwischen. "Halt ein! Bitte, nicht jetzt! Kehre um!" Doch die Wolke ist nicht aufzuhalten. Das oft geübte Wolken wegzaubern funktioniert zwar sehr gut, dauert aber zu lange. Langsam frisst sich der Schatten in die Botschaft hinein. Der Schaden ist unermesslich. Dann fühle ich mich so enttäuscht, so allein gelassen. Und frage mich: Hast du dich gemeldet, durch des Mondes Botschaft, du-, der-, das- diejenige, nach welcher ich mich so sehr sehne, und mir gefühlt zahllose Zaubernächte süß entgegenwarten?

Jedes Mal wenn dies geschieht, und leider gibt es immer wieder unaufmerksame Wolken, bleibt so etwas wie ein Duft zurück. Eine Art sphärischer Duft. Kaum wahrzunehmen. Mit nichts vergleichbar. Selbst die rosa, weiß und herzensrot blühenden Rosen von Frau Sieglinde können an diesen Duft nicht heranreichen.

Höre ich da leise Musik? Schemenhaft bilden sich Bewegungen rhythmisch als vielfarbige Schatten ab, in Komplementärfarben zerfallend, über erstere wenig überlappende Farbschichten werfend. Wohin eigentlich? Genauer möchte ich sehen, tiefer hineinfühlen. Glatt wirken Schatten bewegter Flächen, nicht zuzuordnen mir bekannten Formen, weiten sich sachte aus, heraus aus ihrer flächenhaften Dimension, formen sich um. Angetrieben von einer Art von silbrigen Strudeln gewinnen sie zögernd Fülle, dehnen sich hinein in den Raum, wenig nur, doch blass erkennbar. Dann, von innen her, fast möchte ich sagen, blasen sie sich auf, oder werden aufgeblasen, dem Aufblasen eines Luftballons nicht unähnlich, weiten sich mir entgegen. Körperlicher geworden, leben die Schatten dieser Schatten hinein in den farbdämmernden Raum, wirbeln, ziehen sich an, fallen ineinander zu schillernden Gebilden. Noch treten blasse Formen aus, ragen vibrierend hervor, fallen zurück, den Umriss klärend. Graunebelnd, silberglitzernd. Rosenrot blitzt im Hintergrund.

Was ist das? Ist das ein Wesen? Ein menschliches gar? Die Formen werden klarer. Ist das etwa Fräulein A-nette? Nebel lichten sich, das Auge durchdringt verdünnende Schwaden. Eine Mäusedame in königlicher Haltung zeigt sich, etwas klarer werdend, dem erstaunten Blick. Ja, es ist Fräulein A-nette. An ihrem unverwechselbaren, feinen Lächeln erkenne ich sie. Possierlich neigt sie sich hin und her, schwingt im Rhythmus einer für mich nur zu ahnenden Musik, deutet Bewegungen eher an, als dass sie diese ausführt. Nun stellt sie das linke Füßchen kokett vor, zieht das rechte nach, vollführt so einen Viertelkreis, eine Drehung in meine Richtung. Dreht sich wenig zurück, schwingt sich in den Tanz ein, wirft warme Schatten an die Wände meines Herzens. Sie trägt ein weites Kleidchen, fast bodenlang, wie aus reinstem Tau geschneidert, der je nach Lichteinfall seine Farbe verändert.

Ja, da ist Musik, sie wird lauter. Entfernt erinnert sie an melancholische russische Walzer der Zarenzeit. Noch weiter wird mein Herz. Aaaaah! Welch eine Musik! Sehnsucht schwingt in ihr, Leidenschaft ergreift den innersten Kern, füllt mich an zum Bersten. Unmöglich, nicht ergriffen zu sein, mich aus dem Sinnenstrudel herauszuhalten. Mein Gott!
Gleich wird diese wilde Sehnsucht ausbrechen, hinausstürmen. Sie eilt voraus, ich hinterher. Ja, hinaus, Hand in Hand mit Schwester Wehmut. Und vor allem mit Fräulein A-nette. Mein Herz klopft bis zum Hals. Engt Angst? Was mach' ich denn da? Ja, Angst, die Mutter der unzähligen Fürchte. Sagt man so, geht Fürchte durch? Gleich reißt mich Musik mit, hinein in den Trubel des blauen Saals mit tausend brennenden Kerzen, dezent knarrenden Parkettböden, firmamentblau livrierten Pagen, mit silbernen

Ärmelstreifen und ebensolchen Schulteraufsätzen, den weißen Perücken. Dann ist es vorbei mit dem Fürchtlein. Ich bin kurz davor, mich hineinfallen zu lassen, ja, fallen zu lassen, zu zeigen, dass ich hier bin, andeuten, dass ich Mut habe und mit ihr sein möchte, bevor sie vielleicht so mysteriös verschwindet wie sie gekommen ist. "Fräulein A-nette", rufe ich, "ich bin da, hier bin ich, können Sie mich sehen?" Bange Pause, Hoffnung. Hat sie genickt, mir zugenickt? "Gerne möchte ich Sie zum Tanz zu bitten." Inmitten des blasslila, mit goldhellen Lampions beleuchteten Herzenstanzbodens, der sich nun in den dunkelblau schimmernden Saal hineinwölbt, steht, nein, posiert sie: Fräulein A-nette. Mein Fräulein A-nette. Sie erscheint bereit zum Tanz, ohne Zeichen von Zweifel oder Unentschlossenheit. Und wie fein sie lächelt!

Oh - Oh - hallo, kurz sehe ich in einen Spiegel, der offenbar vorbeigetragen wird, oder vorbeischwebt. Ich trage den schwarzen Frack mit den höchst eleganten Schwalbenschwänzen, schneeweißem Hemd, blütenweißer Fliege. Und weißen Handschuhen. Über dem Herzen in der Brusttasche steckt ein passendes weißes Spitzentüchlein. Der Frack sitzt wie angegossen, was mich etwas wundert. War der Hosenbund nicht letztes Jahr zu eng gewesen? Gut, dass es der Frack ist, nicht der Smoking. Die Eleganz eines Fracks ist durch kein anderes männliches Kleidungsstück zu überbieten. Ein Smoking wirkt dagegen lächerlich.

Wenn es schon ein Wunder sein soll,
dann bitte ein gewaltiges!

Herbert

Nun trägt mein Fräulein A-nette plötzlich ein entzückendes weißes Kleidchen, mit dezenten rosa Punkten darauf. Wie ging das denn? Mit Schleier und Schleppe aus chinesischer Wolkenseide,

wie ich später erfahre. Wenn es zum Tanz kommen sollte, muss ich höllisch aufpassen, damit ich nicht auf den Schleier trete. Das wäre mir unendlich peinlich. Zwischen ihren Öhrchen trägt sie ein rosa Schleifchen, darauf allerliebste Vergissmeinnichtblüten drapiert. Blaulilaleuchtende Vergissmeinnicht! Um diese Jahreszeit! Nun sieht sie mich, geht, nein ballettet einige Schritte auf mich zu. So galant wie möglich verbeuge ich mich. Wir grüßen uns, sind beglückt ob unserer Begegnung.
Ein weiteres Mal, noch tiefer verbeuge ich mich, ganz Kavalier alter Schule sein wollend, ergreife ihr schlankes, rechtes Pfötchen, dann auch das linke, welches sie mir anmutig entgegenstreckt, hebe beide etwas nach oben, neige mich nach unten, deute einen Handkuss an. Anmutig ist sie, anmutig, ja, kein besseres Wort zeigt sich und selbst dieses ist zu schwach.

Tanzen wir gleich los? Besser ist es, sich erst ein wenig zu unterhalten, danach fragen wie sie hierhergekommen ist, wie es ihr geht, ob sie überhaupt Lust zum Tanzen hat. Ihr erst einige Komplimente machen, keine unechten, nein, die reine Wahrheit ist Kompliment genug, hörte sich wohl dennoch übertrieben an. Kann die Erwartung durch Warten gesteigert werden? Durch aktives, erwartungsvolles, hingebungsvolles Warten, in das man Fantasie, Energie, Widmung steckt? Und nicht zu vergessen, Geduld! Ein Warten, in welches das Kommende sich andeutet, umarmt, liebevoll eingehüllt wird? Nicht zu verwechseln mit dem Abwarten, dem eine völlig andere, eine berechnende Bedeutung zukommt.

Die Macht des Wartens kann unterstützt werden durch den Austausch von bedeutungsvollen Blicken, dem herzlichen, zarten Drücken ihrer samtigen Pfoten. Am besten bei einem kurzen Besuch an der Bar. Zu einem Gläschen süßen Schampansky von der Krim werde ich sie einladen, verführerischem Schampansky in blutroter Farbe. Nichts Geringeres darf es sein. Punkt. Damit wir noch mehr in Stimmung kommen. Schöne Sektgläser haben sie hier, mundgeblasen, wie mir scheint, mit einem dezent eingeschliffenen Krönchen darauf. Ich blicke tief in das Glas. Der Schampansky sprudelt mit rosa Bläschen.

Nach dem ersten Glas werden sich die Wangen meines Fräulein A-nette mit einem Hauch von Rosa überzogen haben, ihr Lächeln wird immer noch fein, aber ein wenig voller sein. Wir werden wohl noch ein weiteres Gläschen trinken. Von ihrer Freude wird mir ihr Lächeln eine Andeutung sein, erröten wird sie dabei. Beglückt werden wir gewahr, dass auch sie diese weiten Flugsprünge kennt, sie liebt und ebenfalls mit ihrer übergroßen Sehnsucht hinausspringen möchte und am Ende des Sprungs auf Erfüllung hofft.

Ich werde sie nach dem zweiten Gläschen fragen, ohne zu zaudern und mich verneigen: "Darf ich zum Tanze bitten, mein gnädiges Fräulein A-nette?" Sie wird ein zartes "ja, mein Lieber, ja freilich, mit Freude" hauchen. Mit Foxtrott, dem Siebenschritt, einer Polka werden wir beginnen. An mich drücken wird sie sich. Und ich mich an sie. Anschließend tanzen wir vielleicht den Zillertaler Hochzeitsmarsch, falls ihre Schleppe diesen wilden Tanz zulässt. Ohne zu lächeln kann ich Fräulein A-nette nicht ansehen. Immer lächelt sie zurück. Walzer dann, unbedingt Walzer! Ja, Walzer werden wir tanzen, zuerst einige von diesen melancholischen russischen, dann einen von Johann Strauß, vorzugsweise: "An der schönen blauen Donau."
Schon tauchen Geigen, kaum vernehmbar, aus der unermesslichen Tiefe des nachtblauen Donaugrundes auf, wellen zart, schwellen über viele Takte an, weiten von innen heraus. Ergreifen, heben uns sanft und leicht, werden lauter, schwingen über sich und uns hinaus. Schneller wird die Musik, schneller wird unsere Drehung. Es brodelt und gurgelt, reißt uns beide unwiderstehlich mit sich, ähnlich wie der Donaufluss bei Hochwasser alles mit sich reißt,

was sich entgegenstemmt. Nein, entgegenstemmen möchten wir uns nicht. Keinesfalls. Getragen, hinauf-, weitergetragen, möchten wir werden, hin zu hohen, unbekannten Ufern. Der Walzer "An der schönen blauen Donau" hat in sich die Kraft, Herzen zu entzünden, sie zu erfassen, ihre Schläge in seinem Rhythmus zu synchronisieren, sie zu einem einzigen pochenden Herzen zu verschmelzen. Wir drehen uns nach rechts, beim Walzer tanzen bin ich ein unverbesserlicher Rechtsdreher, linksherum klappt es nicht so gut. Weiter, schneller, ohne Zwischenschritt, bis wir den Hintergrund des blauen Saals nicht mehr wahrnehmen und die Kerzen leuchtende Schweife hinter sich herziehen, wie einstmals der Stern zu Bethlehem.

Die blaulivrierten Diener ziehen sich etwas zurück, einen Kreis um uns bildend. Mit erstaunten Augen beobachten sie, was hier gerade vor sich geht. Die Musik hat ihren Dreier-Rhythmus aufgegeben ohne den Walzer zu verleugnen, dreht uns in einem fort, unterstützt, schiebt unsere Drehung weiter an. Der Boden verliert seine Festigkeit. Ist das der weite Sprung von vorhin, der sich in einen Kreis, nein, in eine Spirale, eine nach oben gerichtete Spirale gezwängt hat?

Ich komme mir wie im ruhenden Herzen eines Strudels vor, ähnlich, aber reicher, als sich einsam drehende Derwische fühlen können. Weil mit Fräulein A-nette. Drehen sich die Derwische auch nach rechts? Ich glaube ja. Wir werden gewahr, dass wir an Schwere, an Gewicht abnehmen, den Boden kaum noch berühren, weiter nach oben gehoben werden, weitertanzen, fliegen, weiterdrehen, weitergetanzt, weitergedreht werden. Schneller und schneller. Durch blauflirrende, sich aufhellende Klarheit, hinein in einen duftigen, alles versprechenden Morgen. Hebt sich der Boden mit uns in die Höhe, hat er sich von uns, wir uns von ihm entfernt? Weiter hinauf geht es, uns besonntem Gewölk nähernd. Hinein tanzen wir.

Sieht so der Himmel aus? Schwerelos schweben wir in weißen Wolken. Ja, sie sind fest genug, uns zu tragen. Unser Drehen lädt die Wolken ein, weitet sich aus, tief in das dichte Weiß hinein, zieht sie drehend mit, weiter. Sonne blitzt durch. Ich fühle mich wie Fräulein A-nette. Und sie wie ich. Das zeigt ihr Gesichtlein. Wir sind eins geworden, sind viel, alles. Wolkenweiß und firmamentenblau und sonnengelb zusammen. Werden mehr und mehr. Fräulein A-nette! Fräulein A-nette! Warm und sonnenwolkenhonigsüß. Träumen, träumen, drehen, fliegen. Weiter und weiter.

Wer nicht mehr liebt und nicht mehr irrt,
der lasse sich begraben.
Johann Wolfgang von Goethe

Viel später dann, als wir wieder ganz wir selbst geworden sind, kosten wir lila Gewitterplätzchen.

Ich bin unsicher, ob Fräulein A-nette dasselbe Fräulein A-nette ist, an der sich schon mein Vater und meine Mutter erfreuten. Ist sie etwa ihre Tochter, gar ihre Enkelin vom ersten Fräulein A-nette? Sei's drum. Mutter gab ihr unfreiwillig ihren Namen, als sie sagte: "So eine nette, so eine nette Maus." Aus eine nette, ist endlich A-nette geworden. Fräulein A-nette. Damit ich mich daran erinnere, wie ihr geliebter Name entstand, wird A-nette seither mit Bindestrich geschrieben. Das ist nun schon einige Jahre her. Früher saß Vater in dem grünen Sessel, sah sinnend aus dem Fenster, überlegte, träumte. Dann sinnte Mutter hinaus, nun sinne ich, erfreue mich an Fräulein A-nette, an den Vögeln, den Hühnern, dem eckigen Fensterausschnitt, der immer und ganz zuverlässig gleich bleibt, sich doch stets neu mit Erstaunlichem anfüllt. Schräg, seitlich vor dem Fenster sitzend, sehe ich Ober- und Unterkante des Glases in einem fernen Punkt zusammenlaufen. Das erinnert an die Wiederentdeckung und Verfeinerung der Perspektive durch Filippo Brunelleschi. Schon in Steinzeithöhlen gab es Ansätze von Perspektive in den Malereien. Also, nichts Neues unter der Sonne. Wo sich die Linien wohl treffen? Vermutlich in der Küche von Frau Sieglinde.

Mädchen, die pfeifen und Hühnern, die krähn,
soll man beizeiten den Hals umdrehn.

Bruno

Vater und Mutter wechselten still den Ort. Vereint liegen sie im Grab, bei dem Onkel, den Großeltern. An Vaters Bruder erinnert ein Schriftzug auf dem Grabstein. Gefallen in Russland.

Früher stand ein birkenes Vogelhäuschen so vor der Terrassentüre, dass man es gut einsehen konnte. Die Vögel kamen in Scharen. Vieles haben wir von ihnen gelernt. Wie es im Reich der Vögel zugeht, welche Sorgen und Freuden sie haben, ihre Gemeinsamkeiten und auch die Unterschiede. Was es bedeutet, dass manche Amseln gelbe, andere schwarze Schnäbel haben, wo Reviere beginnen, wo sie enden. Die Hühner wollten an dem Vogelfutter teilhaben. Von unten war trotz wagemutiger Sprünge nichts zu erreichen. Manche schafften es auf das Dach und pickten von oben unvorsichtige Körner auf, die sich zu weit vorgewagt hatten.

Manche Vögel fraßen aus der Hand. Vorarbeit war nötig, Zeit, Geduld, Verantwortung war verlangt. Hatte man einmal das Vertrauen gewonnen, musste es unter allen Umständen bewahrt werden. Als heiliges Gesetz. Ab einem bestimmten Punkt rechnen die Vögel mit einem, richten sich ihren Tag danach ein. Dann muss man eisern anwesend, mit ihnen, für sie da sein. Sie angemessen versorgen. Nicht nur mit Futter. Enttäuschen mochte ich sie nicht.

Wie viele Hunderte von vergnüglichen Stunden meine Eltern wohl in dem grünen Sessel verbracht haben? Ganz durchgesessen ist er, ob der Last der Jahre. Auf die Sitzfläche lege ich zur Erhöhung zerschlissene Polster von längst auf den Wertstoffhof gewanderten Gartenmöbeln.

Etwa in Höhe von einhundertzwanzig Zentimetern befand sich der Bretterboden des mit Stroh gedeckten, birkenen Vogelhäuschens. Reichlich war er mit winzigen Sämereien, welche die Waldvögel lieben, sowie mit geschälten Sonnenblumenkernen bedeckt. Fräulein A-nette konnte das nicht verborgen bleiben. Ab und zu flatterten die Vögel nämlich wild beim Anflug und streuten so einige Körnchen auf den Boden. Das war gut für unser kleines Mäusefräulein. Allerdings wollte sie mehr, wollte direkten Zugang zur Quelle erhalten. Erstaunlich geschickt kletterte sie einen der drei weißen, schwarzgefleckten Stützbeine hoch, schaffte es, sich irgendwie ein gutes Stück unter der waagerechten Bodenplatte entlangzuhangeln, bis hin zur Kante, schwang sich behende auf die Bodenplatte, schnappte sich die Anzahl Körnchen, die sie im Mäulchen gerade noch fassen konnte. Ohne die schöne Aussicht zu würdigen, ohne Zeit zu verlieren, nahm sie nach einem prüfenden Sicherheitsrundumblick einen kurzen Anlauf, sprang todesmutig mit vier ausgebreiteten Beinchen, weißbebaucht in die Tiefe, frech vorstehende weiße Bauchhaare zitterten im Flugwind. Sie plumpste direkt auf die züngelnden Blätter des Feuerbusches. Kurz federten sie zurück, schubsten Fräulein A-nette in die Luft, sodass ein zweiter, kurzer Flug folgte. Kaum auf dem Boden gelandet, war sie flink unter dem Feuerbusch verschwunden, verstaute ihre Beute, machte sich für den nächsten Raubzug, den nächsten Mäuseflug bereit.

Das Geschehen besahen wir ungläubig, mit klopfenden Herzen, offenen Mündern. Mäuseflüge erfolgten im Winter etwa von sechzehn Uhr an, als sich die Hühner schon in den Hühnerstall zurückgezogen hatten, solange bis die Dämmerung hereinwehte. Hühner gehen früh zu Bett. Wir luden Freunde zum Tee ein, um den Flug Fräulein A-nettes gemeinsam zu bewundern. Die Kunde von der fliegenden Maus verbreitete sich wie ein Lauffeuer. Besucher sagten sich an, Menschen, die wir nicht kannten luden sich ein, brachten Blumensträuße oder Pralinen mit. Es ging Fräulein A-nette nicht nur ums Essen, da bin ich mir sicher. Sie weiß, dass sich Wünsche erfüllen, wenn sie nur fest genug daran glaubt, wie zum Beispiel der uralte Mäusetraum vom Fliegen. Vielleicht war ihr Kunde über ihre fliegenden Schwestern, der Fledermäuse, zu Ohren gekommen. Auch Mäuse kommunizieren miteinander. Zweifellos. Vielleicht ist an ihnen die uns bis heute schwer zu schaffen machende Aufklärung des 18. Jahrhunderts vorübergegangen. Bestimmt kommunizieren sie über weite Distanzen, was wir Menschen wohl früher auch beherrschten. Heute sind wir leider auf Smartphones angewiesen.

Von Mal zu Mal wurde der Flug von Fräulein A-nette sicherer und eleganter. Kam sie anfangs noch leicht ins Trudeln, stürzte gar seitlich auf die Blätter des Feuerbuschs, wonach sie sich mit der rechten Pfote das Schnäuzchen rieb, so segelte sie nach kurzer Zeit souverän, kleine Windböen geschickt ausgleichend zu Boden. Ich meine mich zu erinnern, dass sie an einem windigen Tag von einer starken Böe mitgerissen wurde und sich elegant mit einer Rolle vorwärts aus der Affäre zog.
Unbedingt musste vermieden werden, dass sie hart auf dem Pflaster aufschlug. Wenn ich die Höhe ihres Sprungs und ihre Körpergröße ins Verhältnis zur Größe von uns Menschen setze, müssten wir um eine ähnliche Heldentat zu begehen, von einem Turm mit etwa einhundert bis einhundertzwanzig Metern Höhe herunterspringen!

Inzwischen sind die Stützen des Vogelhäuschens verfault. Das Weiß der Rinde ist schwarz geworden. Das Häuschen selbst tut es gerade noch. Es ist nun am Ast des Zwetschgenbaums befestigt. Wird Fräulein A-nette den Stamm hinaufklettern? Vermutlich ja, denn das Häuschen befindet sich nun höher als vordem, der Flug dauert länger. Das wird sie gewiss genießen. Außerdem ist der Feuerbusch inzwischen gewachsen und bietet mehr Sicherheit beim Aufprall auf den Boden.

Ein Schnabel klopft ans Fenster. Bruno, der Gockel, meldet sich. Wieder bin ich völlig abgedriftet in meinem Erleben, habe unsere Probleme gerne ausgeblendet. Wir sind noch nicht fertig mit unserer Diskussion, ich weiß. Ich öffne die Terrassentüre, damit die Hühner rein können. Nach dem ich die bereits erwähnten Fotos vorhin gemacht habe, beginne ich mit dem Spiel am Klavier. Es ist leicht verstimmt, ich hoffe, das wird die Hühner nicht stören. Mal sehen, was geschieht. Die Packung mit den geschälten Sonnenblumenkernen habe ich vorsorglich in die Speisekammer gebracht. Sonst stürzen sich gleich wieder alle darauf, allen voran Luise und keine hört meinem Spiel zu.

Wenn es dem Huhn schon an den Kragen gehen muss,
geben wir es besser in unseren eigenen Suppentopf
als in den des Nachbarn.

Bulgarisches Sprichwort

Ich nehme mir vor, verschiedene Anfänge von Improvisationen zu spielen, um zu sehen, wie die Hühner reagieren, welche Art von

Musik sie annehmen. Werden es getragene Melodien, Märsche, Wanderlieder, Mozart, Brahms, Mönchsgesänge oder gar Jazz sein? Mit Michael Jackson kann und möchte ich nicht dienen. Vorsichtig tippeln die Hühner in die gute Stube, sehen sich um, picken da und dort etwas auf. Ganz konzentriert sind sie nicht. Das kommt wohl noch. Luise möchte durch die offene Zimmertüre entwischen, wie ich sie kenne, das ganze Haus inspizieren. "Luise, komm zurück, hier spielt die Musik!" Luise kommt nicht zurück. Ich möchte sie fangen, was sich nicht einfach gestaltet. Gerade hat sie sich flügelschlagend kopfüber die Kellertreppe hinuntergestürzt. Es ist ihr klar, dass mir das nicht recht ist. Sie weiß, dass ich mich über ihr Verhalten ärgere. Trotzdem tut sie es. Offenbar vermutet sie dort unten fette Beute. Nebenbei bemerkt, die braungefiederte Luise scheint mir die dickste unter den Hühnern zu sein. Das würde ich vor ihr so nie sagen. Welche Dame würde solch zweifelhafte Komplimente hören wollen?

Luise ist hartnäckig, nicht zu erwischen. Nach einer wilden Hetzjagd, verbunden zuerst mit locken, bitten, dann mit Drohungen, schlüpft sie unter ein Regal hinter einige schwere Holzkisten. Dort kann ich sie nicht fassen. So eile ich in die Küche, hole ein Stückchen Brot, gehe wieder die Kellertreppe hinunter, locke Luise vor, hinter mir her, vorsichtig die Kellertreppe hinauf. "Gack, gack, gack, komm, liebe Luise, komm mit mir. Hier habe ich ein leckeres Brot für dich. Gack, gack, gack."

Was ist das? Ich höre vereinzelte Töne. Habe ich mich getäuscht? Wer spielt denn da? Als ich das Wohnzimmer betrete, bin ich überrascht, einen Moment abgelenkt, Luise schnappt sich das Stück Brot, flattert zurück in den Keller. Dann eben ohne Luise. Mit Erstaunen sehe ich, dass es sich einige Hühner auf der Tastatur bequem gemacht haben, auch Martha ist unter ihnen. Ihre Füße versetzen sie von Zeit zu Zeit mit Bedacht auf den

Tasten, wundern sich, dass dabei Töne entstehen. Sie schauen hin und her, wohl um zu ergründen, wie es zu diesen Tönen kommt. Dazu gackern und schwurbeln sie.

Bruno steht auf dem Teppich, guckt fragend nach oben, bewundernd auch, wie ich meine. So viel Musikalität hätte er seinen Damen nicht zugetraut. Er ist um einiges schwerer als Martha. Das ist wohl einer der Gründe, warum er lieber unten bleibt. Den Kopf bewegt er in einem Rhythmus hin und her, welchen ich weder hören noch spüren kann. Möchte er sich als Dirigent etablieren? “Wollen wir gemeinsam spielen?” Ich schlage einige Akkorde an. Martha wundert sich großäugig. Unschlüssig sieht sie mich an. “Komm, Martha, es geht weiter.”

Ein großes weißes Huhn, für das ich trotz Mühe noch keinen passenden Namen fand, erleichtert sich genau zwischen den Tönen f und g, zieht somit auch das Fis in Mitleidenschaft. Das geht nun wirklich zu weit. Diesen unmöglichen, barbarischen Akt werde ich bei der Namensfindung berücksichtigen. Ich jage alle nach draußen, verschließe die Terrassentüre. Für heute habe ich genug.
Auf dem Weg ins Bad, um dort Reinigungsmittel und Küchentücher zum Saubermachen zu holen, steht mir die offen stehende Kellertüre im Wege. Im Vorbeigehen gebe ich ihr ärgerlich mit dem Fuß einen Schubs. Krachend fällt sie ins Schloss.

Wer von Hühnern abstammt, gackert wie die Hühner.

Bruno

Kürzlich war mein Bruder zu Besuch. Er hält ebenfalls Hühner, wobei zu sagen ist, dass seine Gattin mehr davon versteht als er. Er beklagte sich, dass die Hühner wegen des geringen Angebots an Licht zur Winterszeit wenig Eier legen. Kurz davor sei er gewesen, im Supermarkt Eier zu kaufen.

Mir ging ein Licht auf! Sollte das der Grund für die geringe Menge an Eiern sein?

Der Versuch meines Bruders, bei dem er den Hühnerstall bei Dunkelheit täglich zwei Stunden lang künstlich belichtete, also dadurch den Tag verlängerte, brachte den Erfolg. Die Anzahl der gelegten Eier nahm zu.

Mir fiel ein Stein vom Herzen! So einfach war die Lösung und ich war nicht draufgekommen! Es war eben nicht meine schlechte Pflege, welche das Eierproblem verursachte, und auch keine Protesthaltung meiner Lieblinge, sondern der ganz normale Jahresrhythmus der Hühner.

Nachdem mein Bruder sich verabschiedet hatte, ging ich eilends in den Garten und verwöhnte meine Lieblinge mit Kopfsalatblättern.

Ein Kluger bemerkt alles,
ein Dummer macht über alles eine Bemerkung.

Heinrich Heine

Obwohl ich es immer wieder verschiebe, hoffe, dass sich das Reisen vermeiden lässt, bin ich doch von Zeit zu Zeit dazu gezwungen. Zuvor erfinde ich Ausreden, schlage Telefonkonferenzen vor, stelle mich krank, werde wirklich krank. Man sollte eben nicht lügen, selbst wenn es sich nur um eine sogenannte Notlüge handelt. Ich habe die Geschäftspartner zu mir nach Hause eingeladen - das klappte selten, da, wie bekannt, Geschäftsleute kaum Zeit haben. Für sich nicht, erst recht nicht für die anderen. Eigentlich für gar nichts. Bei manchen könnte ich mir nicht erlauben, sie zu mir einzuladen. Sie würden meine Hühner sehen, obendrauf den krähenden Gockel Bruno und wie wir miteinander umgehen. Dann wäre es aus mit den Geschäften.

“Wie kann sich ein halbwegs vernünftiger Mensch in der modernen Zeit, im einundzwanzigsten Jahrhundert, wohlgemerkt im einundzwanzigsten Jahrhundert, mit Hühnern herumschlagen? Eier gibt es doch im Supermarkt. Das ist doch indiskutabel, geradezu verrückt!” Ungern trenne ich mich von meinen Tieren, habe Angst davor, dass ihnen etwas zustößt. Deshalb reden wir vor meiner Abreise viel miteinander. Das heißt, ich warne die Hühner vor möglichen Gefahren, schärfe ihnen ein, unbedingt nächtens ins Häuschen zu gehen. Bei uns gibt es Füchse! Ja, die sind nicht zu unterschätzen. Und erst Hühnervögel, Marder und Iltisse! Im Grundstück sollen sie bleiben, nicht nur wegen der Nachbarn, auch wegen des Autoverkehrs. Sie sind wie Kinder, sie sagen ja und hören gar nicht oder nur halb zu. Bruno nehme ich auf den Arm. Damit er nicht flüchtet, halte ich ihn fest, drücke ihn an meine Brust. Während ich weiterspreche, schärfe ihm alles noch mal ein. Er sieht mich an, als ob er sagen wollte: “Das wissen wir doch alles. Wir sind doch keine Kinder mehr.”

Meist bin ich nach vier bis sieben Tagen wieder zurück. Einmal unterwegs, bin ich ungern Beifahrer in einem Auto, besonders weite Strecken fahre ich lieber mit der Bahn. In der Bahn fühle ich mich freier, bin nicht Autoradios, Klimaanlagen und öden Gesprächen ausgesetzt.

Mir ist es unangenehm, wenn der Fahrer raucht. Auf einer längeren Strecke hielt kürzlich der BlaBla-Fahrer auf einem Parkplatz an und zündete sich bei offener Wagentür eine Zigarette an. Auch ich öffnete die Türe. Er erklärte mir, dass er selbstverständlich die Bedürfnisse eines Nichtrauchers akzeptiere, sehe aber nicht ein, warum es den Nichtrauchern so schwerfalle, Kompromisse einzugehen. Die Raucher machten das doch auch. Und zwar ständig.

Da wir nun genau die Hälfte der Strecke hinter uns hätten, werde er im Sinne eines Kompromisses, nachdem er bisher generös auf das Rauchen verzichtete, die andere Hälfte der Strecke eben rauchen. Lange genug habe er sich nun gequält. Leider könne er nicht anders. Er hoffe auf mein Verständnis. Er war dermaßen bestimmend, dass mir Widerstand zwecklos erschien. Fortan rauchte er wie ein Schlot. Sicher hat er die Anzahl der nicht gerauchten Zigaretten, auf welche er während der ersten Hälfte der Fahrt verzichtete, locker aufgeholt, wenn nicht zahlenmäßig übertroffen.

Nur das halb geöffnete Fenster auf meiner Seite bewahrte mich vor einer Rauchvergiftung. Um einige Tage Raucherhusten kam ich allerdings nicht herum.
Ehrlich gesagt, nur weil andere rauchen, möchte ich mich nicht zum Nichtraucher abstempeln lassen. Auch als Nichtturner, Nichtrenn-

fahrer, Nichtclown, Nichtgärtner und weiteren Nichtsen ... mag ich mich nicht fühlen. Das lenkt mich nur von mir selbst ab.

Die Zeit des Abschieds ist gekommen. Bevor ich gehe, gebe ich den Hühnern noch eine ordentliche Portion Leckerli. Ich beginne mit Haferflocken, dann folgen Sonnenblumenkerne, eingeweichtes Brot, Brösel vom Guglhupf und klein geschnittene Knödel, Spaghetti und Salatblätter. Als Krönung bekommt jedes Huhn ein bis zwei Korinthen. Bruno erhält eine extra Ration. Er besteht darauf, sie aus meiner Hand zu nehmen. Spätestens bei den Brotbröseln merken die Hühner, was die Stunde geschlagen hat. Die fröhliche Stimmung schlägt um, das Interesse an den Leckerli lässt geringfügig nach, meine Lieben stehen unschlüssig herum. Bruno krächzt wie ein kranker Rabe, anstatt zu krähen. Luise lässt ihr Köpfchen hängen.

Meine Herzenshühner werden in meiner Abwesenheit von einem Nachbarn versorgt. Ihm vertraue ich. Der Nachbar ist ein freundlicher älterer Herr, der seinerseits Tiere, besonders Hühner liebt und sie mit Hingabe versorgt. Er redet mit ihnen, erzählt feinsinnige Geschichten. Meistens Märchen: vom gestiefelten Kater zum Beispiel, oder Hänsel und Gretel, Hans im Glück und wie sie alle heißen. Märchen, in denen Füchse oder Wölfe vorkommen sind nicht gefragt. Ob die Hühner verstehen, was der Nachbar sagt, kann ich nicht beurteilen. Vermutlich sind sie beeindruckt von den funkelnden Augen, den schrecklichen Gebärden und dem grimmigen Ton in der Stimme, wenn er sagt: “Komm her, damit ich dich fressen kann.”

Täglich rufe ich von unterwegs an – zwei-, dreimal, um mich nach meinen Hühnern und nach dem Befinden des Nachbarn zu erkundigen. "Wie geht es Luise? Hatte Bruno genug zum Essen? Der Gute ist immer so zurückhaltend und lässt den Damen den Vortritt. Ist Luise schon wieder morgens so spät aus dem Hühnerstall gekommen? Wenn das so weitergeht mit ihr, wird sie bald den ganzen Tag verschlafen. Waren am Abend alle meine Herzenshühner vollständig im Stall? Hat er sie auch abgezählt, zwei Mal und sich nicht vertan?"

Der Nachbar informiert mich dann geduldig und detailgenau über alle Vorfälle, über die Anzahl der gelegten Eier und deren Farben. Auch die Größe der Eier wird zum Gesprächsthema. Einmal berichtete er mir von einem beigen Riesenei, das etwa doppelt so groß wie die größeren unserer Eier sei, und etwa den vierfachen Inhalt habe. Das konnte ich nicht glauben. Ich gab keine Ruhe, bis er mir ein Foto über das Smartphone seines Sohnes sandte, auf dem zum Vergleich ein Ei in normaler Größe und dieses Riesenei abgebildet waren. Der Nachbar hatte nicht übertrieben.

Ich selbst liebe Eier, ihre Form, die sanften Farben, esse aber kaum welche. Nur selten bringe ich das übers Herz. Eier betrachte ich als Kunstwerke. Und Kunstwerke isst man nicht. Wenn ich sie verschenke, bin ich wenigstens nicht Augenzeuge davon, dass sie aufgegessen werden. Das Riesenei hätte ich ohnehin nicht bekommen, da alle gelegten Eier während meiner Abwesenheit dem Nachbarn zustehen.

Unterwegs denke ich oft an meine Lieblinge. Traurig werde ich bei der Vorstellung, dass sie morgens, nachdem sie schon die Nacht über gewartet haben, flink der Reihe nach aus dem kleinen sich automatisch öffnenden Türchen des Hühnerstalls hüpfen, wie vom Teufel gejagt, von einem Ende des Gartens flügelschlagend bis fast zum anderen Ende hin, Richtung Terrasse flitzen. Um mir einen guten Morgen zu wünschen und dafür Leckerli in Empfang zu nehmen. Bruno allen voran, am Ende der Schlange die täppige Hoffnung. Und nun? Nahe drängen sie sich ans Fenster, gucken ins Zimmer, keiner ist drin - niemand öffnet.

Bestimmt hat Martha vergessen, dass ich verreist bin und rennt wie jeden Morgen mit Anlauf und Schlachtengegackere mit dem Köpfchen gegen die Terrassentüre. Kurz bevor sie diese erreicht, flattert sie etwa einhundertundzwanzig Zentimeter hoch, prallt mit großem Krach gegen die Scheibe, rutscht herunter auf den Boden, schüttelt das Gefieder, berappelt sich ... Vertrauend darauf, dass ich die Türe öffne und die begehrten Leckerli rausrücke. Niemand wird ihr öffnen. Sie wird das bestimmt drei bis fünf Mal wiederholen, bis ihr einfällt, dass ich nicht da bin. Wenn sie davon nur keine Gehirnerschütterung bekommt! Kamikaze im Hühnerhof. Bisher sind ihre Attacken zum Glück glimpflich abgegangen.

Auch die anderen Hühner werden mich vermissen. Ich denke an Silberpfeil, das Huhn mit den grausilbern blitzenden Federn. Scheint die Sonne und sie bleibt für einen Augenblick ohne Bewegung, was bei Hühnern kaum vorkommt, sieht sie aus wie die aus Silber getriebene Götterstatue eines wohl in der Antike verehrten Hühnergottes. Ein hübscherer Hühnergott als die Steine, welche ein Loch aufweisen, und als solche bezeichnet werden. So ein Stein muss nicht schön sein, obwohl ich ihm nicht zu nahetreten möchte. Es genügt schon, dass ihm magische Kräfte nachgesagt werden.

Zurück zu Silberpfeil. Sie ist zum Erbarmen schüchtern und zurückhaltend. Zwei Eigenschaften, die nicht zusammen durchs Leben gehen sollten. Wenn ich ihr die ihr zustehenden Leckerli geben möchte, muss ich mir etwas einfallen lassen. Sonst erwischt sie garantiert nichts. Beispielsweise lenke ich die anderen ab. Am besten gelingt das auf folgende Weise: Silberpfeil zwinkere ich zu, achte darauf, dass sie mein Zeichen sieht, verstanden und mir zugenickt hat, werfe Leckerli einige Meter abseits der Meute. Wenn alle außer ihr hinflitzen, bekommt Silberpfeil ihre Ration. Sie hat dann genau so lange Zeit zum fressen, bis die anderen merken, was gespielt wird, mit Geflattere die paar Meter hin zu ihr überwunden haben und sich auf Silberpfeils Portion stürzen.

Oft ist sie bei dieser Aktion so aufgeregt, dass sie auf umständliche Weise danebenpickt, oder sich das Leckerli aus dem Schnabel reißen lässt. Sie kann sich einfach nicht daran gewöhnen, dass auch sie manchmal im Mittelpunkt steht.

Dabei fällt mir eine Sendung ein, die ich kürzlich im Kulturprogramm eines Fernsehsenders sah. Ein Team von hochspezialisierten Wissenschaftlern hat in Tausenden Versuchen, die sie mit verschiedenen Tierarten durchgeführt haben herausgefunden, dass, wenn Tiere zwischen der Möglichkeit einen Teller gefüllt mit wenig Futter oder einen gefüllt mit viel Futter gleicher Art wählen können, in der Regel den mit mehr Inhalt bevorzugen.

Ha! Das hätte ich den Damen Professorinnen und Herren Professoren von Vorneherein sagen können. Aber, was hätten sie dann geforscht? Vielleicht das, ob Tiere bei schmackhaftem oder weniger schmackhaftem zur Auswahl stehendem Futter, das erste oder das letztere gewählt hätten. So gesehen ist nichts verloren.

Mit dem Huhn namens Hoffnung ist es fast noch schlimmer als mit Silberpfeil. Sie hat ein bräunlich-buntes, teilweise ins grau changierendes Federkleid. Hübsch sieht sie aus, wie Silberpfeil auch! Sie hält beim Öffnen der Terrassentüre einige Meter Abstand, frisst nicht aus der Hand.

Wie anders verhält sich die gute Martha. Ihr fällt nichts Besseres ein, als sich ins Zimmer zu stürzen und nach Bröseln Ausschau zu halten. Dann kann ich zusehen, wie ich sie wieder hinauskomplimentiere. Mit Vorliebe verkriecht sie sich unter dem Sofa und ist von dort nur schwer hervorzulocken. Mit Gewalt geht das kaum. Bei dem Versuch sie zu packen, flattert sie so schrecklich, dass Staub aufwirbelt und Federn fliegen. Dazu kräht sie wie ein beleidigter Rabe. Dann kriecht sie ans andere Ende des Sofas, direkt in die Zimmerecke. Diese Position ist für sie besser zu verteidigen, für mich noch schwerer zu erreichen. Da hilft nur Diplomatie, mit anderen Worten, sie kommt nur hervor, wenn ich ihr etwas Fressbares anbiete. Je nachdem, ob sie satt ist, oder nicht, kriecht sie wegen eines Stückchens Brot hervor, oder ist wählerischer. Zuerst beginne ich mit Brot, wenn das nicht hilft, fahre ich mit Weizen fort, meistens tut sie es nicht unter Sonnenblumenkernen.

Buchstaben sind eine Ebene.
Worte die nächste. Sätze eine weitere.

Herbert

Wenn ich in Eile bin, biete ich gleich die für solche Zwecke in einer runden Blechdose, in welcher sich ursprünglich Lebkuchen befanden, aufbewahrten Krümel vom Guglhupf an. Anfangs habe ich mich über Martha geärgert, mittlerweile genieße ich unser kleines Ritual und erfreue mich an ihren Gesten und ihrem Ausdruck, von welchem der Gesichtsausdruck nur einen kleinen Teil darstellt. Sie dreht das Köpfchen, sagt einige Male gack, gaaack und zirbelt ein wenig. Dann dreht sie kokett ihre Flügel hin und her, kratzt erwartungsvoll den Holzboden, sieht mich spöttisch an, wetzt den Schnabel an den teilweise durchhängenden Spiralfedern des Sofas. "Wenn ich nicht will, kriegst du mich nicht!" Ich locke sie mit honigsüßer Stimme. "Martha, liebe Martha, komm bitte raus. Bitte!"

Zurück zum Huhn namens Hoffnung. Ihre Mutter war extrem scheu, Hoffnung war es auch, bis sie Glucke wurde. Von da an war sie verwandelt. Sie, die in der Hackordnung am Ende der Schlange war, kämpfte nun wie ein Löwe für ihren Nachwuchs, verjagte Mithühner wegen eines Körnchens Getreide, das sie anschließend liebevoll ihren Kleinen präsentierte. Selbst Bruno hatte Respekt und ging auf Sicherheitsabstand, nachdem sie ihn einige Male unter die Johannisbeersträucher gejagt hatte.

Als die Kleinen dann selbstständig wurden, verwandelte sich Hoffnung wieder in das scheue Huhn von ehedem.

Wie es üblich ist, gingen die Biberl nach einer gewissen Zeit ihren eigenen Weg und ordneten sich in der Hackordnung vor ihrer Mutter ein.

Der Zeitpunkt des Osterfestes wurde mit Bedacht gewählt. Es ist die Zeit, in welcher die Hühner die meisten Eier legen.

Bruno

Gestern war ich im Café an der Ecke. Ich musste mir mal wieder Luft um die Nase wehen lassen und etwas anderes sehen. Und wer sitzt da, allein an einem Tisch und schaut Löcher in die Luft? Kein geringerer als Fred Mayer. Wir spielten gemeinsam einige Jahre in der Handballmannschaft. Das ist lange her. Er war ein starker Stürmer, verwandelte Würfe aus ausweglosen Situationen in Tore, jede Saison war er Torschützenkönig. Meine Würfe wurden meist vom Torwart abgefangen oder abgefälscht, sodass sie neben das Tor gingen. Man legte mir nahe, lieber den Ball an bessere Schützen abzugeben.

“Und ich sage dir”, meinte Fred, “die Demokratie ist wie ein schlimmer Virus und fast alle sind von ihm befallen. Es läuft ähnlich wie beim Rinderwahnsinn, es ist eine Art kollektiver Wahn. Glaub mir. Das Ganze ist unheilbar. Einmal davon befallen, merkt man nicht einmal mehr, dass man krank ist. Im Gegenteil, man fühlt sich besser als vorher. Die schlimmsten Symptome sind das Überlegenheitsgefühl und die Entwicklung von missionarischem Eifer.
Wir sind heute so weit, glaub mir, dass wir nicht einmal mehr auf die Idee kommen zu prüfen, ob es notwendig wäre, unsere derzeitige Art von Demokratie zu hinterfragen, sie an die sich verändernden Bedürfnisse der Gesellschaft anzupassen, oder über eine bessere Regierungsform nachzudenken.”

Freds Ton gefällt mir nicht, ich ahne, wie unser Gespräch weitergehen wird. Wir werden mit roten Köpfen heftig diskutieren, später wird es in eine Sauferei ausarten. Fred konnte ein brillanter Unterhalter sein, vor allem, wenn er einige Biere getrunken hatte. Ausgesprochen liebenswürdig konnte er sein. Witzig. Hinreißend. Ich habe mich oft mit ihm bestens amüsiert. Nüchtern hingegen war er kritisch, zynisch und verletzend. Zumindest habe ich das so empfunden. Vielleicht bin ich auch zu sensibel.

Fred trägt wie früher ein weißes Hemd mit offenem Kragen. Darüber eine grüne Strickjacke. Er hat wieder zugenommen. Trotzdem erscheint mir sein Gesicht als faltig. Ich proste ihm zu, immer wieder, damit er trinkt und in Stimmung gerät. Damit er mir nicht noch weiter in die zynische Ecke abdriftet. Das ist meine Art der Selbstverteidigung. Ärger möchte ich vermeiden, Unannehmlichkeiten aus dem Weg gehen.

Das Gespräch entwickelte sich weiter. Schnell brachte die attraktive Bedienung das zweite und das dritte Bier auf den Tisch. Freds Gesichtszüge heiterten sich allmählich auf. "Früher hast Du langsamer getrunken, mein Lieber. Hast du Sorgen?", sprach er gedehnt und schaute mich über seine viereckige Brille kritisch und missbilligend an. "Nein, gar nicht, nein", antwortete ich schnell, "ich bin heute nur sehr durstig."

An den Nebentischen wurde laut gesprochen. Es ging nicht anders. Die Musik war wie heutzutage üblich, viel zu laut. Es rappte und polterte, was das Zeug hielt. Zwischendrin übertönte das übertriebene Lachen einer jungen Dame alle anderen Geräusche. Es stach mit seinem spitzen Stakkato unangenehm in meine Ohren. Ich hatte den Eindruck, meine Trommelfelle würden perforiert.

Ganz hinten links, am letzten Tisch vor den Toiletten, spielten vier Männer Karten. Von Zeit zu Zeit schlugen sie mit der Faust, eine besondere Karte ausspielend, auf den Tisch. Der Tisch vibrierte dabei, man konnte es sehen und hören.

Ich bin kein politischer Mensch, habe zwar einen Fernseher, schaue aber kaum rein, lese keine Zeitung, kenne keine angesagten Schauspieler und Sportler, bin also chronisch schlecht informiert. Ich verfüge bei Themen von allgemeinem Interesse über wenig fundiertes Wissen, welches meine Mitmenschen offenbar haben. Und dies auch je nach Temperament mit Nachdruck in die Gespräche einbringen. Daher verzichte ich in Unterhaltungen darauf, mich mit einer Meinung hervorzutun. Es lohnt nicht, wenn man die dabei entstehenden Aufregungen mit den Resultaten vergleicht. Diskussionen über Kindererziehung, Fußball, Viren und Politik sind Felder, die ich besonders zu meiden suche. Bei diesen Themen weiß schließlich jeder alles selbst am besten. Und sagt es auch.

Fred murmelte etwas vor sich hin und riss mich dadurch aus meinen Gedanken. Ich konnte nur "Demokratie" verstehen, nickte ihm indifferent zu. "Wie meinst du das, mit der Demokratie?", fragte ich. Die Fragetechnik lenkte meist ganz gut von mir ab. Sie hatte sich vielfach bewährt. "Spreche ich unklar? Du scheinst mir heute so unkonzentriert. Oder hörst du mir am Ende gar nicht zu? Das finde ich aber nicht fein. Ich rede mir hier den Mund fusselig und du träumst vor dich hin!" Freds Stimme wurde mit jedem Wort lauter und schneidender. Mit seinem dicken, roten Gesicht kam er mir dabei näher. Bei dem Wort "du" stach er unvermittelt mit dem Zeigefinger seiner rechten Hand durch die schwere Gaststättenluft, in Richtung meines linken Auges. Blitzartig zuckte ich zurück, erstaunt über meine schnelle Reaktion, die mir wahrscheinlich mein Augenlicht rettete. "Uuuuuhh", kam es lang gezogen aus mir heraus. Das war der Fred, den ich nicht so gern habe. Der Fred, der mir Angst macht.

Fred lehnte sich wieder zurück und tat so, als ob er meinen Schrecken nicht bemerkt hätte. Nun kam die hübsche Bedienung an unseren Tisch. "Alles in Ordnung, die Herren, oder darf ich noch etwas bringen?" Sie schaute mich überraschend freundlich an, lächelte, wobei sie sich mit dem Oberkörper leicht nach vorne neigte und mich dadurch gänzlich von meinem Schrecken ablenkte. "Was haben Sie denn zu bieten?" Sie zählte einige Schnäpse auf. "Ist das alles? Haben Sie auch Enzian, ich meine den von der Firma ... oh je, der Name ist mir entfallen. Der schmeckt mir besonders gut. Soll obendrein noch gesund sein." Sie wüsste den Firmennamen ebenfalls nicht. Ich fragte noch einige unwesentliche Dinge. Damit sie etwas länger an unserem Tisch blieb. Vielleicht besserte sich dadurch die Stimmung. Dann bestellte ich zwei Obstler.

"Wo waren wir gerade? Ach ja, die Demokratie", sagte Fred und seufzte tief. "Unsere Demokratie ist nicht lernfähig, sie entwickelt sich nicht weiter. Man hätte bei der Wiedervereinigung mit der DDR zum Beispiel das eine oder andere, das dort vorbildlich war, auch bei uns einführen sollen. Aber nein, unsere Obermissionare konnten das nicht zulassen. Etwas Gutes in einem kommunistischen Land? Lächerlich! Das geht gar nicht. Einen Missionierungswahn haben die alle, die Klugen da oben. Ich hasse dieses Sendungsbewusstsein. Die ganze Welt soll haargenau unser demokratisches System übernehmen. Der Staat, der davon abweicht, oder einen anderen Regierungsstil bevorzugt, wird belächelt und kritisiert.

Die Amis sind noch schlimmer. Sie fallen", bei diesen Worten haute Fred mit der Faust auf den Tisch. "Sie fallen gar über andere Staaten her, im Namen der heiligen Kuh Demokratie. Vordergründig. Ja, vordergründig. Kriege werden angezettelt, um anderen diese zweifelhaften Segnungen zuteilwerden zu lassen. Und willst du nicht mein Bruder sein, so schlag ich dir den Schädel ein."

"Findest du", warf ich ein. Diese Art von Gesprächen hasse ich, ich glaube ich sagte das schon. Oder? Am Ende fühle ich mich immer ausgelaugt. Enttäuscht von mir selbst, über meine unklare und unsubstanziierte Haltung. Dann bleibt über Stunden oder manchmal über Tage dieses wohlbekannte, schale Gefühl zurück. Es ist, als hätte sich der Himmel mit grauen Wolken überzogen. Ich brauche lange, bis ich den Müll wieder aus meinem Kopf herausbekomme.

“Die freie Meinungsäußerung”, fuhr Fred fort, “gilt hier als höchstes Gut. Aber wen interessiert die Meinung des Bürgers schon? Weshalb sollte er sich äußern? Ihm wird vor den Wahlen vorgegaukelt, dass er mündig sei. Ha, da lach ich! Ansonsten wird er für dumm verkauft und mit Vorschriften und Steuerforderungen überhäuft. Selbst in den Straßengräben lauert ihm die Polizei auf, um ihm bei der kleinsten Verfehlung das Geld aus der Tasche zu ziehen. Und das nach Mitternacht. Nach Mitternacht!”
Freds Augenbrauen waren hochgezogen, die Stirn gerunzelt. Sein Gesicht war nun noch röter. Die Hände bildeten Fäuste, die er auf den Tisch stemmte. Er näherte sich wieder bedrohlich. “Man muss etwas tun. Dringend! So geht es nicht weiter”, brüllte er fast. Ich spürte Speicheltropfen auf meinem Gesicht und rutschte mit meinem Stuhl sicherheitshalber noch etwas weiter nach hinten. Dann drehte ich mich weg, schneuzte mich lang und umständlich, um mir unauffällig die Speicheltropfen aus meinem Gesicht zu wischen.

Fred fuchtelte mit der linken Hand, in der er seine Nickelbrille hielt, derweil in der Luft herum, die rechte blieb weiter zur Faust geballt. Er schaute mich herausfordernd und erwartungsvoll an. “Hast du denn wieder mal keine Meinung?” Eine bedrückende Pause entstand. Sein Blick bohrte sich tief und fordernd in meine Augen. Als wollte er genau prüfen, ob nicht doch irgendwo etwas wie ein winziger Krümel Meinung bei mir aufzufinden sei. Ich fühlte mich wie auf dem Seziertisch. Völlig entblößt.

Die junge Dame vom Nachbartisch perforierte unverdrossen weiter meine Trommelfelle. Bei jedem Schluck Rotwein, den sie trank schien sie perforierender zu werden. Schrecklich!

Jetzt war ich mit etwas Essenziellem dran. So viel war klar. Wenn jetzt nichts von mir kommt, bin ich unten durch. Zum Glück kam die Bedienung und brachte die beiden Obstler. Sie beugte sich wieder nach vorn, diesmal etwas weiter als beim letzten Mal. Da werde ich noch einige Obstler bestellen müssen, dachte ich mir.

"Prost, Fred!" Wir schütteten beide den Obstler auf einmal hinunter und sahen dabei der Bedienung nach, wie sie miniberockt und hüftenschwingend davonstakelte. Das gelbe Blechtablett balancierte sie graziös mit drei Fingern. Das sah aus wie in einem Hollywood-Film. "Mmmhh", brummte Fred, wir sahen ihr nach, bis sie in der Küche verschwand. Sie schwebte wie auf einem Laufsteg, dachte ich mir und sagte: "Puuuh! Der ist aber stark." Ich kniff meine Augen zusammen, runzelte die Stirn und schüttelte mich dabei, ganz so, wie es beim Hinunterschütten eines Obstlers von einem erwartet wird.

Kurz überlegte ich, trank von meinem Bier, um Zeit zu gewinnen, nickte Fred zu. "Und, was ist nun deine Meinung?", fragte Fred ungeduldig, in einem Ton, der andeutete, dass er nun wirklich lange genug gewartet hatte, aber keinesfalls eine Meinung von mir erwartete.

So entrüstet wie möglich, so gut ich das eben zustande brachte, sah ich ihn an und schüttelte den Kopf. Gerne hätte ich meinen Gesichtsausdruck gesehen und ihn gegebenenfalls korrigiert. Eine Idee entrüsteter und grimmiger hätte ich mit etwas Übung wahrscheinlich noch zustande gebracht. Mehrmals räusperte ich mich. "Entschuldigung ... genau", traute ich mich endlich vor, "dem Wähler werden keine alternativen Systeme oder ein verbessertes Demokratiesystem zur Auswahl und Entscheidung vorgelegt. Wahlmöglichkeiten werden nur innerhalb der Systemgrenze der bestehenden Demokratie angeboten. Man darf bei uns zwar wählen, bleibt aber immer innerhalb dieser unsichtbaren Systemgrenze gefangen." Pause. Das hatte gesessen. Das sah ich. Besonders der Begriff "Systemgrenze" schien Fred in diesem Zusammenhang beeindruckt zu haben. Er lehnte sich einen Moment mit überraschtem

Gesichtsausdruck zurück, pfiff zwischen den Zähnen durch. Dann sagte er leise, sodass ich es kaum hörte: "Kluges Kerlchen, das hätt' ich nicht von dir erwartet. Du sprichst mir aus der Seele!" Ich hatte einen Achtungserfolg verbucht. Das tat gut. Für den Moment konnte ich mich etwas entspannter zurücklehnen.

Fred war nun ganz in seinem Element und fuhr fort. "Vielleicht sollte man Demokratie auch mal aus der Sicht des Bürgers sehen. Was hat er davon, speziell in seinem Geldbeutel? In anderen, unserer Meinung nach weniger demokratischen Ländern, haben die Bürger oft viel geringere oder gar keine Steuern zu bezahlen. Das ist es doch, was wirklich zählt. Mit der kalten Progression hat man sich ein neues, brutales Mittel einer schleichenden und automatischen Steuererhöhung ausgedacht.
Die Gehälter müssen ja steigen, weil die Preise steigen und es Inflation gibt. Ein Euro war bei seiner Einführung gefühlte zwei Mark wert. Heute ist er gefühlte dreißig Pfennige wert. Wenn überhaupt." Ich nickte zustimmend. Fred fand sich bestätigt und fing an, größere Gebärden zu machen. Die Brille hatte er neben das Bierglas gelegt.

Steuern versklaven den Menschen.
Besonders dann, wenn er sie nicht begleichen kann.

Herbert

Das Steuerthema gefiel mir gar nicht, davon wollte ich ablenken. Wenn ich an meine letzte Steuererklärung dachte, fürchtete ich, käme einiges an Nachzahlungen auf mich zu. Daran mochte ich aber nicht denken. Ermutigt durch den Eindruck, den meine vorherige Wortmeldung hinterlassen hatte, unterbrach ich Fred und warf ein: "Und wenn China sich genauso weiterentwickelt wie es das bisher getan hat, werden wir hier völlig an die Wand gedrückt. Wie kann ein so undemokratischer Staat so erfolgreich sein? In wenigen Jahren wird das Land ein Bruttosozialprodukt haben, das größer ist als das der USA und von Europa zusammen."

Ich hoffte, dass Fred in dieses Thema einstieg. Er schaute mich erstaunt an, schwieg einen Moment. Ich ahnte, dass seine kleinen grauen Zellen auf Hochtouren arbeiteten. Dann bemerkte er: "Das Einzige, was uns noch retten kann, ist, dass China ...", er zögerte, "na was denkst du, was uns noch retten kann?" Mit einer Frage hatte ich nicht gerechnet, war verwirrt, überlegte etwas und sagte dann: "Ich weiß nicht, keine Ahnung." "Wie, du hast keine Ahnung? Wovon reden wir denn nun schon die ganze Zeit? Na, sag's schon, spuck es aus!"

Ich schneuzte mich wieder. "Da hilft dein ganzes Schneuzen nichts, durch diese Hirnbelüftung wird's dir nicht einfallen. Na gut", brach es aus Fred heraus, während er in seinem linken Ohr mit dem Zeigefinger bohrte. Er sah jetzt ziemlich verärgert aus, "ich sag's dir, den Demokratievirus, meine ich. Den Demokratievirus. Kapiert? Der wird von uns zu den Chinesen überschwappen. Dann werden sie sich gegenseitig fertig machen." Mein "Systemgrenzenbonus" war verspielt. So schnell konnte es gehen.

Fred schwieg. Jetzt kam gleich das Finanzamt wieder dran, das war nicht schwer zu erraten. "Der Staat ist ein gnadenloser Steuerräuber." Wenn es ums Geld ging, hörte bei ihm der Spaß auf. "Die Verteufelung der Steuersünder überschreitet jede Grenze. Gibt es bald die Todesstrafe auf Steuerhinterziehung?

Das Finanzamt sagt nicht: Herr Mayer, wir sehen, Sie sind derzeit in einer finanziellen Notlage. In Anbetracht dessen und unter Berücksichtigung dessen, dass Sie ja schon all die Jahre brav bezahlt und auch noch jedes Jahr unentgeltlich etwa zweihundertfünfzig Stunden bei der freiwilligen Feuerwehr gearbeitet haben, erlassen wir Ihnen die offenen fünftausend Euro Steuerschulden."

Am Nachbartisch wurde indes unermüdlich weiter an der Perforierung meiner Trommelfelle gearbeitet. Eine zweite Dame, wohl durch den Rotweingenuss animiert, perforierte nun zwei bis drei Töne tiefer mit.

"Was sollen wir tun, was können wir denn tun? Es muss dringend etwas unternommen werden. Das sagst du ja selber. Was können wir als Einzelne denn schon bewegen, als winzige Rädchen in dem großen Getriebe?", fragte ich besorgt.

Fred beugte sich nach vorne, kam wieder ganz nahe an mich heran, riss seine Augen weit auf. Ich konnte das Netzwerk der dünnen, roten Äderchen darin genau sehen. Besonders das rechte war stark gerötet. Er ergriff meine linke Hand, drückte sie, bis sie schmerzte. Ausgerechnet die Hand, an der ich meinen Ring trug. "Hast du denn wieder nichts kapiert? Denkst du denn, ich bin wie all die dummen Politiker? Denkst du denn, auch ich wäre vom Demokratievirus befallen? Merk dir das eine: Ich halte meinen Kopf nicht hin! Ich missioniere niemanden!" Fred stand dabei ruckartig auf und zog mich an der schmerzenden Hand mit hoch. Er stand mir nun heftig schnaufend direkt gegenüber, nur durch den schmalen Tisch von mir getrennt. Er stieß mit dem Kopf an die gelblichte Pendellampe, die einen summenden Ton von sich gab und Ovale zog. Er sah mich feindselig an. Er hob triumphierend meine Hand hoch, wie ein wertvolles Beutestück.

Ich sah auf meine schmerzende Hand. Wahrscheinlich gab ich ein ziemlich jämmerliches Bild ab. Mein Blick fiel wie zufällig auf meine Armbanduhr. Das war es! Mit einem Ruck riss ich meine linke Hand aus der Umklammerung, indem ich mich mit der rechten auf den Tisch stützte. Es gelang mir, ohne dass ich die Biergläser umwarf. Etwas von dem Bier schwappte allerdings auf den Tisch, das bemerkte ich noch und sprang schnell nach hinten weg. "Verflixt", rief ich aus, "es ist schon spät, wir bekommen heute Abend Gäste. Ich muss wirklich schleunigst weg. Also dann Tschüss."

Es hört doch jeder nur, was er versteht.

Johann Wolfgang von Goethe

Ich winkte der Bedienung zu und eilte ihr, ohne mich umzusehen, in Richtung Küche entgegen. Sie lächelte mich an, ich bezahlte die gemeinsame Zeche und verließ mit kurzem Gruß das Lokal.

Draußen war es kühl. Befreit atmete ich mehrmals tief durch. Aaaaaahhh. Den Lärm des Lokals hörte ich nur noch wie eine ferne Brandung. Ein unklares Rauschen, ein Nachhall von Rapp und Perforation, nicht mehr quälend, nicht mehr bedrohlich. Eher wie ein Wandteppich, den man nur ansieht, wenn man Lust dazu hat. Wunderbar! Hallelujah!

Einen Augenblick stand ich unschlüssig da, betrachtete den dunklen Parkplatz, der sich fast ganz hinter den schwarzen Fichten verbarg. Wie ich jetzt deutlich sah, waren in der Nacht alle Autos grau, fast schwarz. So wie es auch von den Katzen behauptet

wird. Und alle sahen ähnlich aus – mit oder ohne Stern auf der Kühlerhaube.
Und die Sterne, am Himmel, so weit sie zu sehen waren, kamen mir wie helle Sandkörner auf einem samtenen, nachtblauen Tuch vor, hingeworfen von flüchtiger Hand, ohne System und Verstand. Vielleicht schüttelte einer, ähnlich wie Frau Holle, demnächst das Tuch aus. Einer, dem es reichte. Dann würde alles durcheinanderwirbeln, das Unterste käme nach oben und es käme zu einem unrühmlichen Ende.

Ich zögerte wegzugehen und trat von einem Bein auf das andere. Es war noch früh am Abend. Hatte mich die hübsche Bedienung nicht ungewöhnlich freundlich angelacht? Viel freundlicher, als man einen Fremden anlacht?

Einem Impuls folgend drehte ich mich um, ging, überraschend selbst für mich, wieder zurück in das Lokal. Der Lärm war nicht verärgert wegen meines unhöflichen Weggehens. Er hüllte mich ein, umarmte mich vollkommen, wie mit einem Ganzkörperkondom. Zögernd ging ich zu Freds Tisch, immer den Ausgang als Sicherheit in meinem Rücken spürend. Fred hatte sich inzwischen mit seinem Kopf auf seine verschränkten Arme gelegt, die auf der hölzernen Tischplatte ruhten. Die kleine Pendellampe, weit über ihm hängend, pendelte nicht, erhellte mit ihrem gelblichen Licht einen Teil seines Kopfes und Rückens und schnitt den armen Fred mittig halbrund in zwei Teile.

Das von mir verschüttete Bier hatte sich in den Ärmel seiner Strickjacke gesaugt und auf sie braungrün, dunkle Fjorde gemalt. Ich setzte mich. Fred bemerkte mich nicht. Seine Haare waren seit unserem letzten Treffen dünner geworden. Wann war das wohl gewesen? Hinter seinem linken Ohr hatte sich ein Haarbüschel eigenwillig dafür entschieden, sich in eine andere, als die allgemein übliche Richtung zu legen. Es gab, wie man sah und vermuten darf, in allen Welten Revolutionäre. Fred atmete ruhig. Von Zeit zu Zeit seufzte er laut. Dann hob sich sein Brustkorb mächtig und der Pendellampenschnitt verschob sich den Rücken rauf und runter.

Ich winkte der Bedienung. Sie schien erfreut zu sein, dass ich wieder zurück war. Den Zeigefinger legte ich auf den Mund und deutete ihr zwei Obstler. Mir ist es lieber, wenn Fred noch etwas schläft. Es tut ihm gut und ich kann mich in aller Ruhe der netten Bedienung widmen. Die Bedienung verschwand in der Küche. Wie das Leben wohl mit ihr wäre? Vielleicht einen Versuch wert? Lange und ausgiebig betrachtete ich Fred. Schlief er noch?

Später kamen die Obstler zusammen mit der sich wieder bestens präsentierenden Bedienung an unseren Tisch.

Fred schreckte auf. Wie jemand in dessen Traum sich plötzlich die Realität einzuschleichen versucht und er nicht genau weiß, auf welcher Seite des Flusses sein Auto parkt.

"Du bist ja noch da", sagte er, die Augen zusammenkneifend, sich erstaunt umsehend und räuspernd. Seine Augen waren wirklich stark gerötet, besonders das rechte. Umständlich rieb er mit den Rücken seiner beiden Zeigefinger über die Augendeckel. Dabei bewegten sich seine Ellbogen hinauf und hinunter, wie zwei morsche Flügel. Als ob er jeden Moment losfliegen wollte. In sein Gesicht hatten sich Falten, in Form des Musters der Strickjacke tief eingeprägt, hatten unterschiedlich rote Flecken hinterlassen, dunklere dort, wo sich die Fäden verknoteten und die Wolle Hügelchen bildete. Das weiße Hemd hatte schwer gelitten und wies bräunliche Bierflecken auf. Sein Gesicht sah verschmiert aus. Ob er geweint hatte?

Schweigend schob ich ihm den Obstler hin. Er zögerte einen Moment. Dann schütteten wir den Obstler ebenfalls schweigend hinunter. Ich verzichtete diesmal auf das übliche Schüttelritual.

Fred sah mich lange an. Dabei trommelte er mit seinem rechten Zeigefinger auf die Tischplatte. Der Rhythmus war gleichmäßig und unglaublich langsam. Er kam fast zum Stehen. "Weißt du, ich hatte eine schwere Zeit." Fred presste die Lippen aufeinander. Es war ihm peinlich darüber zu reden, er musste sich überwinden. Das sah ich. Er schaute überall hin, nur nicht in meine Augen, rieb sich die Nase, bis sie ganz rot war. Pause. Nasenreiben. Pause. Nasenreiben. Danach: "Maria hat sich von mir getrennt." Lange Pause. "Du kennst sie ja, weißt wie sie ist. Wir hatten viel Streit am Ende. Es ging nicht mehr. Ehrlich gesagt, trotz allem, ich liebe sie noch immer. Dann hab' ich auch noch meinen Job verloren. Seit Monaten bin ich arbeitslos.

Und nun kommst du daher. Einfach so. Du, der ewige Glückspilz, der Sunnyboy. Dir gelang alles. Immer. Die Mädchen flogen auf dich. Denk nur an Birgit, Helga, Cäcilia, Antonia und natürlich Hanna, besonders Hanna. Erinnerst du dich an den Hauptpreis in der großen Tombola, die Reise nach Paris für zwei Personen? Na, wer hat ihn wohl gewonnen?" Fred verzichtete darauf, mit seinem rechten Zeigefinger in Richtung meines linken Auges zu bohren. Seine Hände lagen nun friedlich nebeneinander, flach auf der bierfeuchten Tischplatte. "Und ich habe meist Pech gehabt. Dabei hab' ich dich beneidet und bewundert. Und jetzt, nach all meinem Unglück, wo ich weder ein noch aus weiß, kommst du daher, strahlst über alle Backen. Und ich soll dein Glück auch noch aushalten." Fred fasste sich, sah mir gerade in die Augen: "Entschuldige bitte mein dummes Verhalten von vorhin. Es tut mir leid." - Pause.

Ich soll ein Glückspilz sein? Sehen mich so die Mitmenschen? Schnell fliegen die wenigen Höhepunkte - und auch die vielen Niederlagen, mein bisheriges Leben, zusammengerafft, reduziert auf etwa zehn Höhepunkte und Dutzende von Niederlagen an meinem inneren Auge vorbei. Nein, so geht das nicht. Das Ergebnis gefällt mir nicht. Ich muss den Maßstab, die Schwelle für die großen Niederlagen höher ansetzen. Dann fallen einige weg. Sonst ist das nicht auszuhalten. Nun meldet sich Bruno im Hintergrund. Er flattert mit den Flügeln, streckt sich, macht sich so groß wie er kann und noch ein bisschen größer, er scheint zu sagen: "Und ich und wir, ich spreche auch für meine Damen, sind wir keine Höhepunkte? Und zwar jeden Tag?" Recht hat er. Ganz von vorne muss ich das alles durchdenken. Ein andermal.

Lässt man die Leute zu Wort kommen,
dann versteht man sie gleich viel besser.

Herbert

"Alles okay. Kein Problem", sagte ich halb abwesend. "Bedauerlich, dass du in eine so üble Lage geraten bist. Tut mir sehr leid. Und wenn du mit Maria noch mal redest? Ganz in Ruhe, meine ich. Vielleicht geht es nach längerem getrennt sein, nach ein paar Wochen, wieder weiter mit euch." Fred winkte ab.

Ich konnte nicht damit rechnen, dass es Fred so schlimm erwischt hat, das konnte ich nun wirklich nicht. Trotzdem war ich nicht bereit, meine Karten auf den Tisch zu legen und das Gegenteil zu beweisen. "Glückspilz bin ich keiner", sagte ich betont. "Das müsste ich sonst wissen. Da könnte ich dir einiges erzählen, aber lieber nicht, sonst wird unser Treffen wenig erfreulich.", antwortete ich.

Wir tranken an diesem Abend noch so manchen Obstler - gut, dass ich zu Fuß gekommen war. Später war ich bereit, auch von mir zu erzählen. Wie ich auf den Hund, äh, auf die Hühner gekommen war, vom Gockel Bruno, von Luise und Silberpfeil, Maria und den anderen. Dann erzählte ich Fred doch noch von einigen meiner schwierigeren Baustellen, damit das Gespräch nicht zu einseitig wurde. Es fiel mir nicht so schwer, wie ich gedacht hatte. Fred wunderte sich, zeigte Mitgefühl. Er hatte nicht vermutet, dass auch ich Probleme haben könnte.

Es gab so viel zu erzählen.

Später, als die meisten Gäste schon gegangen waren, setzte sich Anna zu uns. Anna war übrigens die hübsche Bedienung. Sie machte sogar die Musik etwas leiser und trank einen Obstler mit. Dann rückt sie ihren Stuhl näher zu mir.

Es gibt so viel zu lachen.

Die soziale Sicherheit ist das Vermögen der kleinen Leute.

Helmut Schmidt

Die Auslandsreise, von der ich nun berichten möchte, habe ich ungern angetreten. Zu vieles war in letzter Zeit geschehen, das mich belastete, Unangenehmes ließ sich trotz Mühe nicht aus der Welt schaffen, Ungereimtes musste ich zurücklassen. Das ging mir alles durch den Kopf, als ich eines Abends voller Ängste und Sorgen einen Spaziergang in mediterranem Umfeld machte. Eigentlich ein schöner Abend. Allerdings nahm ich das nicht wahr, da ich mir den Kopf zermarterte, um Lösungen für ein drängendes Problem zu finden. Allein, es deutete sich noch keine Idee ab.

Meinen Nachbarn konnte ich heute telefonisch nicht erreichen. Klar, er traute sich nicht, mir die Katastrophe mitzuteilen, die meinen Herzenshühnern zugestoßen ist. Das finde ich nicht gut. Er sollte gerade stehen für den Mist, den er gebaut hat, anstatt unterzutauchen. Alt genug wäre er ja. "Oh Gott, meine armen Hühner!" Bilder von einem vom Fuchs gefressenen Silberpfeil, einer im Gartenteich ertrunkenen Luise und bei einem Verkehrsunfall totgefahrenen Martha, wechselten sich vor meinem inneren Auge ab.

Ich kann freilich nicht sagen, ob es besser werden wird,
wenn es anders wird; aber so viel kann ich sagen:
Es muss anders werden, wenn es gut werden soll.

Georg Christoph Lichtenberg

Zikaden oder Grillen, was es genau war kann ich nicht sagen, da kenne ich mich zu wenig aus, machten Höllenlärm, störten mich in meinen Gedanken. Mir kam es vor, als ob sie in großer Zahl alle Bäume besetzt hätten, auch die kurz geschnittenen Rasenflächen in den kleinen Gärtchen, sogar von den Dächern her meinte ich ihr Zirpen zu hören. Hatten diese Tiere vor, uns Menschen zuerst mit ihrem Lärm zu zermürben und dann über uns herzufallen? Sicherheitshalber hielt ich mehr Abstand von den Gärtchen.

Trotz aufmerksamer Beobachtung konnte ich keines der Tiere zu Gesicht bekommen. Wenn ich mich vorsichtig, mit angehaltenem Atem, einem Ast, von dem ich das Zirpen vermutete näherte, verstummte es und setzte erst wieder bei meinem Zurückweichen ein. In Deutschland gäbe es wegen des Lärms jede Menge Beschwerden, Nervenzusammenbrüche gar und – Einsätze von bestens ausge-

rüsteten therapeutischen Einsatzkräften – und von Kammerjägern. In Podgorica, der Hauptstadt von Crna Gora, auch Montenegro genannt, ist das etwas anders. Hier scheint man mit Lärm völlig entspannt umzugehen.
Plötzlich poppte das Bild von Bruno vor mir auf. Er watete in einer Pfütze voll Blut. Seine Schwanzfedern fehlten und das Federkleid war vom Blut dunkel.

Wir waren von einem neuen Kunden in das Lokal Imanje Knjaz, was auf Deutsch, wie mir gesagt wurde, etwa "Gut des Königs" heißt, eingeladen. Ein Name, den dieses schöne Lokal sehr wohl verdient. Wir saßen im Freien unter hohen Bäumen, auf überraschend bequemen, breit weiß-gelb gestreiften, gepolsterten Stühlen. Sogar gepolsterte Armlehnen gab es!

Ich machte es mir gleich bequem und entschloss mich, trotz aller Probleme, den Abend zu genießen. Nicht weit von uns entfernt plätscherte friedlich, als herrliche Untermalung der Szene, ein Flüsschen. Romantische Beleuchtung, Palmen und bunte Lampions sorgten für gehobene Stimmung, ein herrlicher Abend lag vor uns. Vorausgesetzt, ich würde die Bilder von meinen toten Hühnern unter Kontrolle halten. Später erkundete ich die nähere Umgebung. Ich versuchte mehrfach, den Nachbarn telefonisch zu erreichen. Ohne Erfolg!

Man hatte in den Fluss, parallel zu einer putzigen Holzbrücke, einige neonleuchtende Plastikseerosen in rosa, hellblau und violett eingebracht, etwas kitschig vielleicht, aber den romantischen Eindruck noch kolossal verstärkend. Liebespärchen flanierten. Weiter hinten dunkelte ein Wäldchen. Hier waren kaum Zikaden zu hören. Wunderbar!

Der Tag ging zur Neige, sammelte das letzte verstreute Licht mit flinker Hand ein, um Morgen genug zur Verfügung zu haben. Von fern war leise das Rauschen der Stadt zu hören. Dieses eigenartige, fast möchte ich es Summen nennen, war in der Luft, das sich gerne am Ende eines schönen Tages hören lässt. Die Luft war lau, die Tische mit weißen Tischdecken geschmackvoll gedeckt, Kerzen brannten darauf. Bald würde wohl der Mond golden den Horizont überschreiten.

Aus der Küche duftete Braten herb und würzig herüber. Die ledergebundene Speisekarte mit dem Krönchen darauf hatte, wenn für mich auch nicht lesbar, beachtlichen Umfang. Das lokale Bier, Nik Gold, schmeckte vollmundig, die Gläser waren auf Nullkommafünf Liter geeicht. Find ich okay. Nullkommavier ist für mich eine hinterhältige Form des Betrugs, alles was darunter ist führt dazu, dass ich das Lokal künftig meide.

Wer nicht zur Verbesserung der Lage beiträgt,
hat kein Recht zu klagen.

Bruno

Die Unterhaltung plätscherte munter und entspannt vor sich hin. Da wir im Freien saßen, wurde die eine oder andere Zigarette geraucht. Besser gesagt, jeder in diesem Landstrich rauchte. Auch im Lokal. Das habe ich selbst gesehen. Mir bot sich eine gute Gelegenheit, frühere Beobachtungen fortzuführen. Zuhause war das schwierig. Zu viele hatten dem Rauchen Adieu gesagt. Da meist in der mir fremden Landessprache gesprochen wurde, was mir nur recht war, der Wind sich anderswo tummelte, vergnügte ich mich damit, Rauchfahnen zu beobachten, wie sie aus aufgeblasenen Nüstern entwichen, sich meist steil nach oben zwirbelten, Kurven aus unerklärlichem Grund beschrieben, winzige Nebelchen absonderten und endlich, für mein Auge schon kaum mehr deutbar, die Milchstraße verstärkten. Raucher produzieren unverwechselbare Rauchbilder.

Jeder bläst oder stößt den Rauch eben auf seine Weise aus. So wie er auch alles, was er anfängt auf seine ganz eigene Weise weiterführt. Ich verglich Rauchbilder, suchte Rückschlüsse auf Eigenheiten der Personen zu finden. Einer bläst substanzlosen Nebel aus, ein anderer fein strukturierte Landschaften, die Dame am Kopfende des Tisches arbeitete gerade an einer durch sich verbreiternde Stränge bauchbildende, antike Vase. Offenbar eine Meisterin ihres Fachs. Es gelang ihr recht gut ohne überhaupt hinzusehen. Sie unterhielt sich dabei angeregt mit ihrem kahlköpfigen Nachbarn. Nach meiner Beobachtung blasen Frauen den Rauch mit etwas weniger Nachdruck in die Luft. Ansonsten konnte ich keine wesentlichen Unterschiede zwischen den Geschlechtern feststellen. "Blase den Rauch aus und ich sage dir, wer du bist!"

Am Rauchbild kann man einen Menschen zweifelsfrei erkennen, falls kein Zugriff auf seine Fingerabdrücke besteht. Es gibt Unterschiede im Rauchvorgang. Das geht von dilettantischem Halten der Zigarette mit Daumen und Zeigefinger bis hin zum eleganten Einklemmen zwischen Zeige- und Mittelfinger. Die Stellung des Arms, ob er sich am Tisch aufstützt oder freischwebt, der Abbiegewinkel des Ellenbogens, schließlich, ob die Hand nach oben geöffnet ist und so in eine geistige Höhe weist, spielen eine Rolle. Ein bedeutsamer Gesichtsausdruck mit kleinen Stirnfalten, die sich zusammenziehen oder ausdehnen, je nachdem ob der Raucher oder die Raucherin aus- oder einatmen, trägt viel zur Optik bei.

Wie Philosophen präsentieren sie sich dem beeindruckten Publikum.

Das gelegentliche Zusammenkneifen der Augen, verbunden mit dem leichten Schütteln oder nicken des Kopfes, vermittelt den Eindruck, dass genau zugehört und tief gedacht wird. Fällt dem Raucher nichts ein, nimmt er einen langen Zug aus seiner Zigarette, sieht mit gefalteter Stirnhaut verträumt nach oben und bläst dabei seinem Gesprächspartner den Rauch ins Gesicht. Dieser bekommt einen Hustenanfall und vergisst vermutlich das Gesprächsthema.

Neidvoll bedauern Nichtraucher und Nichtraucherin, dass ihnen diese wunderbaren Ausdrucksmittel nicht zur Verfügung stehen.

Wird die Zigarette bis zum Filter geraucht oder nur zur Hälfte? Das Abstreifen der Asche und das Ausdrücken der Zigarette verdient Beachtung. Wohin wird der Stummel entsorgt?

Es braucht nicht erwähnt zu werden, dass all diese und weitere ganz persönliche Ausdrucksmittel mit Maß und Ziel eingesetzt werden müssen. Falls jemand sich interessant präsentieren möchte. Übertreibungen zerstören den gewünschten Eindruck unwiderruflich. Kaum einer ist sich bewusst, dass er sein tiefstes Innerstes beim Rauchen, den anderen vor den Augen ausbreitet.
Weiter möchte ich an dieser Stelle auf die Materie nicht eingehen, obwohl noch einiges zu berichten wäre.
Nur so viel: Manche Menschen verstehen es, den Vorgang des Rauchens mit einer solchen Eleganz und Bedeutungsschwere aufzuladen, zu zelebrieren gar, dass es sogar dem eingefleischten Nichtraucher schwerfällt, eisern an seiner Tugend festzuhalten.

Ich tauchte in das Innere von Rauchbildern, versuchte zu sehen, hineinzufühlen, zu verstehen, zu entwirren. Ich schärfte meine

Wahrnehmung mit diamantenem Schleifstein. Verglich die Rauchbilder mit Gesichtsausdruck und Körperhaltung. Und zog – wo nötig – die Art der Kleidung hinzu. Weiter möchte ich meine Beschäftigung nicht beschreiben. Der geneigten Leserin und dem geneigten Leser kann ich ja nichts von dem gerade Erwähnten vorführen. Ich wollte Erkenntnisse gewinnen. Gewann sie auch.

Wenn man es geschafft hat,
in einem Bereich Meister zu werden,
sollte man schleunigst in einem anderen Bereich
Lehrling werden.

Der zweite Ritter

War da nicht die raufellige Silhouette des Wolfs, der sich brutal durch den rundgewölkten Rauchkumulus nach vorne drängte? Stürzte dort nicht ein kühner Schwarzadler, goldschnabelig aus dem roten Mund der gelben Dame?

Der Kerzenhauch der weißen Tischkerze schwärzte gehauchte Konturen, klärte sie, wirbelte, drehte sie näher zu mir, lud zum Tanzen um die hohe Flamme. Steil stieg sie auf. Gerade. Unbeirrt von Wolf, Schwarzadler und dem Rest der Welt. Höher als das Auge. Magische Bilder: Der Wolfskopf, nun flach gedrückt, gewann Fülle, was wird das denn, ah, war das nicht eher der Kopf eines Löwen, mit zotteliger Mähne, wilden Raubtieraugen? Der Adler warf den Kopf herum, tanzte irre Vogelkreise, breitete seine Schwingen weit aus, zog sie an den Körper, ließ sich fallen. Soll das etwa eine Art Kriegstanz sein? Mit tiefer Stimme kreischte er, lang gezogen, fürchterlich durch Mark und Bein fahrend, wieder und wieder. Bewaffnet mit scharfem Schnabel, Rasiermesserkrallen. Er wird wohl noch den Wirt herbeirufen: wegen Ruhestörung. Der Schnabel fuhr nieder, Löwenbrüllen. Federn flogen wild über

Tisch und Leute, wurden von der Kerzenwärme ein Stück nach oben getragen, zitterten nach auf weißen Tellern. Die Löwenpranke fuhr nieder, verletzt wand sich der Vogel, ganz Rachen ward der Löwe. Der Kerzenschein erhellte scharfzähniges Untiergebiss, stürzende Wirbel, hart getroffenen der Adler. Bald war es um ihn geschehen. Jetzt aber eingreifen! Schnell! Die Gedankenkraft zusammenballen, hinauftrudeln mit dem Kerzensog, sprühende Energie zwischen die Kämpfer breiten, jetzt dazwischen bleiben, stark sein, die beiden trennen.

Dann: die Wandlung! Als gebeutelte Dattelpalme, das war doch der Schwarzgefiederte, oder nicht, machte er sich davon. Halt, hiergeblieben! Gerade schaffte er es noch über den Krauskopf des Nachbarn hinweg, Datteläste verfingen sich knackend im Haargewirr, süßer Dattelhauch küsste meine Zunge, der Löwe verschwand im Dunkel der Savanne. Dattelsüße ging in Tabakrauch über.

Wo war der Adler? Puh! Tief atmete ich durch, lehnte mich zurück. Mein Bierglas war leer, ich winkte der prallen Kellnerin mit der Adlerhakennase.

Der neue Kunde blies Ringe in die Luft. Zugegeben, sie waren nicht professionell, nicht rund. Ausgefranst, kamen sie daher, oft innen ausgefüllt, bald wie luftige Semmelknödel, aufgereiht auf bröseliger Schnur. Wie kam es zu so einer Missbildung? Erst jetzt fiel mir sein kurzer, stoßweiser Atem auf. Kurz und schwach mit Ch-Laut atmete er ein, mit zackig-kehligem S-Laut aus. Schade, das mit den Ringen. Das konnte so nicht bleiben. Konnte ich mitformen?

Ihm gegenübersitzend überlegte ich. Rauchen wollte ich jedenfalls nicht. Wäre es möglich, die rauchigen Semmelknödel mit kurzem, kugelgeformtem Luftstrahl zu durchbohren? Auf diese Weise Ringe zu kreieren?

Es irrt, wer nicht probiert. Ich spitzte den Mund zu einer winzigen Öffnung, versuchte genau zu zielen, stieß dann probehalber kurz und heftig Luft aus. In der Handfläche spürte ich den schwachen Hauch. Das war nichts. Noch nicht mittig genug gezielt. Weitere Pusteversuche näherten sich der Mitte meiner Hand. Gut. Der neue Kunde drückte die Zigarette im vollen Aschenbecher aus. Zu spät. Mist. Nun musste ich auf die nächste Zigarette warten.

Was unsere Mitmenschen so machen, wenn es ihnen langweilig ist, wundert einen. Die gelbe Dame zum Beispiel drehte ständig Haare um ihren Zeigefinger, vielleicht um sie in eine ähnliche Form zu bringen, wie sie ein bewundertes Idol trägt.
Der glatzköpfige Herr rieb sich seit Langem die Hände, grinste und nickte dabei. Vermutlich schloss er gerade ein gutes Geschäft ab. Eine Dame am hinteren Ende des Tisches hatte ihre Serviette in tausend Fetzen zerrissen. Gerade sammelte sie diese ein, hob den Teller hoch und schob sie darunter.
Ein anderer Herr schaukelte ständig mit dem Stuhl vor und zurück, nicht ohne sich an der Tischdecke festzuhalten und somit scheinbare Sicherheit vor dem nach hinten Kippen zu erreichen. Der neue Kunde betrachtete in regelmäßigen Abständen die Fingernägel seiner rechten Hand, fuhr mit dem Daumen über die verbleibenden vier Nägel. Das kam mir sehr entgegen. Er war abgelenkt. Schließlich wollte ich nicht ertappt werden, oder schlimmer noch folgende Bemerkung hören: “Was machen Sie mit meinen Semmelknödeln, lassen Sie das sein. Was denken Sie denn, was das Hinausblasen für eine Mühe macht.”

Das Feuerzeug des neuen Kunden blitzte auf, die nächste Zigarette wurde entzündet. Prima! Gerade hatte der neue Kunde eine ovalgeformte Wolke ausgestoßen. Er blickte ihr sinnend nach. Dann strich er wieder mit dem Daumen über die vier Fingernägel der rechten Hand, betrachtete sie. Jetzt war für mich der richtige Moment gekommen. Nun aber höchste Konzentration. Die Wolke schwebte auf mich zu. Die Lippen geschürzt, beherzt geblasen!
Der Versuch misslang. Daneben. Schade. Der angepeilte Semmelknödel kam ins Trudeln, löste sich auf. Ein neuer, größerer kam ins Leben. Das war die Chance für mich. Jetzt musste es gelingen. Ich beugte mich weit über den Tisch. Der neue Kunde betrachtete wieder seine Nägel. Ich blies fester und mit mehr Nachdruck. Das Ziel war getroffen! Leider nicht mittig, wie ich hoffte. Das Gebilde bekam Schwung, drehte sich, dröselte sich auf in sprödes Band, das sich spiralig-duftig dem Mond zuwendete. Jedenfalls war ich nahe am Erfolg, beim nächsten Mal würde ich in die Mitte treffen.

Es kommt vor, dass ein Esel den anderen Langohr nennt.

Griechisches Sprichwort

Derart tief in meine Betrachtungen und Versuche eingetaucht hätte ich fast übersehen, dass ein Pärchen, bewaffnet mit einer modernen Verstärker-Anlage und schrankhohen Lautsprechern, die kleine Bühne möblierte. Augenblicklich war klar, dass sich zum Rauch nun auch der Schall gesellen würde. Schnell waren Kabel verlegt und die Anlage war aufgebaut und getestet. Mit einundzwanzig, zweiundzwanzig, dreiundzwanzig, wie ich vermute, allerdings in der Landessprache.
Es konnte losgehen. Eine blonde junge Dame, die sang und ein Meister der Musikkonserve, der mit wenigen Handgriffen ganze Orchester zum Leben erweckte, erfreuten die Gäste. Für meinen Geschmack viel zu laut. Vielleicht sollte ich an dieser Stelle erwähnen, dass ich die Stille liebe. Ja, ich gebe es zu, auch wenn sich das wo-

möglich altmodisch anhört und Sie mich für einen ewig Gestrigen halten: Ja, ich liebe die Stille. Punkt. Die junge Dame sang selbstverständlich in englisch, vermutlich Hits aus den amerikanischen Charts. Das kenne ich, so hört man es auf der ganzen Welt, egal wohin man kommt. Alles Kopisten, nur Kopisten. Null eigene Ideen. Die Stimme der Sängerin war etwas ungeschult, aber durchaus angenehm. Die kurz gewellten Haare gefielen mir. Sehr schön, allerdings hätte ich persönlich braune Haare bevorzugt. Ich hatte mal eine Freundin, die hatte ähnlich gewellte Haare in braun. Wunderbar sah das aus! Mit ihrem kurzen rosa Minirock war die Sängerin ein absoluter Eyecatcher. (So sagt man doch?) Ihre Bewegungen waren eins mit der Musik. Elegant, dann wieder eckig, stakkatoartig, an die Musik angepasst, ins Fließende übergehend. Sie schien für die Bühne geboren zu sein.

Manche Herren konnten kein Auge von ihr lassen, ein korpulenter Herr, der strategisch schlecht, nämlich mit dem Rücken zur Bühne saß, drehte den Stuhl um einhundertachtzig Grad und war fortan für die Tischgemeinschaft verloren. Ich hingegen hatte freien Blick auf die Bühne.

Bei jedem neuen Musikstück wurden die Lautsprecher etwas lauter eingestellt. Das fand ich einerseits unnötig, da die Musik ja gut zu hören, nein, schon viel zu laut war, andererseits passend und rücksichtsvoll. Wenn der Mensch plötzlich mit der vollen Lautstärke konfrontiert wird, kann er das nicht überleben. Da bin ich sicher. So konnte man wenigstens versuchen, sich an den immer weiter anschwellenden Höllenlärm zu gewöhnen.

Über meine Stimme habe ich nicht zu klagen. Ich finde, sie ist laut genug. Schnell musste ich jedoch einsehen, dass sie der modernen Technik nicht gewachsen war. So hüllte ich mich, wie schon vorher, weiterhin in Schweigen. Das Gespräch an den mittlerweile vollen

Tischen verstummte. Da und dort versuchten sich einige noch mit Zeichen zu verständigen. Dies ließ, vermutlich auch wegen der unvermeidlichen Missverständnisse und der Dunkelheit, bald nach. Man war beschäftigt mit Essen, Trinken, Rauchen. Als dies weitgehend erledigt war und Langweile drohte, ging man zu Schnäpsen über.

Donnernd kam nun Lärm aus dem Hintergrund. Um Gottes willen! Was war geschehen? Der neue Kunde fuhr zusammen. Erschrocken verließ ich unseren Tisch, um die Quelle des Lärms ausfindig zu machen. Entlang an herrlich blühenden, schwach beleuchteten Rosenbüschen, schlenderte ich wenige Meter den Kiesweg entlang, dessen dezentes Knirschen unter meinen Füßen ich nur ahnen konnte und fand heraus: Auf dem Nachbargrundstück befand sich ein weiteres, ebenfalls sehr schönes Restaurant, gleichfalls mit Life-Musik. Die Band konnte ich von meiner Position aus nicht sehen, jedoch schien sie mir über die bessere Verstärkeranlage zu verfügen.

Auffallend war der hirndurchbohrende, trommelfellzerfetzende, gleichmäßig blecherne Schlag auf das Becken. Tschwumm, tschwumm, tschwumm. Dagegen konnte das zwar ungeheuer laute, aber vergleichsweise feinsinnige Spiel unseres Duetts, ich zögere bei dem Wort feinsinnig und füge hinzu, dass man dieses Wort wirklich nur in diesem Zusammenhang sehen darf, nicht anlärmen. Eine Weile lehnte ich mich an das Brückengeländer, betrachtete die schwimmenden Neonseerosen. Sie schienen am Boden des Flusses verankert zu sein. Einiges an Wasserpflanzen hatte sich an den Drähten verfangen, schlängelte sich durch die Wellen, drohte die Seerosen unter Wasser zu drücken. Waren die kreuz und quer übereinander laufenden Wellchen, welche die vielfältigen Kombinationen der Neonfarben spiegelten, von den Schallwellen der Bands verursacht? Es schien so. Das gleichmäßige

Tschwumm, Tschwumm, Tschwumm, meinte ich trotz Lichtmangels an ihrer Struktur zu erkennen.

Nach einer Weile ging ich zurück an unseren Tisch, konnte beobachten wie die Blondine in einer leider viel zu kurzen Spielpause aufgeregt auf ihren männlichen Partner einredete und mehrmals in Richtung der Nachbarband zeigte. Der Mann zuckte die Schultern, was sie offenbar noch mehr erregte, es schien mir jedenfalls so, weil ihre Gesten immer breiter und bedrohlicher wurden. Der arme Mann hantierte daraufhin nervös an seiner Anlage herum, die Blondine schien zufrieden zu sein. Das nächste von ihnen vorgetragene Stück war viel lauter, die Nuancen, falls es denn solche vorher gab, die einzelnen Instrumente, waren nicht mehr zu unterscheiden. Wobei Nuance ein hier völlig unpassendes Wort ist. Nur noch dröhnendes Brüllen, erdmittig-archaisches Stöhnen und Brummen war zu hören.

Die Tischplatte vibrierte ohne Rhythmus. Die Stimme der Sängerin war völlig untergegangen. Manchmal meinte ich das Heulen eines Wolfs in dem Lärm zu vernehmen. Nun war die Nachbarband erfolgreich in den Hintergrund gedrängt. Einzig das immer gleichmäßige Tschwumm, Tschwumm, Tschwumm war von ihr zu vernehmen und mischte sich vernehmbar in die allgemeine Lärmsoße bedrohlich ein.

Die Gespräche an unserem Tisch waren, wie berichtet, schon vor längerer Zeit zum Erliegen gekommen. Ab und an standen meine Tischnachbarn auf, legten die Hände trichterartig vor den Mund und brüllten dem Gegenüber unmittelbar ins Ohr. Wie ich

an den Bewegungen der Schultern bemerken konnte, verstand der Angesprochene die Botschaft meist trotzdem nicht. Keiner wollte sich aber, soweit ich das deuten konnte, über die Lautstärke aufregen. Offenbar war man das hier so gewohnt und betrachtete den infernalischen Lärm als Ausdruck von besonderem Wohlstand.
Eine einfallsreiche junge Dame tat sich dadurch hervor, dass sie einen Notizblock aus ihrer Handtasche zog, etwas draufschrieb und ihn weiter an ihren Nebenmann, den neuen Kunden, weiterreichte. Er schrieb ebenfalls etwas drauf, gab Kugelschreiber und Block lächelnd zurück. Sie nickten sich zu. Nun fertigte die Dame eine kleine Zeichnung an und hielt sie dem Kunden unter die Nase. So weit ich das sehen konnte, handelte es sich dabei um eine sitzende Katze.

Längst war ich verstummt, überlegte, ob und gegebenenfalls wie ich mein Gehör retten konnte, ohne meine Gastgeber zu verstimmen. Probeweise verschloss ich meine Ohren mit den Zeigefingern. Das brachte zwar Linderung, war aber zu auffällig. Zusammengerollte Stückchen einer Papierserviette, in den Gehörgang geschoben, konnten dem Krach nicht Herr werden. Dann kam mir, wie ich freudig vermutete, der rettende Einfall, flugs ging ich auf die entfernte Toilette und schloss die Türe hinter mir ab. Der Lärm war zwar etwas gedämpfter, aber aus anderen Gründen mochte ich dort nicht länger verweilen.

Zu gern hätte ich den Nachbarn angerufen, um nach den Hühnern zu fragen. Die Geräuschkulisse ließ das leider nicht zu.

Als ich zu unserem Tisch zurückkam, war der Krieg der Bands vollends entbrannt. Die Nachbarband hatte ihre Anlage ebenfalls voll aufgedreht, das Letzte aus ihr herausgeholt, was nun wirklich nicht mehr auszuhalten war. Zwei Popbands gleichzeitig in vollster Lautstärke, auf die dazwischen befindlichen Restaurantgäste losgelassen, ist wirklich zu viel des Guten. Des Öfteren verlies ich den Tisch, verschanzte mich im Dunklen, lehnte mich an die Wand der lärmabgewandten Seite der Gaststätte, gleich neben den Eingang zur Damentoilette, direkt neben die großen olivfarbenen Mülltonnen. Hier war es etwas ruhiger. Allerdings schmerzten meine Arme, verursacht vom Hochhalten der die Ohren verstopfenden Zeigefinger. Der Geruch des Mülls war widerlich. Das musste ich allerdings auf mich nehmen. Würde ich trotz all meiner Maßnahmen mein Gehör retten können? Ängste peinigten mich. Als Gehörlosen sah ich mich durch lautloses Land wandern, sah wie andere sich fröhlich austauschten, miteinander redeten, Musik hörten und ich ein für allemal in stumpfes Schweigen versank. Einige Gäste bemerkten mich im Halbdunkel, sahen angeregt durch mein Vorbild ihre Chance, gesellten sich zu mir, lehnten sich ebenfalls an die Hauswand, verstopften ihre Ohren. An ein Gespräch war freilich nicht zu denken.

Irgendwie bekam ich den Abend über die Runden. Wie mir zuerst schien, ohne großen Schaden zu nehmen. Allerdings unterschätzte ich das hartnäckige, starke Rauschen und Pfeifen, das am nächsten Morgen immer noch in den Ohren hallte. Nach etwa einer Woche hatte es stark nachgelassen, legte sich danach nur noch wie fernes Meeresrauschen über die Welt.

Das Erste was ich am nächsten Morgen erledigte, war der Anruf bei meinem Nachbarn. Ich hatte große Angst davor, dass er mir Schlimmes mitteilen würde. Zum Glück war alles gut. Er hatte nur sein Telefon verlegt und meine Anrufe nicht gehört. Erleichtert bereitete ich mich auf die Weiterreise vor.

Von Pogorica aus sollten wir nach Bijelo Polje fahren. Der Fahrer, unser neuer Kunde, war gut gelaunt und freundlich genug mich mit seinem Skoda mitzunehmen. Der Himmel war heiter, ich freute mich darauf, mehr vom Land kennenzulernen.

Ein Verrückter unterhielt sich mit einem Betrunkenen.
Plötzlich lief er vor Angst davon.

Bulgarisches Sprichwort

Wohlmeinend stellte er die Klimaanlage auf die tiefste Stufe und das Radio auf die höchste. Die Frontablage vibrierte dermaßen stark, dass Staubpartikel seltsame Tänze aufführten, sich zu interessant gestalteten Grüppchen zusammenfanden und ein darauf liegender Zettel zu Boden rutschte. Wir fuhren durch die mediterrane Berglandschaft und bewunderten vom Auto aus den tiefen Canon des Flusses. Nach wenigen Kilometern begann ich zu frieren.

Wie schon am vorhergegangenen Abend hüllte mich Popmusik ein. Ich war sicher, die blonde Sängerin vom Imanje Knjaz zu hören. Seit gestern Abend war mir allerdings die Fähigkeit der Unterscheidung zwischen den einzelnen Stücken abhandengekommen. Alle hörten sich für mich gleich an. Offensichtlich waren aber doch, wenigstens nach Ansicht des Fahrers, Highlights dazwischen. Er versuchte bei jedem seiner Favoriten das Radio lauter zu drehen, was natürlich nicht möglich war, da der Drehknopf schon an seiner äußersten Stellung angekommen war.
Das lauter Drehen war eine Unsitte, die ich mittlerweile kannte. Dabei blickte mich der Fahrer lächelnd an, nickte mir zu. Freundlich nickte ich zurück. Sicher ein Fehler, vermutlich habe ich ihn in seinem Verhalten bestärkt. Aber: Was sollte ich denn tun? Ich wollte den Kunden jedenfalls nicht vergraulen, nachdem ich am Vorabend schon so viel riskiert hatte.

Die Klimaanlage tat ihr Übriges. Meine Beine waren mittlerweile eiskalt. Ich habe sowieso meist kalte Beine, selbst nach ausgedehntem Körpertraining werden sie nicht richtig warm. Das liegt wohl an meinem niedrigen Blutdruck. Versuchsweise legte ich sie übereinander, vielleicht könnten sie sich gegenseitig etwas wärmen. Die Hose zog ich verstohlen nach unten, die kurzen Socken so weit wie möglich hoch, stopfte den Schlag der Hose in sie hinein, sodass die Schienbeine zugedeckt waren und die eiskalte Luft nicht mehr direkt von unten in meine Hosenbeine hineinblasen und diese nicht mehr aufblähen konnte.
Später platzierte ich zum Schutz vor dem Gebläse meine Aktentasche vor die Füße. Um Platz zu schaffen, musste ich meine Beine stark anwinkeln. Bald schliefen sie mir ein. Alle diese Maßnahmen halfen nicht viel. Mich plagten schon Fantasien bezüglich der Amputation meiner gefrorenen Beine. Das rechte Bein fühlte sich besonders kalt an - schon fast ohne Gefühl. O Gott! Wie sollte das nur weitergehen? Ich zwickte mich in den Oberschenkel ohne Schmerz zu spüren. Der Vorgang des Erfrierens schien schon weit fortgeschritten zu sein. Mir wurde schwindelig. Ein Leben ohne Beine mochte ich mir nicht vorstellen. Amputiert und mit Rauschen und Pfeifen in den Ohren, wollte ich keineswegs weiterleben. So viel stand fest.

Die Musik war laut und unerträglich. Wie eine Dampfwalze dröhnte sie durch meinen Kopf. Gleich müsste ich erbrechen, gallebitter schwappte Magensaft in den Rachenraum. Verzweifelt versuchte ich ihn unauffällig zu schlucken. Mittels Gesten bat ich den Fahrer um eine Pinkelpause. Zum Glück verstand er, hielt bei der nächsten Gelegenheit am Straßenrand an.

Wortlos verließ ich schlotternd das Auto, die Beine versagten fast ihren Dienst. Wie ein Betrunkener schwankte ich, jeden Moment mit einem Sturz rechnend, auf den einzigen Busch zu, der mir Sichtschutz bieten konnte. Dieser stand nahe am Rand des Flusscanyons.

Ein Blick genügte. Hier ging es gewiss mehr als achtzig Meter fast senkrecht nach unten. Und das ohne jegliches Geländer oder eine andere Schutzvorrichtung.

Am Busch angekommen, hielt ich mich mit der linken Hand an einem dünnen Ast fest. Halten würde er mich nicht, aber er gab mir ein Gefühl der Sicherheit. Ein stärkerer Ast war nicht zu sehen. Braungraue Felsen schrofften kantig hinunter in den schmalen, leuchtendgrünen Talgrund, durch den sich gemütlich der Fluss schlängelte. Dunkelgrüne Punkte konnten Bäume sein. Von welcher Art waren sie? Diese Schlucht sah einladend aus. Wie herrlich dieser Fluss heraufblaute, wie silbrig das Licht wellenschimmernde Areale betonte. Saftig hob sich das satte Grün, ein Grün mit überraschend hohem Gelbanteil, vom schroffen braungrauen Felsen ab, glänzte herauf, legte sich über meine Seele, umarmte sie sanft. Mein Herz wärmte sich ein wenig.

Ein neuer Gedanke schoss mir durch den Kopf. Wie ein Vögelchen konnte ich mich hinausschwingen, hinaus, ja, weit hinaus, hinauuuus mit ausgebreiteten Armen. Frei, frei, endlich frei von Lautsprechern, Klimaanlagen, Rauchorgien und amputierten Beinen! Und von andauerndem Sprachgesülze. Einfach hinaus. Einen kurzen, herrlichen Flug konnte ich unternehmen. Jetzt! Dann, unten angekommen, würde ich körperlos durchzischen, weiterfliegen, hinein in meine eigene wunderbare Seelenlandschaft, in der das wunderbare, pralle Leben herrschte, Überfülle, die Tische bog, nur freundliche Menschen die den Hintergrund besiedelten. Wo es mit Sicherheit weder Raucher, Lautsprecher noch Klimaanlagen gab. Und keine Aktentaschen.

Stille stieg silbrig in transparenten Schwaden, in fast greifbaren, wellenden Schichten, feucht und gründuftend aus den Tiefen des Canyons herauf, wallte einladend um mich herum, drang tief in mich ein. Ja, das war das Ultimative, das einzige und richtige Leben. Alles andere, besonders das jetzige, war überaus öde. Kunden?

Neue Kunden, alte Kunden, was scherte ich mich darum? Da das Rauschen und Pfeifen vom Vorabend in den Ohren hauste, war ich nicht in der Lage, das Rauschen des Flusses zu hören. Aber wahrnehmen und riechen – ja, das konnte ich. Mit der Stille hatte ich mich früher schon beschäftigt. Damit kannte ich mich einigermaßen aus. Ich hatte sie oft gerufen, eingeladen, war in sie eingetaucht, hatte mich mit ihr vermählt, ihre Geheimnisse aus ihr herausgesogen. Nun rief sie mich. Die Zeit war gekommen, in die Stille einzugehen.

Im Leben geht es nicht um alles oder nichts,
sondern um so viel als möglich.
Manchmal ist so wenig als möglich das Erstrebenswerte.

Georg Christoph Lichtenberg

Es bot sich die ideale Gelegenheit, dieser augenblicklichen, schrecklichen Lage nicht nur zu entfliehen, sondern ein Zeichen zu setzen. Ein klares Zeichen, hell wie ein Fanal. Ein Fanal des Mutes. Eines des Neuanfangs. Schwindelig wie mir war, würde ich beim Aufprall nicht viel mitbekommen. Dem Schmerz des Abschieds stand das Aufregende, Neue gegenüber. War es lohnender zu gehen oder zu bleiben? Das Bleiben rechnete ich mit dem, was kommen würde kurz auf. Mein Herz begann wie wild zu schlagen, kalter Schweiß drang aus den Poren, bedeckte mein Gesicht. Breit stand das Wort ‘Verdunstungskälte’ vor mir. Kälte! Schluss damit!

Das Leben auf der Erde kannte ich. Durch und durch. Was war da noch an Gutem zu erwarten? UiUiUi. Das Zünglein an der Waage zeigte mir kein klares, kein eindeutiges Ergebnis. Keine der Parteien bekam Übergewicht.

Bitterkeit war zwischen den Zähnen, der Bauch krampfte. Ich bog mich nach vorne, um ihm mehr Freiraum und so etwas wie Entspannung zu verschaffen – und starrte wieder in den Canyon. Einige Minuten stand ich so da, zögerte unschlüssig, versuchte, die Bäume unten am Fluss nach Größe zu sortieren und die so entstehenden Gruppen zu zählen. Würden die größeren Bäume überwiegen? Was sollte ich tun, um letzte Klarheit zu bekommen?

Warum fiel es mir oft so schwer, mich zu entscheiden? Das zog sich wie ein beschissener roter Faden durch mein dummes Leben. Verflucht! Warum machte ich jetzt nicht den Schritt, den einzigen, den es jetzt brauchte, um ein neues Leben zu beginnen? Ich blickte in den Abgrund, wie um Hilfe in Form von Argumenten zu erhalten. Ich würgte, bittersaurer Saft ergoss sich in Rachen und Mund und ich erbrach mich. Der Mageninhalt quoll nach oben, stürzte und sprühte hinaus. Ich rang nach Luft. Schuhe und Hose teilten in dieser Sache das Schicksal des Talgrunds.

Hör bloß nicht auf zu fragen!

Die uralte Weide

Es begann leicht zu regnen, es roch nach Abschied und geschnittenen Brennnesseln, nach jenen mit den starkgewellten Blättern, die bei Berührung besonders stark brennen. Die Art, bei der man wohlweislich Handschuhe anzieht, bevor man sie klein schneidet, sie dann mit hart gekochten, gehackten Eiern mischt und den Küken zum Essen gibt. Ob Sie es glauben oder nicht, sie brennen durch die im Haushalt üblichen Einmalhandschuhe durch! Wo waren sie denn, die Brennnessel? Ich neigte mich weiter vor, um zu sehen, ob sie unter mir zwischen den Felsen herauswüchsen, sah aber keine. Der Felsen war dunkler, glänzte fett, nass vom Regen. Jäh wandelte sich der Canyon, Fluss, Bäume und Talgrund waren verloren, unter Regenschleiern blauten vordem schroffe Felsen, wandelten sich in lichtbeflutete, gerundete Formen. Sanfter Sprühnebel nahm dem Canyon Tiefe und Gefahr.

Küken? Brennnessel? Zärtlich fiel der Regen auf Haar, Schulter und Rücken. Nebelschwaden zogen unter mir vorbei, ballten sich da und dort zusammen, bildeten rundliche, an Brokkoli erinnernde Gebilde. An wenigen Stellen blitzte hell und vergoldend die Sonne durch, ihre wenigen Strahlen wurden vom Nebel ins Sichtbare gerufen. Weiter. Ich beugte mich weiter vor, um das Wunder zu betrachten. Dabei rutschte ich weg, die Füße schnellten nach vorne, ich fiel hart auf den Rücken, rutschte weiter, versuchte mit der rechten Hand Boden zu greifen, doch, da war kein Halt. Krampfhaft hielt die linke Hand den dünnen Ast. Er knackte bedrohlich. Die rechte ergriff ohne die Hilfe der Augen eine dicke Wurzel.

Tief unter mir flog eine Krähe vorüber, war sie es, die gekräht hatte? Krank und leer? Bruno? Gespenstisch hallte es von einer Canyonwand zur anderen. Genauso krähte Bruno bei unserem Abschied. Wie Schuppen fiel es mir von den brennenden Augen.

Bruno! Bruno, mein ferner Held! Mein Leben! Bis hierher reicht deine Stimme! Luise, Martha, Maria, Hoffnung, vor allem Hoffnung! Dann Silberpfeil und Danielzsche! Und die anderen! Zweifel fielen ab wie reife Pflaumen. Die Entscheidung war mit großer Mehrheit gefallen. Dreizehn gewichtige Befürworter hatten sich gemeldet. Bruno vertrat mit seinem Krähenkrähen seine zwölf Apostelhühner. Krähenkrähen? Mit letzter Anstrengung wendete ich mich von der nun nicht mehr einladenden Schlucht ab, stürzte auf dem Rückweg zum Auto auf die Knie, richtete mich auf, torkelte weiter. Das Leben hatte mich wieder. Leben, mit den Hühnern sein, mit Bruno, meinetwegen auch amputiert und gehörlos! Das wollte ich. Ja, genau das!

Der Kunde gab sich besorgt, fragte immer wieder, was los sei. Und zwar auf Englisch. So konnten wir einigermaßen kommunizieren. Er reichte mir ein faltiges, klein kariertes Handtuch. Weder konnte noch wollte ich jetzt sprechen. Mein verantwortungsloses Verhalten quälte mich. Um ein Haar wäre die Sache schiefgelaufen. Wenn der Ast nicht gehalten hätte? Und wenn meine Hände die Wurzel nicht gegriffen hätten?

Verwaiste Hühner wären zurückgeblieben, gar im Kochtopf gelandet. So viele Leben fast zerstört! Mein Gott! Was bin ich für ein schrecklicher Mensch! Ein Rindvieh! Ich nahm mir vor, alsbald nach meiner hoffentlich guten Heimkehr, ein großes Fest mit den Hühnern zu feiern. Zwei Tage lang. Mindestens. Ich würde bunte Lampions und Girlanden aufhängen. Spiele machen von früh bis spät. Unmengen an ausgesuchtesten Leckerlis gäbe es, auch Getränke unterschiedlichster Art. Musik spielte. ... Äh ... Nein, das lieber nicht. Das gewiss nicht. Den geliebten Gockel Bruno würde ich auf dem Höhepunkt des Festes mit einer speziellen, exotischen Palette von Leckerlis beglücken, alles vom Asia Markt. Und die anderen natürlich auch.

"Wir müssen reden", sprach ich nach einigen Kilometern nachdenklicher Fahrt zu unserem neuen Kunden. Ich hätte nicht gedacht, dass solche fürchterlichen Worte jemals aus meinem Mund kommen würden. Aus dem Munde von Frauen haben sie mich immer erschreckt.
Der neue Kunde stoppte das Auto. Einige Hundert Meter war die Straße nun vom Canyon entfernt. Das war gut so. Der Regen

hatte etwas nachgelassen, von Ferne war Donnergrollen zu vernehmen. In den Canon zuckte grell ein Blitz. Die Scheibenwischer bewegten sich gleichmäßig wie altertümliche Metronome. Mit knappen Worten erklärte ich ihm, wie es mir im Auto erging, wies darauf hin, dass ich unter diesen Umständen lieber aussteigen würde, alternativ mit Bus oder Bahn weiterfahren. Auch auf die Gefahr hin, dass er sich als Kunde zurückzöge. Das nähme ich in Kauf. Er war höchst erstaunt und betroffen. Sein Verhalten erklärte er damit, dass er in Deutschland gewesen sei. Ihm sei aufgefallen, dass die Leute dort den ganzen Tag laute Popmusik von Rundfunksendern hörten. Selbst auf der Straße und in öffentlichen Verkehrsmitteln liefen die Menschen mit Kopfhörern umher und hörten laute Musik. Das habe er selbst beobachtet.

Weiter sei ihm aufgefallen, dass in Deutschland ohnehin alles in Englisch sei, nicht nur die Musik. Er habe die englischsprachige Popmusik laut gespielt, auch um mir ein Gefühl von Zuhause zu geben. Er behauptete, dass sogar die meisten Rundfunk- und Fernsehsendungen mittlerweile ausschließlich in englischer Sprache sendeten. Deutsche Straßennamen würden verenglischt, wurde ihm berichtet. Er selbst habe in Deutschland eine Fernsehsendung in englischer Sprache gesehen, in welcher erklärt wurde, die deutsche Sprache sei nicht zukunftsfähig und würde in ein paar Jahrzehnten ohnehin verschwinden. Nur noch ein paar Alte würden sie gelegentlich benutzen. Auslaufmodelle.

Einen Gefallen. Er wollte mir einen Gefallen tun, deshalb habe er das Radio so laut gedreht. Außerdem hatte er den Eindruck, ich hätte die Musik am gestrigen Abend sehr genossen. Und die war ungleich lauter. Er erwähnte noch, dass das sein erstes Auto mit Klimaanlage sei. Die müsse man doch schließlich nutzen. Hat ja auch jede Menge Geld gekostet. Mir war es übel. Ich brachte die Sache in Ordnung, so gut es ging, entschuldigte mich.

Wenn ich es mir überlege ... es gäbe viele Vorteile, wenn wir ganz auf Englisch umstellen würden. Zum Beispiel müssten amerikanische Filme, Beipackzettel und auch Bestseller nicht mehr ins Deutsche übersetzt werden. Oder, wichtiger noch, die Empfehlungen der amerikanischen an die deutsche Regierung. Was man allein dadurch an Kosten und Zeit einsparen könnte!

Während der Weiterfahrt hatte ich viel Zeit zum Nachdenken. Wenn die Rede auf den Rundfunk kommt, finde ich manches eigenartig. Einige Male habe ich mit dem Zuständigen beim Sender telefoniert und meiner Verwunderung Ausdruck gegeben. Mit der Zeit kamen wir uns näher und er bekannte freimütig, dass er lediglich als Psychologe seinen Job im Sinne seines Arbeitgebers erledige und angehalten sei, die Anrufer zu beruhigen, und die bei ihm eingehenden Reklamationen und Anregungen in Form von Statistiken und Schaublidern, der Geschäftsleitung am Jahresende vorzulegen. Die von mir gebrachten Einwände seien wohl berechtigt, aber unerheblich, da diese Art von Einwänden ständig weniger würden, weil sie nur von älteren Semestern vorgebracht würden. Das seien auch dieselben, die nach Stücken von klassischen Autoren nachfragten, die außer einer Handvoll Alten sonst wirklich keinen mehr interessierten.
“Stellen Sie sich vor, vor einigen Monaten hat einer angerufen, der empfohlen hat, Lessings *Nathan der Weise* zu bringen. Das würde das Verständnis für andere Religionen fördern, meinte er. Unglaublich, was den Leuten so einfällt.”

Schließlich empfahl er mir noch, die Bevölkerungspyramide zu studieren.

Trotz dieser stichhaltigen Argumente frage ich mich, was zwischen der Nachricht über eine Bombenexplosion im Irak mit einundfünfzig Toten, sowie einhundertdreiundsiebzig Schwerverletzten und dem Bericht über eine Niederlage des FC Bayern München in der Champions League, eine Zwischenmusik mit dem Geschrei einer hormongetriebenen Göre aus Birmingham, oder den Brunftschreien eines amerikanischen Boys zu suchen haben. Das war jetzt nicht nett von mir, muss aber auch mal gesagt werden dürfen.

Das Schwierige ist schön.

Plutarch

Ich erlaube mir hier einen Vorschlag vorzulegen, obwohl ich unsicher bin, wie man mit diesem Thema am besten umgeht. Vielleicht sollte man bei solchen Katastrophenmeldungen besser das "Diaes Irae" aus dem Requiem von Mozart, oder von Franz Schubert "Der Tod und das Mädchen" spielen.

Man könnte in den Interviewpausen einer aufstrebenden Opernsängerin ihre Stimme zu Gehör bringen. So gerne hätte ich kürzlich die Stimme der Diva anstelle von Popmusik gehört. Vielleicht sind meine Gedankengänge zu simpel. Als ich beim Rundfunk anrief, wurde mir erklärt, dass man lediglich die Lieblingsstücke der Opernsängerin gespielt habe. Na dann.
Nichts gegen Michael Jackson, sicher war er ein toller Bursche, aber alles zu seiner Zeit. Er ist der einzige Popmusiker, den ich kenne, und obwohl es schon lange her ist, dass er verstarb, muss der Arme immer noch für meine flachen Beispiele herhalten.

Hier noch ein weiteres Beispiel: In einer Sendung über die Französische Revolution wurden, wie mir schien, amerikanische Weihnachtslieder als Zwischenmusik eingespielt. So hörte es sich jedenfalls an. Und ich dachte immer bei Revolutionen rollen Köpfe.

Überhaupt finde ich als demokratisch gesinnter Mensch, dass zu viel englischsprachige Musik gebracht wird. Man könnte doch fairerweise abwechseln. Jeweils einen Tag russische, dann chinesische, albanische, kolumbianische, französische, griechische, georgische, italienische Musik bringen - und so weiter und so fort. Das wäre mit Sicherheit interessanter, als die übliche musikalische Monokultur.

Den Rest der Fahrt nach Bijelo Polje hörten wir das wundervolle erste Violinkonzert von Max Bruch. Es stellte sich heraus, dass mein Fahrer wie ich klassische Musik liebte. Was für eine seltene Übereinstimmung! Angeblich hören nur noch vier Prozent der Bevölkerung klassische Musik. Auch die Klimaanlage wurde auf ein erträgliches Maß heruntergefahren.

"Gott ist groß und der König macht es."
"Welcher König denn?"
"Ich natürlich!"

Bruno

Am nächsten Morgen lag ich mit Fieber im Bett. Mein Kopf glühte. Die Klimaanlage und all die Lärmereien haben mir nicht gutgetan. In einem Punkt bin ich unsicher geblieben. War es wirklich so geschehen, wie ich es oben beschrieben habe? Wurde wirklich klassische Musik, genauer gesagt das wundervolle erste Violinkonzert von Max Bruch gespielt? Und die Klimaanlage erträglicher eingestellt? Habe ich das nur geträumt, oder fantasiert? Das Fieber ...?

Als ich nach Tagen wieder reisefähig war, nahm ich mir vor, künftig in meine Reiseapotheke Oropax und die beigen, handgestrickten und bis über die Knie reichenden Winterwollstrümpfe von meiner Schwiegermutter, Gott hab' sie selig, in mein Handgepäck mit aufzunehmen.

Den anderen als freien und gleichen anerkennen,
ungeachtet der Unterschiede.

Unbekannt

Meine Mutter hat seit jeher Hühner gehalten. Damit wir immer frische Eier haben. Und uns an ihnen erfreuen können. Genau genommen ist das ein Unding, am Rande der großen Stadt. Man hat heute nicht nur keine Hühner, man weiß nicht einmal mehr, wie sie aussehen.

Mit dem Wissen wächst der Zweifel.

Johann Wolfgang von Goethe

Der Mensch ist im Grunde ein wildes, entsetzliches Tier.
Wir kennen es bloß im Zustand
der Bändigung und Zähmung.

Arthur Schopenhauer

Preisfrage an die Kinder gerichtet: "Wer kräht? Der Gockel oder die Hühner? Wer bitte legt die Eier?"
Folgendes zur Ehrenrettung der Hühner: Was kaum in unserem Bewusstsein verankert ist: Hühner wie Vögel sind Zweibeiner! Sie

gehen aufrecht wie wir! Da können Schimpansen, Delfine, Tintenfische, Ratten, die alle sehr klug sein sollen, nicht mithalten. Das wird in der Diskussion darüber, welche Tiere uns am nächsten stehen nicht berücksichtigt.

Zurück von der Reise und kaum erholt, wurde ich von dem neuen montenegrinischen Kunden feierlich zum Abendessen eingeladen. Am liebsten würde ich von diesem Desaster nicht berichten ... Doch davon später.

Diese Einladung wurde eine Woche nach dem schönsten Zweitagefest, das ich jemals organisieren und miterleben durfte, ausgesprochen.

Bei diesem Fest, waren alle zwölf Hühner bester Stimmung, geradezu ausgelassen waren sie. Und erst Bruno! Selbst die gute Silberpfeil ging bei den Spielen etwas aus sich heraus. Die liebe Hoffnung war wie verwandelt. Die Aussicht auf die Feierlichkeiten brachten die Hühner allesamt in Hochstimmung. Und was haben wir gespielt? Zu den allseits wohl bekannten Hühnerspielen, habe ich mir einige neue ausgedacht. Erfahrungsgemäß sind diejenigen Spiele bei Mensch und Tier am beliebtesten, bei welchen Leckerli oder Gewinne anfallen. Das habe ich bei den Spielideen berücksichtigt. Zu dieser Erkenntnis kam ich, als mir die Erinnerung an Spiele aus der Kindheit hochkam. Sehr beliebt war damals das Wurstschnappen. Ein Erwachsener hatte eine Wurst an einer Art Angel befestigt und schlenkerte sie über den Köpfen der Kinderschar hin und her. Ohne Zuhilfenahme der Hände, also nur mit dem Mund, durfte man versuchen, ein Stück abzubeißen.

Zurück zu den Hühnerspielen. Das Wurstschnappen habe ich in etwas abgewandelter Form auch mit den Hühnern gespielt. Anstelle der Wurst wurde an der Angel ein Krapfen mit Marmeladefüllung befestigt. Das kam gut an. Erstaunlich, wie hoch Bruno springen konnte!

Beliebt ist auch das Spatenspiel. Ich grabe einige Stiche Erde um. Wer den ersten Wurm erwischt, ist Sieger und bekommt neben einem dicken Lob obendrein noch eine dicke Korinthe.

Auch das Kullerspiel ist beliebt. Dabei wird der innere, weiche Teil vom Weißbrot zu kleinen Kügelchen geformt und rollt dann über eine schiefe Ebene hinunter. Die Hühner versuchen die Kügelchen während des Rollens zu erwischen.
Oder das Popcornhüpfen: Das Popcorn wird auf einer Schnur aufgefädelt. Etwa in einem Meter Höhe wird die Schnur zwischen zwei Bäumen aufgespannt. Nun können meine Lieblinge ihre Flugkünste zeigen!

Auch das Bröselspiel macht Spaß: Brösel vom Guglhupf in der Hand bei ausgestrecktem Arm animieren die Hühner dazu, auf den Arm zu springen und die Brösel aus der Hand zu fressen. Zuerst halte ich den Arm tief, etwa dreißig Zentimeter vom Boden entfernt. Damit auch die tollpatschige Hoffnung etwas erwischt. Jedes Mal wenn die Hand neu gefüllt wird, hebe ich den Arm etwas höher. Mehrere Hühner fliegen gleichzeitig hoch, manche plumpsen herunter. Das ist ein Gackern und Flügelschlagen, ein Picken und Grödeln, ein wilder Kampf! Lange halte ich nicht durch, wenn sechs schwere Hühner auf meinem Arm ihr Unwesen treiben. Die Anstrengung lohnt sich aber!

Alle, ich eingeschlossen, hatten ihren Spaß. Und Brösel vom Guglhupf gibt es schließlich nicht jeden Tag! Mehr als sechs Hühner finden gleichzeitig auf dem Arm keinen Platz. Davon können maximal drei die Brösel erreichen. Auf Luise musste ich aufpassen. Sie schubste die anderen gerne runter, was gegen die Regeln verstößt. "Luise, Luise, noch einmal und du erhältst die gelbe Karte!"

Wenn einige Hühner auf meinem gestreckten Arm versammelt sind, fange ich an, mich um meine Achse zu drehen. Nur wer in Drehrichtung steht, kann das Karussell genießen. Die anderen werden heruntergeweht.

Das Girlandenspiel geht so: In eine Girlande aus gedrehtem Küchenpapier sind gekochte Buchstabennudeln eingewickelt. Beim Aufpicken des Küchenpapiers fallen sie heraus und werden gierig verschlungen. Vielleicht ist es übertrieben Buchstabennudeln zu verwenden. Ich denke aber, es ist lehrreicher als Makkaroni zu verspeisen.
Weitere Spiele haben wir gespielt, die beliebtesten wiederholt. Das Hühnervolk hatte kaum Zeit zum Eierlegen!

Am Ende eines solchen Festes (es war ja nicht unser erstes), gibt es den Siegeslauf desjenigen Huhns, das die meisten Punkte, die Ergebnisse aller Spiele aufaddiert, erreicht hat. Bruno wird dabei nicht mitgezählt. Er gehört einer höheren Gewichtsklasse an. Das Notieren der Punkte kann nur ungefähr erfolgen, da in dem allgemeinen Trubel während der Spiele, manches ungesehen bleibt. Es ist auch nicht ganz so wichtig, weil bisher immer Martha gewonnen hat. Und das mit deutlichem Abstand zu den anderen. Martha ist auch die frechste.
Sie wird wie folgt geehrt: Von einem runden Sonnenblumenlaib, nicht zu groß, wird die Rinde so abgeschnitten, dass sich ein ringförmiges Gebilde, einem großen Donut ähnlich, ergibt. Dann erhält Martha diesen Siegeskranz um den Hals gelegt. Sofort flitzt sie los, die anderen hinterher. Quer durch den Garten, zwischen

den Johannisbeersträuchern durch, am Gartenteich vorbei. Hoffnung rutscht aus und fällt um ein Haar ins Wasser. Dann vorne rein in den Geräteschuppen und mit Gegackere und Flügelschlagen hinten wieder hinaus. Einerseits möchte Martha die anderen abhängen, um den Siegeskranz allein für sich zu haben, andererseits fehlt ihr die Geduld, mit dem Verspeisen so lange zu warten. Außerdem kann sie den Kranz, weil am eigenen Halse, nicht mit dem Schnabel erreichen. Die anderen Hühner schon. Martha hüpft auf einen tiefhängenden Ast des Kirschbaums, die anderen flattern ebenso hoch, der Ast schwankt bedenklich. Martha kann das Gleichgewicht wegen des Gewichts des Brotkranzes nicht halten und fällt runter. Wie schon des Öfteren rennt die Hühnerschar noch eine Weile im Garten umher, so lange, bis Martha die Lust verliert, den Siegeskranz abwirft und er gemeinsam aufgepickt wird.

Es wurde einiges an Rotwein getrunken, zugegeben, den trank ich allein. Noch lange werden Bruno und die Seinen über das gelungene Fest gackern! Die Leckerli-Reste sind noch nicht ganz aufgebraucht.

Kreativität ist, mit endlichen Mitteln
unendlichen Gebrauch machen zu können.

Unbekannt

Zurück zur Einladung des neuen Kunden: Das ausgewählte, italienische Restaurant war nicht zu teuer. Ich war einigermaßen beruhigt, da ich mich zu jener Zeit wieder einmal in einem finanziellen Tief befand und kaum die Mittel gehabt hätte, für mich, geschweige denn für fünf Leute zu bezahlen. Aber, zum Glück war ich ja eingeladen.

Als wir alle Platz genommen hatten, wurde von meinem Nebenmann die Hauptperson des Abends, ein amerikanischer Multimillionär, wortreich vorgestellt. Ein echter Menschenfreund, wie mir erklärt wurde. Er war im Balkan aufgewachsen, hatte seine Jugend in sehr schwierigen finanziellen Verhältnissen erlebt. Ein schwacher Bub war er gewesen, oft krank, immer hungrig und unterernährt. Viele Geschwister teilten sein Los.

Weiß Gott, wie er nach New York kam. Jedenfalls wurde er dort steinreich, verlor aber später sein gesamtes Vermögen. Die genauen Umstände wurden nicht erläutert. Er startete eine zweite Karriere, wurde reicher als zuvor. Nach Jahren besuchte er die Heimat, kaufte verschiedene Firmen, ganze Landstriche auf. Er nahm seinen Jugendtraum in Angriff, eine Seilbahn auf den Berg, den er als Kind mit seinen Schafen im Schweiße so oft bestiegen hatte, zu bauen.

Vegetarier essen keine Tiere. Sie essen aber ihr Futter!

Bruno

Bei Tisch benahm er sich völlig normal, ich möchte sagen überaus freundlich. Wir unterhielten uns angenehm. Mir fiel auf, dass er sich um seine Tischnachbarn bemühte. Sofort bemerkte er, wenn etwas fehlte. Bei mir fiel ihm noch vor mir auf, dass keine Gabel an meinem Platz war, er bot mir die seine an. Für sein Gegenüber bestellte er den vom Kellner vergessenen Käse für die Pasta, meinem Nebenmann reichte er seinem Wunsche vorauseilend das Salz. Eine Seele von einem Menschen war das!

Ich muss zugeben, dass ich all diese Aufmerksamkeiten zwar sah, aber zuerst nicht darüber nachdachte. Mein Tischnachbar zur rechten wies mich freundlicherweise darauf hin. Wahrscheinlich bin ich zu sehr auf mich fixiert, sehe deshalb nur meine eigenen Probleme, suche meinen eigenen Vorteil und kümmere mich zu wenig um die anderen. Ja, nun gingen mir die Augen auf und meine relativ gute Meinung über mich selbst, die ich mühsam konstruiert hatte, verflüchtigte sich wie Morgennebel im August. So schön es ist, so hilfsbereite Menschen erleben zu dürfen, so unangenehm ist es, den Spiegel vorgehalten zu bekommen und die eigene kümmerliche Figur darin zu entdecken!

Die gute Stimmung trübte sich bei mir weiter ein, als einer der geladenen Gäste Hühnchen bestellte. Da würgte es mich im Hals. Am liebsten hätte ich den Betreffenden geohrfeigt. Mittlerweile bin ich in solchen Fällen zum Glück in der Lage, mich einigermaßen zurückzuhalten. Auch wenn es schwerfällt. Das war nicht immer so!

Die Enten legen ihre Eier in der Stille.
Die Hühner gackern dabei laut.
Was folgt daraus?
Alle essen Hühnereier!

Unbekannt

Der Herr rechts neben mir war angeblich ein berühmter Musiker, wenigstens stellte er sich so vor, er war ebenfalls vom Balkan. Ich stellte einige Fragen, um mich ein wenig von meinen düsteren Gedanken abzulenken. Er erläuterte, dass er mehrere Musikstudios auf dem Balkan sein eigen nenne, jeder kenne ihn. Aha. Geld sei in Hülle und Fülle vorhanden, allein was die GEMA an ihn zahle, sei jedes Jahr ein Vermögen.

Ich verwickelte ihn in ein Gespräch über meine These, dass alle Energie Schwingung, darum eine Art von Musik sei. Eine Musik, die exakt auf der Mathematik basiere, sich unausweichlich in die noch zu findende Weltformel einfüge. Er pflichtete mir bei und meinte sogar, er könne die Musik sehen. Nicht immer, aber farbig, als eine Art energetischer Bewegung, die ihn selbst, seine Umwelt, nein, die ganze Welt durchlief, zusammenhielt und ihn auf das Herzlichste mit einbände.

Da wollte ich mit meiner Meinung in nichts nachstehen, was mich hinterher enorm ärgerte, und erzählte von meinen Erlebnissen mit Musik, insbesondere wie unterschiedliche Kompositionen an verschiedenen Stellen in meinen Körper eintreten, sich darin unterschiedliche Wege bahnen, ihn durchlaufen, an überraschenden Stellen wieder austreten und sich im Raum nach Gesichtspunkten verteilen, welche ich gerade versuche herauszufinden.

So viel ist schon jetzt sicher, dass Bässe sich am Boden, höhere Töne sich darüber ablagern. Sie sind durch farbige Bänder unterschiedlicher Breite miteinander verbunden, welche das Stück selbst darstellen. Das Ganze sieht ziemlich verwirrend aus. Rein von der Betrachtung dieser Ablagerungen her gesehen, ist es mir noch nicht gelungen, Rückschlüsse auf das Stück zu nehmen. Allerdings fiel mir auf, dass einfachere Stücke, oder solche gespielt mit wenigen Instrumenten, einfachere Strukturen aufwiesen. Dies trifft insbesondere für kurze Stücke zu. Ich nannte sie deshalb Ablagerungen, weil sich die tiefen Töne am Boden, die höheren definitiv darüber niederlassen.

Wenn ich selbst ohne Begleitung singe, ist die Struktur am einfachsten und wohl am ehesten nachzuvollziehen. Mit unserem bekannten Notensystem hat die Sache jedoch nichts zu tun. Hier kennt man zum Beispiel vierundzwanzig gebräuchliche Arten, das eingestrichene D darzustellen. Etwas kompliziert fand ich. Er meinte das auch, betonte aber, er hätte von sechsundzwanzig Arten gehört.

Was nun die Töne, die Musik in meinem Körper verursacht ... Hier wurde ich vom Kellner unterbrochen, der die bestellten Penne Arrabiata vor mich hinstellte. Penne Arrabiata ist meine übliche Bestellung beim Italiener. Fleischlos, pikant, sättigend. Und preisgünstig. Man kann es gerade noch bestellen, ohne unangenehm als Hungerleider aufzufallen. Eigentlich bräuchte ich nicht auf die Preise zu sehen, da ich ja eingeladen bin.

Es wird langsam Zeit, dass ich aus dem mit Mühe eingeübten, mein Leben verdunkelnden Sparmodus herauskomme. Mein rechter Nachbar hatte sich Fisch und zusätzlich einen großen Vorspeisenteller bestellt, den er bereits mit großem Appetit verzehrt hatte. Der Nachtisch sollte noch kommen. Fisch ist mir zu teuer. Wenn man aus Sparsamkeitsgründen keinen Nachtisch bestellt, macht das keinen guten Eindruck. Darauf aus anderen Gründen zu verzichten, erscheint männlich, zeigt Disziplin und ist obendrein noch gesund. Nachtische sind so wie so viel zu teuer.

Ich blickte in die Runde, den Multimillionär hatte ich etwas aus den Augen verloren. Die anderen Gäste hatten mehrere Gänge bestellt. Neben den normal angebotenen Speisen ergaben sich noch zusätzliche Änderungswünsche, diese wurden gerne erfüllt. Beste Weine wurden kredenzt, Flasche nach Flasche. Kurzum, der Tisch bog sich vor Tellern, Schüsseln, Flaschen, Gläsern und weiterem gastronomischem Zubehör. In der Tischmitte brannten weiße Kerzen. Ich hatte mir vorgenommen, obwohl ich hungrig war, etwa ein Drittel meiner Penne stehen zu lassen. Das würde aussehen, als ob ich nicht hungrig wäre, anstatt den Eindruck zu hinterlassen, ich würde nur sparen wollen.

Es gibt Menschen, die im Wohlstand leben,
und diesen verwerflich finden.
Dabei könnten sie ihre Situation so leicht ändern.

Herbert

Mit dem Multimillionär unterhielt ich mich noch ein Weilchen. Er erzählte mir einige Details darüber, welch großer Wohltäter der Menschheit er doch sei. Nein, er erwähnte das Wort "Wohltäter" nicht eigens, es war meine Zusammenfassung, die sich unvermeidlich aus den erwähnten Details ergab. Und wir Ärmeren denken immer noch, die Reichen wären reich, weil sie so geizig sind! Welch' naive und grundfalsche Sichtweise! Das genaue Gegenteil ist der Fall. Je großzügiger einer ausgibt, desto mehr fließt nach. Mittlerweile sollte das doch jeder wissen! Am Ende kann er sich vor Geld nicht mehr retten und muss mehrere Konten eröffnen, um den Geldsegen überhaupt noch unterzubringen. Das Beispiel des Multimillionärs zeigte das klar. Wiederum beschämt, weil vergleichsweise arm, wandte ich mich wieder dem Nachbarn zur Rechten zu.
Dabei fiel mir auf, dass unser neuer Kunde zwar den Speisen und Getränken gut zusprach, sich aber nicht am Gespräch beteiligte. Er schien sich respektvoll zurückzuhalten.

Der Fisch meines Nachbarn zur Rechten war schon fast aufgegessen. Offenbar hatte er ein Problem, was ich daraus ableitete, dass er den Arm ungewöhnlich hochhielt und winkte. Er bemerkte meinen Blick, während er versuchte, eine lange Gräte mit zwei Fingern aus seinem Mund zu ziehen. Dabei versuchte er, mit dem stoßweise Ausstoßen von Luft und dazugehörigen Chrrrr-Lauten die Gräte zu lockern, was nicht gelang, aber zur Folge hatte, dass Halbgekautes den Weg auf den Teller fand. Das Ding hatte sich offenbar zwischen seinen hinteren Zähnen und der Speiseröhre verhakt.

Da ich aus eigener Erfahrung weiß, wie schwierig es ist ohne hineinsehen zu können, etwas aus dem Mund zu holen, bot ich meine Hilfe an und sagte ihm, ich könne mit der Lampe meines Smartphones in den Mund leuchten, und auf diese Weise das Problem herausfinden, dann beherzt zugreifen und die Gräte entfernen. Der Musiker röchelte nur und schüttelte den Kopf. Der weit offene Mund zeigte massenweise goldene Zähne und vereinzelte Fischreste sowie rote Paprikastückchen, die ihren Weg noch nicht in den Verdauungsapparat gefunden hatten. Hustend sprang er auf, rannte weg von unserem Tisch und begab sich in die Herrentoilette.

Mit rotem Kopf, aber ohne Gräte kam er nach einer Weile zurück, nahm einen ordentlichen Schluck Rotwein, spülte die Mundhöhle frei und schüttete zur Desinfektion sicherheitshalber einen Sliwowitz hinterher. Der Sliwowitz war erwähnenswerter Weise einer von der cognacfarbigen Sorte. Ich mag es, wenn zum Geschmack noch Farbe hinzukommt. Deshalb liebe ich auch undurchsichtige Rotweine.

Bei mir entwickelte sich ein schlechtes Gewissen dem Musiker gegenüber, da ich ihn nicht auf die Toilette begleitet hatte. Er hätte ersticken können, während ich gemütlich meinen Rotwein schlürfte.

"Wie ist das nun", murmelte mein Tischnachbar zur Rechten, räusperte sich mehrmals, seine Stimme war offenbar noch nicht voll funktionsfähig. "Sehen Sie ... äh, sehen Sie diese abgelagerte Musik, wie Sie das nennen, denn wirklich? Ich meine, mit Ihren Augen, oder ist das ganz anders. Ich meine, können Sie diese, lassen Sie mich Schwingung dazu sagen, fühlen, oder sehen, oder riechen gar?" Er wandte sich wieder seinem Sliwowitz zu. Genau genommen hatten wir zu viel getrunken. Viel zu viel! Jemand hatte eine weitere Runde Sliwowitz bestellt. Wir stießen an und tranken. Schon kam die nächste Runde. Scharfes Zeug! "Das ist gar nicht so einfach zu erklären", meinte ich, "es ist eine Kombination mehrerer Sinne in Verbindung mit einer ahnungsvollen Abschätzung der Realitäten." Er unterbrach mich: "ahnungslose Abschätzung der Realitäten. Ahnungslos? Was meinen Sie denn damit, ich kann Ihnen nicht folgen." "Sorry, ahnungsvoll meinte ich. Das ist nicht so leicht zu vermitteln. Vielleicht dient ein Beispiel, damit Sie besser verstehen, was ich meine.

Nehmen wir an, Sie befinden sich bei vierzig Grad Celsius im Freien. Sie nehmen diese Hitze mit all Ihren Sinnen wahr. Sie fühlen sie am ganzen Körper, sehen durch Ihre Sonnenbrille die blendende Sonne herunterbrennen und die Luft vibrieren. Sie fühlen den Schweiß auf Ihrer Haut. Haben den Wunsch, sich an einem schattigen Platz unter einer Palme in einen Kübel mit Eis zu setzen, wünschen sich einen kühlen Drink.

So ungefähr nehme ich abgelagerte Musik wahr. Die Ablagerung schwächt sich im Lauf von einigen Stunden ab, bis sie ganz entschwindet und zwar von oben nach unten. Verstehen Sie? Die Bässe, die ja am nächsten zur Erde sind, halten sich am längsten. Die Musik unserer geliebten Klassiker bringt dabei Harmonie, Klarheit, Liebe in den Raum. Sie informiert auf ihre Weise über den ewigen Kampf auf dem Weg nach oben und gibt uns das Rezept, um uns aus der Dunkelheit herauszuwinden, und dem Licht zu nähern, zeigt den Weg.

Ich würde jedoch davon abraten, ein Requiem im Schlafzimmer zu hören. Ich liebe das Requiem von Mozart sehr. Es wühlt auf, bringt mich an Grenzen und darüber hinaus, es ist einfach großartig! Im Anschluss daran lege ich eine fröhliche Musik auf, um das Requiem zu überlagern und sozusagen zu entschärfen. Dabei verlasse ich das Zimmer, um die Stimmung des Requiems noch etwas länger in mir zu behalten.

Früher habe ich das nicht so gemacht. Oft hatte ich nach diesem Musikgenuss die schrecklichsten Träume, Träume, die ich als Wachträume, oder besser als Realträume bezeichnen möchte. Grauenhaft, grauenhaft!" Der Musiker meinte: "Mozart, Brian

Mozart, ja, das sagt mir was, ist der nicht schon gestorben? War der nicht Drummer bei den Beatles?"

Nun berührte die Hand des Multimillionärs meine Schulter. Er deutete an, er wolle kurz auf die Toilette und musste daher an mir vorbei. Stattdessen sah ich, wie er sich Richtung Theke bewegte und mit dem Kellner sprach. Er deutete auf die Kasse. Das passte zu seiner bisherigen Beschreibung. Heimlich zahlt er für alle die Zeche. Ohne jegliches Aufheben zu machen. Ein echter Gentleman!

"Und ich habe mich so gefreut!",
sagst du vorwurfsvoll, wenn dir eine Hoffnung zerstört wurde.
Du hast dich gefreut – ist das nichts?

Marie von Ebner-Eschenbach

"Das kann ich gut nachfühlen," meldete sich nun mein rechter Tischnachbar wieder zu Wort, "wir Menschen der heutigen Zeit konzentrieren uns hauptsächlich auf das Sehen. Für mich als Musiker ist das völlig anders. Um es anders auszudrücken, ich höre fast mit meinen Augen. Ja. Mit den, ah, mit den Augen. Genau. Und mit meiner Haut. Und so weiter und so fort. Dabei spreche ich zum Beispiel vom Fühlen eines lauten Basses in, äh, in meinen Eingeweiden. Oder von den wasserhellen Klängen der Querflöte, die in hellen Farben über alle anderen Instrumente huschen. Husch, husch. Husch, husch." Er unterbrach den Redefluss und dachte angestrengt nach, wobei er sich den Zeigefinger der rechten Hand mit der linken so lange intensiv massierte, bis er rot anlief. "Wo waren wir gerade stehen geblieben?", sprach er mit balkanesischem Akzent. "Ach ja, husch, husch. Husch, husch. Genau, beim Wind." "Bei welchem Wind?" "Ach so, Entschuldigung. Bei den Querflöten. Mit ihren höchsten Tönen tanzen sie durch meinen Kopf, sodass es mir ganz anders wird und ich mich frage: Wer ich bin und wie um Gottes willen bin ich hierhergekommen?"

"Wie sind Sie denn hierhergekommen?" "Hierhergekommen? Wie meinen Sie das?""Vom Klang der geliebten Geige, der sich in mein Herz einschleicht, auf samtenen Katzenpfoten, äh, dort einen Flächenbrand anlegt, der sich, äh, ausbreitet und mich zum Tanzen zwingt, mag ich gar nicht erst, äh, sprechen, sonst geschieht womöglich das Gleiche wie damals in Danilovgrad. Das muss nicht sein. Nein, das muss wirklich nicht sein." Er räumte den letzten Rest seines Mousse au Chocolat zwischen seine goldenen Grabsteine, äh, Grabzähne, schüttelte einen Sliwowitz hinterher, sprach ein lang gezogenes Aaaaahhh, ein kurzes O und schwieg sodann.

Nun kam der Multimillionär an seinen Platz zurück und drängte zum Aufbruch. Wir verabschiedeten uns höflich, wobei ich mich herzlich für die Einladung bedankte. Die Herren verließen das Lokal, ich suchte die Toilette auf. Als ich beschwingt zurückkam, um meine Tasche zu holen, lag neben meinem Teller die Rechnung. Viel später erfuhr ich: Man sah mich als den Gastgeber an, weil ich der einzige ortsansässige Teilnehmer war.

Die Weltgeschichte ist nicht der Boden des Glücks.
Die Perioden des Glücks sind leere Blätter in ihr.

Wilhelm Friedrich Hegel

So schlecht stünde ich finanziell gar nicht da, wenn, ja wenn diese hohen Grundgebühren nicht wären. Miete, Telefon, elektrischer Strom, Fernsehen, Versicherungen, Steuern, Tageszeitung, Vereinsbeiträge und so weiter. Darüber habe ich viel von meinem Vater gelernt. Er war ein weiser Mann, der die Sache schnell auf den Punkt brachte. Wenn er sprach, hörte man zu.

Er berichtete: "Ich habe die Sache mit der Grundgebühr von meinem Vater gehört. Sein Vater, der übrigens ein großer Liebhaber von Hühnern war, war an den Rand der großen Stadt gezogen. Er hatte sich ein winziges Häuschen gebaut, mitten im Feld. Weit und breit war kein anderes Haus zu sehen. Am Morgen, als der Tag dämmerte, nahm er seine Schaufel und ging zu Fuß in die Stadt. Dort arbeitete er auf Baustellen als Hilfsarbeiter. Immer ging er zu Fuß. Oft bis zu zwei Stunden, um an seinen Arbeitsplatz zu gelangen. Er musste der Erste sein, da er die Baustelle für die anderen vorzubereiten hatte. Einmal fuhr er mit der Straßenbahn. Er kam zu spät. Vermutlich war er schon zu spät von zu Hause losgegangen. Jedenfalls nutzte er die Straßenbahn nie mehr.

Es gibt in unserer Welt mehr Appetit als Hühner.

Unbekannt

Wenn die Sehnsucht darin enthalten ist,
wird die Sprache zum Gebet.

Herbert

Wenn er am Abend ohne Schaufel zurückkam, war es ein glücklicher Tag. Dann hatte er für den nächsten Tag noch Arbeit. Wenn er die Schaufel, die ihm privat gehörte, mit nach Hause brachte, bedeutete das, er war entlassen. Großmutter bangte jeden Abend. Sie sah aus dem Fenster, um zu sehen, ob er mit oder ohne Schaufel nach Hause käme. Vor Feiertagen wurde Großvater generell entlassen, am nächsten Arbeitstag wiedereingestellt.

So lebten die beiden vor sich hin, bis eines Tages die neue Zeit anbrach. Etwas Kolossales, etwas Unerhörtes, nie Dagewesenes kündigte sich an. Man hatte elektrischen Strom an ihr Haus gelegt. Zuerst war nicht ganz klar, wozu man den Strom gebrauchen könne. Es gab ja weder eine Vorerfahrung noch elektrische Geräte. Deshalb nutzte man den Strom nicht. Es hätte nur zusätzlich Geld gekostet. Wozu auch? Am Tag wurde gearbeitet und in der Nacht geschlafen. Eine Kerze erfüllte bestens den Wunsch nach Licht.

Offenbar dachten viele Menschen genauso. Nun war der schöne Strom verfügbar, viele nutzten ihn nicht, es gab zu geringe Einnahmen für das Elektrizitätswerk. "Vergiss das nie", sprach mein Vater weiter, während er seinen Zeigefinger bedeutungsvoll in der Luft hin und her schwenkte und dabei über seinen Kopf deutete, "die da oben finden immer einen Weg, dir das Geld aus der Tasche zu ziehen. Und machen kannst du nichts. So erfand man die Grundgebühr. Mein Großvater und alle anderen mussten zahlen, obwohl sie den Strom nicht nutzten." Vater machte eine Pause, um die Bedeutung dessen, was nun kommen sollte hervorzuheben. Dann fuhr er fort: "Grundgebühren sind ein wesentlicher Teil der fein ausgedachten Methoden, welche aus einem Freien einen Sklaven machen. Und Sklaven sollen wir alle sein. Das wollen die." Recht hat er gehabt, mein Vater, aber wie komme ich nun um die vielen Grundgebühren herum?

Der Großvater meines Vaters hatte seine kleine Geschäftsidee. Für Freitagabend kaufte er vier Fässer Bier und lud seine Freunde zum Kartenspielen ein. Es wurde wenig Gewinn auf den Einkaufspreis der Fässer aufgeschlagen. Wenn es ging, spielte man im Freien. Das war Urgroßmutter lieber. Es soll wild zugegangen sein, allerdings spielte man um kleinen Einsatz. Auch am Samstag. Und am Sonntag. Bis zum Ende des Sonntags musste das Bier reichen. Kein

Wunder, dass die Hühner das Treiben mit Interesse verfolgten. Wie weit sie die Spielregeln verstanden, ist nicht bekannt.

Wir streben mehr danach,
Schmerz zu vermeiden als Freude zu gewinnen.

Sigmund Freud

Manchmal konnte das Bier trotz aller Mühen nicht ganz weggetrunken werden. Zum Wegschütten war es zu schade. Was tun? Die Tierfreunde brockten Brot in das Bier ein und überließen es den Hühnern. Die stürzten sich sofort auf den seltenen Leckerbissen. Besonders der Gockel habe sich daraufhin ungebührlich benommen und die Hühner bedrängt, wird berichtet. Diese hätten sich zusammengerottet, setzten sich zur Wehr, was vordem nie vorgekommen sei. Gemeinsam fielen sie über ihn her, bepickten ihn. Ruhmlos machte er sich aus dem Staube. Weiter wurde berichtet, dass die Hühner seltsame Bewegungen machten, Tänzen nicht unähnlich. Sie sollen einzeln getanzt haben, unter aktiver Mitwirkung der Flügel. Enge und weite Bögen sollen sie gelaufen sein, Spiralen, Ovale und Nachbildungen der Form der Acht. Beliebt waren kurze Sprünge, die in die Figuren eingebaut waren. Auch Paartänze habe man gesehen.

Ob der Urgroßvater auf der Wanzenpresse, auch Quetsche oder neuerdings auch Schifferklavier oder Ziehharmonika genannt, dazu gespielt hat, werden wir nicht mehr erfahren. Wir haben niemals danach gefragt und nun lebt keiner mehr, den wir fragen könnten. Einige Hühner sprangen Sprosse für Sprosse auf die ans Haus gelehnte Holzleiter, bis ganz nach oben aufs Dach. Nach Inspektion desselben hätten sie zu kurzem Segelflug abgehoben. Leider kam es dabei zu einem tödlich endenden Unfall. Eines der Hühner war in die Regentonne gestürzt und ertrunken.

Durch den ungewohnten Alkoholgenuss, soll sich die Sprache der Hühner verändert, fast verzerrt haben. Das Krähen des Gockels habe Ähnlichkeit mit dem Quietschen von Autoreifen in engen Kurven gehabt ... Aber nein, das kann nun wirklich nicht sein. Autos gab es damals noch nicht!

Diese Vorfälle werde ich Bruno nicht berichten. Er wäre wohl traurig, sie zu hören.

Vor Gericht kann es vorteilhaft sein, wenn man Recht hat.

Herbert

Kürzlich musste ich einen neuen Rechtsanwalt, konsultieren, was mir schwergefallen ist. Ich bin ja so anhänglich. Am liebsten soll alles so weitergehen wie bisher. Aber aus einigen Gründen ging es nicht anders. Der alte Anwalt erfüllte seine Aufgaben nicht mehr zuverlässig, ich stand sogar zwei Mal ohne Rechtsbeistand vor Gericht. Er erschien einfach nicht. Ein andermal erhielt ich ein Versäumnisurteil. Er hatte sich um nichts gekümmert. Eine wirklich unangenehme Situation.

Was war geschehen? Die Frage war aufgetaucht, wann die Hühner zu welcher Uhrzeit morgens aus dem Hühnerhaus ins Freie durften. Weitere Fragen haben sich im Zusammenhang mit der Hühnerhaltung ergeben, sodass ich mich entschloss, bei einem Fachmann um Rat zu fragen.

Den neuen Anwalt suchte ich in seinem Büro, in einem kleinen Vorort der großen Stadt auf. Große, helle Räume, viel Holz, großzügiger Besprechungsraum, schwarze Ledersessel, hübsche, blonde Sekretärin. Der Anwalt war sympathisch, jung, leger gekleidet, hatte ein sonnengebräuntes Gesicht mit grauen Augen, war glatt rasiert, trug Jeans, bewegte sich energisch. Kurz: eine sportliche, erfolgreiche Erscheinung. Das ließ mich hoffen.

Die gegenseitige Vorstellung folgte. “Sulzmann-Bodenstedt, mein Name.” Mit einer ausladenden Armbewegung setzte der Anwalt hinzu: “Nennen Sie mich einfach Bodenstedt. Das ist okay.” Ich fand das auch okay. Grundsätzlich unterstütze ich alles, was das Leben vereinfacht. Man bat mir einen Platz an, seine Sekretärin reichte Kaffee. Er erläuterte: “Wissen Sie, meine Kanzlei ist und war oftmals Vorreiter für meine Kollegen. Nicht nur in rechtlicher Hinsicht. Man sieht auf mich. Man ahmt mich nach. Derzeit geht es um’s Internet. Wussten Sie, dass jeder, der möchte, mit einer einfachen App, wenn er Ihre E- Mail-Adresse kennt, all Ihre E-Mails einsehen kann?” Das wusste ich nicht, war aber davon ziemlich erschüttert.

Ein Sonnenstrahl verirrte sich in meine Kaffeetasse und brachte den Kaffee zum Sieden. Ein nahezu transparentes Leucht-Kaffeenebelchen stieg in meine Nase. Herrlich! Die Milch drehte sich ähnlich dem Andromedanebel, nur in gegensätzlicher Richtung. Das passte mir nicht, es ist besser, wenn die Dinge ihre Richtigkeit haben, finde ich. Mit dem Teelöffel versuchte ich die Richtung umzudrehen. Es gelang mir nur anfänglich, dann verwandelte sich der schöne Andromedanebel in ein kaffeebraungraue Einheitsfläche der übelsten Sorte. Der Sonnenstrahl, der die Situation vielleicht noch hätte retten können, hatte sich davongemacht. Was war nun zu tun? Zum einen gefiel mir die kaffeebraungraue Einheitsfläche nicht, zum anderen war ich vom Kaffee abgelenkt, was ich keinesfalls dulden konnte, wo doch die Minute Beratung etwa fünf Euro kostete! “Könnte ich bitte eine neue Tasse Kaffee haben, mir gefällt dieser Kaffeenebel nicht”, unterbrach ich schließlich den Anwalt. “Kaffeenebel? Gefällt nicht?” “Äh, Entschuldigung, ich meine nicht den Kaffeenebel, sondern diese kaffeebraungraue Einheitsfläche.” “Einheitsfläche? Selbstverständlich.” Er wies seine Sekretärin an, einen einwandfreien Kaffee zu liefern. Und zwar uuuumgehend.

“Stellen Sie sich vor”, fuhr der Anwalt fort, “dass Ihr Gegner all unsere E-Mails, unseren gesamten Schriftwechsel lesen kann! Das wäre doch eine Katastrophe!” Da hatte er recht. Das durfte nicht sein. “Deshalb haben wir ein äußerst teures und komplexes System eingeführt, das völlig sicher ist. An der Entwicklung hatte ich wesentlichen Anteil. Es hat auch eine Kleinigkeit gekostet.” Dabei schüttelte er wissend und bedauernd den Kopf. “Aber”, er machte mit beiden Händen beschwichtigende Bewegungen, so als ob er einen Wasserball streicheln würde. “Aber, befürchten Sie nichts, die enorm hohen Kosten werden ganz sicher nicht auf Ihrer Rechnung zu finden sein.”
“Das beruhigt mich ungemein”, flocht ich ein. “Jetzt schon möchte ich Ihnen danken, dass Sie diese, wie mir scheint, übermenschliche Aufgabe im Sinne der Allgemeinheit auf sich genommen haben. Das kann man nicht genug bewundern!” Insgeheim dachte ich mir: Wie komme ich möglichst schnell auf das Hühnerthema, um Kosten zu sparen.

Wissend nickte der Anwalt, richtete seinen Blick in eine ungewisse Ferne und fuhr fort: “Geben Sie nun bitte gut Acht. Es gibt zwei Codewörter, die Sie in das Programm eingeben müssen, um Zugriff zu Ihrem Schriftverkehr zu erhalten. Danach wird ein Zu-

fallscode erzeugt, den Sie in ein extra Feld eintragen müssen. Es ist das Türkise mit den roten Rändern."
"Okay, rote Ränder, das kann ich mir merken. Das ist wunderbar. Es beruhigt mich ungemein, ich danke Ihnen für diesen genialen Schachzug, der mich letztlich vor Schaden schützt!" "Ja, es war eine lange Entwicklungszeit", fuhr er fort. "Harte Arbeit! Und das hat die Kassen geleert! Jedenfalls bin ich stolz, wie schon so oft, wieder mal die Führung in die Zukunft meiner Branche übernommen zu haben. Die Kolleginnen und Kollegen bewundern mich dafür, manche rufen mich von Zeit zu Zeit an, um die neuesten Entwicklungen, sozusagen aus erster Hand, zu erfahren.

Ich habe jede Menge Anfragen für Praktika. Klar, jeder möchte zu Sulzmann-Bodenstedt. Es ist schon eine große Verantwortung in der ich bin. Das raubt mir oft den Schlaf. Vordenker einer ganzen Branche mit Tausenden von Anwälten zu sein! Stellen Sie sich das mal vor! Es zeigen sich Eifersüchteleien, klar, alle beneiden mich! Aber ich lasse mich nicht beirren! Ich nicht! Ich bleibe dran!"
Mit zusammengekniffenen Augen blickte er, leicht nach vorne gebeugt, adlergleich im Zimmer umher. Konzentriert. Mit ähnlichem Blick werden wohl Generäle über ihren übervollen Kartentisch geschaut haben. Vor ihren inneren Augen hatten sie das Schlachtengetümmel und den glorreichen Sieg, mit dem finalen Läuten der Glocken im ganzen Land.

Der Blick des Anwalts blieb an einem Glasschälchen hängen, das auf dem Tisch stand. Eine Weile betrachtete er es, wie mir schien, mit Wohlwollen. "Oder ein anderes Beispiel", sagte er. "Was sehen Sie denn in dem Schälchen, na, was meinen Sie, was ist das?" Ich beugte mich etwas zu dem Schälchen hin, um besser sehen zu können. "Ich denke, na ja, das ist wohl Studentenfutter." "Nein, nein, haarscharf daneben! Das ist eine wissenschaftlich ausgewogene Mischung aus verschiedenen Saaten, Nüssen, Sultaninen, Rosinen,

Hanfsamen, ja, auch Hanfsamen etc. Gehirnnahrung eben. Wenige Minuten nach dem Essen steigert sich nachweislich die Gehirntätigkeit exponentiell, Sie können sich dann besser konzentrieren, besser denken, werden leistungsfähiger. Ich komme dann mit meinen Klienten schneller durch, habe mehr Erfolg vor Gericht. Das spart Zeit und Geld. Greifen Sie zu! Greifen Sie ruhig zu."
Das war es, was ich brauchte. Ja, gerne griff ich zu. Unglaublich dieser Mann, und so bescheiden. Ich muss unbedingt an diese Mischung rankommen. "Kann man diese Mischung bei Ihnen erstehen? Dringend brauche ich diese Mischung", fragte ich, die kostbaren Kerne konzentriert kauend. "Was kostet sie denn?" Er antwortete nicht, sah zufrieden auf den Behälter mit der Zaubermischung. Ich gab keine Ruhe.
"Ich muss doch sehr bitten, ich bin doch kein Tante Emma-Laden! Aber ich kann Ihnen eine Adresse geben. Dort erhalten Sie die Mischung. Sie können gerne auch per E-Mail bestellen."
Er reichte mir eine Visitenkarte. Auf giftgrünem Grund war gelblich-weiß ein menschliches Gehirn zwischen zwei Paragraphenzeichen eingeklemmt dargestellt. Darunter stand: Sofortige Steigerung Ihres IQ um 20 Punkte!

Ganze Weltalter von Liebe werden notwendig sein,
um den Tieren ihre Dienste und Verdienste
an uns zu vergelten.

Christian Morgenstern

Ich war zutiefst beeindruckt von der Weitsicht und Genialität dieses Mannes und auch sehr froh darüber, durch äußerst glückliche Umstände, genau an ihn geraten zu sein. "Ich bin begeistert und dankbar, dass wir uns getroffen haben, würde aber nun gerne zu den Hühnern kommen", sagte ich. "Ja, da haben Sie wirklich Glück gehabt! Ehrlich gesagt, ich kann keine neuen Klienten mehr aufnehmen. Aber, Sie haben es geschafft zu mir zu kommen und jetzt bin ich ganz für Sie da! Nehmen Sie doch noch etwas von der Mischung." Auf die Hühner ging Herr Sulzmann-Bodenstedt nicht ein. Hatte er meinen Einwurf überhört?

"Ja, gerne nehme ich noch." Ich nahm mir noch. Ich fühlte mich bereits besser, die Gedanken sprudelten dank des Gehirnfutters nur so in meinem Kopf. Welche Höhenflüge würde ich noch erleben! Wunderbar.

"Eine Frage hätte ich noch, bevor ich es vergesse", flocht ich ein: "Wie komme ich denn nun zu all diesen äh, zu diesen Passwörtern, für das Feld mit dem roten Rahmen und so ..."
"Ganz einfach. Ich werde sie Ihnen in den nächsten Tagen per E-Mail zusenden."

Schweigen ist meist mehr wert als jede Erwiderung.

Italienisches Sprichwort

In einer Arbeitspause sitze ich auf der Terrassenbank. Bruno hat es sich auf meinem linken Arm bequem gemacht. Mit der rechten Hand füttere ich ihn mit Bröseln vom Vollkornbrot. Das mag er. Ab und zu blickt er zufrieden in die Runde. Die Hühnerdamen schauen zu ihm hoch, oder haben sich ihren Aufgaben zugewandt. Sie wissen: Wenn Bruno und ich auf der Bank sitzen, müssen sie zurücktreten. Dann gibt es oft Wichtiges zu besprechen. Derzeit läuft alles einigermaßen, sodass es wenig zu klären gibt.

Die Sonne wärmt uns, die Blätter des Feuerbuschs, der gleich neben der Bank wächst und schon einen Teil von ihr in Beschlag genommen hat, züngeln heute besonders feurig. Ihr Gelbgrün geht im Sonnenlicht etwas ins Orange über. Wenn ich die Augen bis auf einen Schlitz schließe, meine ich immer zu sehen, dass er lodert. Ohne selbst zu verbrennen. Das soll mal erst einer nachmachen. Brennen ohne zu verbrennen. Ja und gegen den blauen Himmel, der im unteren Bereich auf einem unverschämt ins Weiße übergehenden, kein bisschen transparenten Luftsockel steht, zeigen sich wabernde Luftturbulenzen. Ähnlich, wie man sie über offenem Feuer, oder bei großer Hitze über dem Straßenbelag sehen kann.

Wen wundert's, der Feuerbusch ist immer aufgeregt, wenn die Sonne scheint. Feuer und Sonne gehören schließlich zusammen. Lädt er sich auf? An solchen Tagen befürchte ich manchmal, dass er nicht nur züngeln wird, sondern auch brennen. Und mit ihm würde, o Schreck, das ganze Haus abbrennen. Möglicherweise würde wegen des Funkenflugs auch das Hühnerhäuschen dem Feuer zum Opfer fallen.

Vielleicht ist unser Feuerbusch mit den berühmten Büschen in der Bibel verwandt, die oft mir nichts, dir nichts zu brennen begannen und obendrein noch mit den Menschen sprachen. Meist waren es Botschaften von größter Wichtigkeit. Oft direkt von Gott oder Engeln kommend. Feuerbüsche sind von ernsthafter Natur. Mir ist kein Fall bekannt, in welchem ein brennender Busch nach der Uhrzeit gefragt, oder einen Witz erzählt hätte. Man sollte die Feuerbüsche also durchaus ernst nehmen. Ich bin nicht mehr ganz sicher, ob diese biblischen, brennenden Büsche, mit dem Feuer verbrannt sind und es deshalb keine mehr gibt, oder ob dieses Feuer ein freundliches war, ähnlich dem beim Feuerlaufen. Im letzteren Fall hätte es dem Busch nicht geschadet.

Unser Feuerbusch steht definitiv zu nah am Haus. Da ist Brennen keine Option. Sprechen könnte er allerdings schon, find ich. “Sag doch was, sag doch endlich was! Hat es dir die Stimme verschlagen? Oder hast du den Kontakt zu Gott und den Engeln verloren?” Bruno grödelt. “Nein, Bruno, du bist nicht gemeint. Ich spreche mit dem Feuerbusch.” Bruno sieht mich eigenartig an. Für den Augenblick ist er sprachlos. Ein krähloser Gockel sozusagen.

Nach einer Weile wendet sich Bruno mir zu und grummelt. Aha, die Bröselbelieferung geht ihm zu langsam. “Hier, da hast du ein großes Stück.” Immer wieder bin ich erstaunt, welche Vielzahl an sprachlichen Ausdrucksmöglichkeiten ein Gockel hat. Die Hühner auch. Manche Töne verwendet er in verschiedenen Tonhöhen, wohl auch in unterschiedlichen Bedeutungen, gerade so, wie das bei den Chinesen beim Sprechen üblich ist.

Ruhe kehrt ein, das Umfeld tritt zurück, ich sinke in einen Zustand, fast hätte ich ihn Halbschlaf genannt. Nein, das ist es nicht. Eher ist es die Abwendung vom Äußeren, eine Fokussierung hin auf etwas unbestimmtes Inneres. Nein, das ist es ebenfalls nicht. Es ist das Gegenteil von Fokussierung. Aber nach innen. Wie auch immer: Die Gedanken brauchen Stoff zum Denken, sie möchten immer denken, vor sich hin denken, weiterdenken, vergleichen, etwas anregen, wie Kühe, das tausend Mal Gedachte wiederkäuen. Meist passt es ihnen nicht, wie es gerade ist. Immer wird herumkritisiert, lausige Vorschläge werden vorgebracht. “Denkt, was ihr wollt, verflixt noch mal, denkt doch hierhin oder dorthin, wie ihr wollt, denkt gar über das, was ihr denken wollt hinaus, irgendwohin, am besten an einem Platz, wo ich nicht bin.

Lasst mir meine Ruhe!" Wie so oft verstummen die Gedanken nur für kurze Zeit, sind von meiner Rüge kaum beeindruckt. Dann denken sie weiter, grübeln, bohren in der Vergangenheit herum. Plötzlich taucht die Geschichte mit der Hecke auf. Unglaublich, das ist lange her. Mit der guten Nachbarin hat es ein böses Ende genommen. Aber das ist eine andere Geschichte.

Bei der Pflanzung der Hecke, die uns auf unserer Seite des Drahtgeflechtzauns an der Südseite unseres kleinen Grundstückes Sichtschutz bietet, habe ich einen Fehler gemacht. Ich habe sie zu nah an die Grundstücksgrenze gesetzt und nicht bedacht, was später geschehen könnte. Man sollte aus rein praktischen Erwägungen die Möglichkeit haben, die Hecke von beiden Seiten zu schneiden. Auf seinem eigenen Grundstück. Weil ich aber die Hecke zu nahe an den Zaun gepflanzt habe, ist das nicht möglich und ich muss deshalb auf das Grundstück der Nachbarn, um von ihrer Seite aus, die Hecke schneiden zu können. Das sollte bei normalen nachbarschaftlichen Verhältnissen kein Problem sein. Allerdings habe ich auch nicht bedacht, dass meine Gattin mit der Nachbarin Streit bekommen könnte. Dieser Streit eskalierte leider mit den Jahren und führte dazu, dass die Nachbarin ohne Absprache mit uns auf ihrer Seite, direkt auf der Grundstücksgrenze, eine hohe Wand aus dunklem Holzgeflecht errichten ließ. Diese überragte unsere Hecke bei Weitem, was von uns aus Gesehen nicht nur scheußlich aussah, sondern darüber hinaus einen unschönen Schatten warf. Ein weiterer Nachteil des Holzgeflechts war, dass die Ästchen der Hecke durch die Flechtlücken wuchsen und somit die Hecke trotz der Wand auch auf der Seite der Nachbarin geschnitten werden musste. Ich habe sie gefragt, warum sie dieses Monstrum errichten ließ. Die Antwort war, dies diene einzig dem Schutz unserer Hühner und Katzen vor ihrem Hund. Wir sollten froh und dankbar sein, dass sie so um das Wohl unserer Tiere besorgt sei und sich solch hohe Ausgaben gemacht habe, vom Zeit-

aufwand und den damit verbundenen Unannehmlichkeiten mit den Handwerkern gar nicht zu reden. Gegen eine solch großherzige Einstellung konnte ich nicht viel vorbringen. Überrascht war ich von der Vermutung, dass der alte Hund der Nachbarin einen Schutzzaun mit etwa zweimeterachtzig Höhe benötigte.
In den nächsten Jahren ließen wir, um diese Scheußlichkeit zuzudecken, unsere Hecke etwas höher als das Holzgeflecht wachsen. Jetzt sieht die Sache wieder ganz gut aus. Der Garten ist allerdings noch schattiger geworden. Nachteil ist unter anderem, dass die Hecke nun viel zu hoch und daher schwierig zu schneiden ist.

Bisher berichtete ich nur von der Nachbarin. Es gibt auch einen zu ihr gehörigen Nachbarn. Er ist zurückhaltend und bescheiden, er tritt kaum in Erscheinung. Vermutlich geht es ihm ähnlich wie mir mit meiner Gattin. Wir Männer bewegen uns nicht im Vordergrund, verhalten uns meist ruhig, um Ärger zu vermeiden. Man könnte auch sagen: "Der Klügere gibt nach." Für mich selbst habe ich diesen Satz umgedeutet in: "Der Dümmere ist schwach." Wie auch immer, wir beide akzeptieren, dass wir uns zu Hause im Reiche unserer Gattinnen befinden und verhalten uns entsprechend. Sodass wir nicht wirklich ins Gewicht fallen. Der Nachbar braucht also im Folgenden vorerst nicht eigens erwähnt zu werden.

Meine Gattin hasst die Nachbarin seit Jahren so gut sie nur kann, wünscht ihr nichts Gutes. Das ist tatsächlich etwas dezent ausgedrückt. Wann und warum der Ärger angefangen hat, weiß ich nicht zu sagen. Wahrscheinlich war der Grund dafür eine dieser Kleinigkeiten, welche die Damen so schrecklich stören und die uns Männern gar nicht auffallen würden.

Probleme sind zu bearbeiten,
solange sie noch handlich sind.

Herbert

“Sie tut so, als wenn sie ganz nett wäre, aber in Wirklichkeit spielt sie das nur vor. Sie ist ein Teufel, außerdem muss sie alles besser und schöner haben als wir.” So oder so ähnlich drückt sich meine Gattin in ihrer deutlichen Art aus.
“Wahrscheinlich ist sie gar nicht so schlecht, sondern es kommt dir nur so vor”, antworte ich dann gelegentlich, was zwangsläufig zu einer Rüge führt. “Auf welcher Seite stehst du überhaupt? Als mein Ehemann solltest du ganz klar zu mir stehen. Ohne Diskussion! Zu einhundert Prozent. Gleichgültig worum es geht, unabhängig davon, wer Recht hat. Meine Feinde haben deine Feinde zu sein! Punkt! Und verhalte dich bitte entsprechend!” “Ich will dir ja nur klarmachen, dass die Nachbarin gar nicht so übel ist und es besser wäre, mit ihr in guter Nachbarschaft zu leben”, werfe ich ein. “Typisch für dich, du stellst dich immer auf die Seite der anderen. Aber wer kocht und wäscht für dich, wer räumt deinen Dreck weg?”, entgegnet sie mir mit zornig blitzenden Augen und sich vertiefender Stirnfalte. Jetzt bin ich besser diplomatisch. Diesen Gesichtsausdruck kenne ich gut. Er zeigt, dass sie kurz vor einem Ausbruch steht. Das brauche ich jetzt nicht. Das muss nicht sein.

Die Sehnsucht ist es, die unsere Seele nährt
und nicht die Erfüllung.

Arthur Schnitzler

Das Heckenschneiden ist nicht gerade mein Hobby. Aber es sollte nun bald erledigt werden. Am besten wäre es, einen Fremden die Hecke schneiden zu lassen. Aber ich habe schon zu lange gewartet. Das macht mir keiner mehr. Ich muss selbst ran. Das Wetter passt heute. Es ist trocken und nicht zu heiß.

Im letzten Jahr habe ich wohl nach dem Schneiden der Hecke die Schnittreste, die am Boden lagen, nicht so gut zusammenge-

recht und entsorgt wie die Nachbarin es von mir erwartet hatte. Sie ist in allem, was sie tut peinlich genau und erwartet das erst recht von den anderen. Ehrlich gesagt, ich war wirklich froh fertig zu sein und mich zurückziehen zu können. Für meine Begriffe war der Boden total okay und sauber. Die Werkzeuge hatte ich gerade aufgeräumt, die Leiter zusammengeklappt und mir ein wohlverdientes Bier eingeschenkt. Das hielt ich in der Hand und betrachtete Bierschaum und Hecke, während ich an ihr entlanggging, mit einer angenehmen Mischung aus Zufriedenheit und Wohlwollen. Nun wäre das Thema für ein Jahr durch, dachte ich. Gott sei Dank! Die Nachbarin war jedoch anderer Meinung. Gerade als ich den ersten Schluck trinken wollte, wurde ich von ihr mit schriller, sich fast überschlagender Stimme, in ihren Garten zitiert. Ich solle noch eine Hand voll Blätter wegräumen. Lächerlich, wegen der paar Blätter so eine Aufregung! Das hätte sie mit einem Minimum an gutem Willen selbst erledigen können.
Meine Gattin hatte den Aufschrei gehört, stand flugs vor der nachbarlichen Gartentür und schrie zurück. Sie überschreit so leicht keiner, mit ihrer wirklich kräftigen Stimme. Der nicht erwähnenswerte Nachbar, der unbemerkt dazugekommen war, stand genauso fassungslos neben der Szene wie ich. Ich schämte mich wegen dieses Skandals. Der nicht erwähnenswerte Nachbar sah unsicher auf den Boden. Dann kreuzten sich unsere Blicke. "Dass du mir die Blätter ja nicht anrührst, sonst kannst du was erleben", schrie meine Gattin mit hochrotem Kopf. Die gefährliche Stirnfalte zeigte sich überdeutlich. "Es reicht schon, wenn wir die Hecke auf ihrer Seite schneiden. Die sollen ihren Dreck gefälligst selber wegräumen!" Mir war klar, einer von uns Männern musste sich nun opfern. Von den Frauen war nichts Konstruktives zu erwarten. Einer von uns beiden musste das unvermeidliche Martyrium auf sich nehmen, um die Sache zu bereinigen. Wir sahen uns unsicher in die Augen, zögerten. Die Frauen überhäuften sich derweil mit Nettigkeiten. Warum um Himmels willen sollte ich mir den Ärger

zuziehen? Hatte ich nicht schon genug davon am Hals? Gerade als ich dies dachte, überschwemmte mich überraschend eine Welle von unbekanntem, völlig unerklärlichem Mitgefühl für den nicht erwähnenswerten Nachbarn. Ohne weiter an die Folgen zu denken, opferte ich mich spontan und mit Freude für meinen Leidensgenossen, bückte mich und räumte beherzt mit einem einzigen Griff beider Hände, die Blätter weg. Das Gesicht der Nachbarin änderte sich blitzschnell, zeigte nun volle Zufriedenheit und Schadenfreude. Sie hatte gesiegt! Der nicht erwähnenswerte Nachbar drehte sich um und ging wortlos ins Haus zurück. Dabei hingen seine Arme schlaff von den Schultern, der Blick war auf den Boden gerichtet. Was mir meine Gattin anschließend erzählte, will ich hier lieber nicht wiedergeben.
Der nicht erwähnenswerte Nachbar grüßt mich seit diesem Vorfall sehr freundlich. Allerdings sieht er sich vorher um, und prüft genau, ob sich eventuell seine Gattin in der Nähe befindet.

Eine kalte Hundeschnauze ist wärmer
als manches Menschenherz.

Enrique

Das war, wie gesagt, im letzten Jahr. Alles Zögern und Warten hilft nichts, ich hole mir die Staffelei, das Verlängerungskabel, die nötigen Werkzeuge und fange an, auf unserer Seite zu schneiden. Die Hühner, obwohl ich sie als sensible Wesen betrachte, nehmen von den Arbeiten keine Notiz. Unser Rottweiler Enrique sitzt unten, seitlich neben der Staffelei und sieht mir aufmerksam zu. Routiniert setzt er sich immer dorthin, wohin ich gerade die

Staffelei versetzen möchte. Jedes Mal muss ich ihn dann mit einem Leckerli weglocken. Das Wegziehen mit der Leine ist zu anstrengend und ist mir darüber hinaus zuwider. Enrique lässt sich nicht von herabfallenden Zweigen irritieren. Zuverlässig bleibt er an seinem Platz. Ein echter Rottweiler. Ab und zu geht jemand mit einem Hund auf der Straße vorbei. Dann flitzt Enrique zum Zaun, bellt einige Male wild und trottet dann zufrieden zu seinem Platz neben der Staffelei zurück. Nicht ohne um sich zu sehen, ob auch alle seine Heldentat bemerkt haben.

Unsere Katzen haben sich in sicherem Abstand in einer Reihe niedergelassen und beobachten interessiert die Szene. In ihrer Mitte sitzt der komplett schwarze Herr Brummi, der Katzenfamilienchef, das Alphatier. Man sieht ihm sofort seinen Rang an. Als einziger Kater hat er den Schwanz nach oben und vorne gebogen, sodass ein fast exakter Kreis entsteht. Das Ende des Schwanzes zeigt auf ihn, als ob er sagen wollte, ich bin der Chef. Majestätisch und würdevoll sieht er aus. Und so bewegt er sich auch. Der Kater Michael, unser Michaelchen, graugrünlich-schwarz getigert, schaut verdrießlich drein. Er hat wohl heute sein Boulliönchen noch nicht bekommen. Michael ist der feinfühligste und rücksichtsvollste unter unseren Katern. Noch nie hat er ins Haus gemacht, wie dies bei den Damen, insbesondere bei Lily öfters vorkommt. Meine Gattin weiß immer sofort, welche Katze etwas angestellt hat. Ein großes Rätsel für jemanden wie mich, der einfach gestrickt ist und nicht über so feine Sinneswerkzeuge wie sie verfügt. Der Kater Leo, schwarz mit einem kleinen, weißen Fleck auf dem Brüstchen, der zweite in der Hierarchie, hat seine eigenen Rituale entwickelt.

Zum Beispiel, wenn ich abends vom Büro nach Hause komme, läuft er mitten auf die Straße, ungeachtet der Gefahr, die durch das Überfahren durch das Auto droht. Da ich sein Ritual kenne, fahre ich langsam, habe einen Fuß auf der Bremse. Leo begrüßt mich mit einigen Purzelbäumen quer über die Straße. Das sieht wirklich drollig aus. Anschließend setzt er sich an den Straßenrand und wartet, bis er für seine Leistung gebührend gestreichelt wird. Auch verbal möchte er gelobt werden. Dann strahlt er mich mit seinen grünen Augen an. Und macht mit seinem Schwanz die für ihn typische links-rechts Zufriedenheitsbewegung. Das finde ich ein sehr schönes Begrüßungsritual. Vorausgesetzt, die Straße ist nicht zu staubig. Dann fühlt sich sein Fell rau und körnig an, wenn man drüberstreichelt. Wenn es regnet, wirft sich Leo auch schon mal in eine Pfütze. Dann muss ich aufpassen, dass ich nicht nassgespritzt werde, wenn er sich ausschüttelt. Anschließend sitzt er vor mir wie ein begossener Pudel, falls man so einen Vergleich für einen Kater überhaupt bemühen darf. Ein schmutziges und nasses Katzenfell zu streicheln ist nicht so angenehm. Aber Leo beharrt mit gutem Recht auf seiner Belohnung. Wer wird schon von einem Kater durch einen Purzelbaum begrüßt! Da sollte man so kleine Unannehmlichkeiten klaglos akzeptieren. Katzen sind lernfähig. Nach einigen Monaten, in denen Leo die Art und Weise des Vorpurzelns noch verfeinern konnte, purzeln nun andere Katzen nach. Unsere dreifarbige elegante Leni zum Beispiel. Sie purzelt nicht wie Leo über den Kopf, sondern rollt sich eher seitlich ab, deutet minimalistisch an. Man könnte ihre Performance eher als Halb- oder Damenpurzler bezeichnen. Der schwarze Kater Berti mit seinem kleinen weißen Fleck am Bauch, der an einen Tanga oder an ein Unterhöschen erinnert, zeigt die perfekteste Performance. Allerdings ist er schon mit einem Purzelbaum zufrieden, während Leo mindestens drei davon vorführt. Nelly, meist Nellinze genannt, ist dagegen ganz Dame und deutet den Purzelbaum lediglich als seitliche Drehung leicht an, etwas sparsamer als Leni. Die Katzenmama Kathi sitzt am Straßenrand und sieht sich die Vorführungen kritisch bis empört an. Wahrscheinlich denkt sie, dieses Ritual sei nicht katzengemäß. Manchmal meine ich zu sehen, wie sie ihren Kopf schüttelt. Sie hat bisher noch nie am Purzeln teilgenommen. Ob die anderen Katzen irgendwann angemessen mitmachen werden, ist ungewiss. Bekanntlich mögen Katzen den Regen nicht. Wenn es dazu kommt, schrumpft das Begrüßungskomitee auf Leo zusammen.

Leo zeigt auch sonst auf eine sehr spezielle Art, was er sich wünscht. Wenn er gestreichelt werden möchte, springt er hoch, wirft sich in meinen Schoß und entspannt sich dermaßen, dass er wie ein nasses Handtuch links und rechts von den Oberschenkeln herunterhängt. Wenn ich dann anfange ihn zu streicheln, schnurrt er auf eine so leidenschaftliche Weise, dass er mich manchmal an meine Schwiegermutter, Gott hab sie selig, erinnert. Sie hat, wenn sie uns besuchte, im Nachbarzimmer geschlafen und dabei so laut geschnarcht, dass an Schlafen oft nicht zu denken war. Gefürchtet waren ihre Atempausen, welche oft länger als eine Minute angedauert haben. Ich dachte schon oft dabei, sie sei gerade gestorben, als sie sich wieder mit einem ungeheuer tiefen, kolossalen Schnarchgewitter in dieser Welt zurückmeldete. Keiner ihrer Schnarchzüge glich dem anderen, sodass man nie wissen konnte, wie groß die Gefahr nun wirklich ist.

Wenn Leo längere Schnurrpausen einlegt, packt mich die Angst ebenfalls und ich prüfe, ob er noch atmet, bin mir unsicher, schüttle ihn. Damit er mir ja nicht unter den Händen wegstirbt, weil er vor Vergnügen das Atmen vergisst. Dann schaut er mich wie durch einen Schleier, aus großer Ferne kurz an, als ob er sagen wolle, warum störst du mich denn, jetzt wo ich mich so wunderbar fühle. Er lässt sich weiter hängen, schnurrt leidenschaftlich vor sich hin. Weiß Gott wie oft ich ihm das Leben durch das Schütteln schon gerettet habe!

Nur tote Fische schwimmen mit dem Strom.

Der zweite Ritter

Die Arbeit an der Hecke fällt mir heute schwer. Ich habe Herzschmerzen. Das hatte ich vor einem Jahr noch nicht, als ich die Hecke zuletzt geschnitten habe. Das tut ordentlich weh, zieht in den linken Arm hinein, bis hinunter in die Hand. Deshalb muss ich etwas langsamer arbeiten und Pausen machen, sage ich mir. Aber mit dieser Idee bin ich mit mir im Widerspruch. So schnell es geht, möchte ich diese unangenehme Tätigkeit zu Ende bringen. Das nervt mich obendrein. Nach einer guten Stunde bin ich mit unserer Seite fertig, schicke mich an zur Nachbarin zu gehen, um dort weiterzumachen.

Nur wer die Sehnsucht kennt, weiß, was ich leide.

Johann Wolfgang von Goethe

"Rede ja nicht wieder so freundlich mit ihr. Letztes Jahr hast du dich reinlegen lassen. Erinnerst du dich? Natürlich weißt du das nicht mehr. Stimmt's! Möchte wirklich wissen, was du im Kopf hast! Sie hat gesagt, dass du schlecht aussiehst", erinnert sie mich unnötigerweise. Ich habe das nicht vergessen. So etwas lässt man sich nur ungern von einer hübschen Frau sagen. Darüber hinaus musste ich mir diese Aussage wochenlang von meiner Gattin anhören. Damals hatte ich mich damit getröstet, dass die Nachbarin bestimmt nur meine Gattin ärgern wollte. So schlecht sehe ich wirklich nicht aus! Meine Gattin fährt fort, in dem sie sich unnötigerweise wiederholte. "Schlecht siehst du aus, hat sie gesagt, ja, irgendwie krank hat sie besonders betont. Diesmal muss es umgekehrt laufen. Sag ihr sofort, wenn du sie siehst, dass sie schlecht aussieht und dumm auch", erhalte ich meine Anweisungen. Zu allem sage ich Ja und Amen, nehme mein Handwerkszeug und verlasse unseren Garten durch die kleine Gartentüre. Beim

Umdrehen sehe ich mit Schrecken, dass es sich meine Gattin hinter der Hecke bequem macht und auf Lauschposten geht.

An der Gartentür der Nachbarin angekommen, klingle ich. Die Nachbarin öffnet. Ich gehe ihr entgegen. Sie trägt ein rosa Nachthemd mit freizügigem Ausschnitt und darüber einen offenen Morgenmantel gleicher Farbe. Sie sieht kein bisschen krank aus. "Guten Morgen, Frau Nachbarin, ist es Ihnen recht, wenn ich jetzt die Hecke schneide?", frage ich vorsichtig und lächle sie dabei an. "Das ist sehr erwünscht", sagt sie, "es ist auch höchste Zeit." Da hat sie allerdings recht. Die Triebe, die durch die Ritzen des Holzgeflechts wachsen, sind mindestens einen halben Meter lang. Ihr zu sagen, dass sie schlecht aussieht bringe ich nicht übers Herz. Und zu sagen, sie sei dumm schon gar nicht. Sie sieht eher traurig aus. "Sie sehen aber heute sehr traurig aus", sage ich leise.

Mit einem Auge habe ich die Hecke im Visier, hinter der sich meine Gattin postiert hat. Vielleicht habe ich Glück und sie kann das Gesprochene nicht verstehen. Vielleicht, hoffe ich, fährt ja gerade ein Lastwagen auf der Straße vorbei, oder Enrique bellt. "Ja, leider", antwortet sie mit einem offenbar gut geübten, unschuldig wirkenden Augenaufschlag. Ich strenge mich an und versuche ihr gegenüber kritisch zu bleiben. "Unsere Emma ist gestorben." Ihre großen blauen Augen sehen mich todtraurig an. Sie verliert einige Tränen und trocknet sie mit einem winzigen weißen Spitzentüchlein, das sie aus einem ebenso winzigen Täschchen aus ihrem Nachthemd zaubert. "Was, die arme Emma?" Ich antworte ihr, dass ich das sehr bedaure. Das stimmt auch, obwohl ich ihren scheußlichen, ständig kläffenden Boxer nie leiden konnte. Und unsere Katzen hat er auch gejagt. Grundsätzlich mag ich keine Boxer. Sie speicheln und sehen brutal aus.

Dass der Hund gestorben ist, soll meine Gattin ruhig hören, fällt mir ein. Vielleicht entwickelt sie Mitgefühl für die Nachbarin. Das käme passend und würde die Lage womöglich entspannen. Vielleicht würde sich sogar ihre Einstellung zur Nachbarin dadurch etwas verbessern. Meine Gattin liebt nämlich Tiere sehr. "Es tut mir Leid, dass ihr Hund gestorben ist", wiederhole ich sehr laut in Richtung Hecke, damit es meine Gattin auch gut hören kann. "Das tut mir sehr leid mit Emma", wiederhole ich noch einmal, dieses Mal etwas leiser. Das zweite Bedauern erscheint mir nun doch zu viel des Guten gewesen zu sein, das kommt bei meiner Gattin sicher nicht gut an.

"Ich fange dann mal an mit dem Schneiden", brumme ich beim umdrehen und deute auf die Hecke, bevor ich in ein Gespräch über die Todesursache ihres Hundes verwickelt werde und so weiteren Ärger auf mich ziehe.

Jetzt merke ich erst, dass ich vergessen habe die Staffelei mitzubringen. Verdammt! Ich muss zurück in unseren Garten, um sie zu holen. Meine Gattin steht derweil auf ihren Zehenspitzen ganz oben auf der Staffelei und späht durch die Hecke und die Ritzen im Holzgeflecht auf die andere Seite. Sie klammert sich dabei mit beiden Händen an die nahen Äste eines leider unfruchtbaren Zwetschgenbaums, den ich schon längst hätte abschneiden sollen. Sie ist nicht schwindelfrei, aber wenn es so wie jetzt darauf ankommt, überwindet sie solche kleinen Schwächen locker. "Kann ich bitte die Staffelei haben?", frage ich. Ohne Staffelei kann meine Gattin allerdings nicht von oben auf die andere Seite sehen. Von unten hat man keinen guten Überblick. Zudem sind die Ritzen in der Holzwand ziemlich schmal. Widerstrebend steigt sie die Staffelei herunter. "Wie kannst du nur so lange und so freundlich mit ihr sprechen. Versuche gar nicht dich rauszureden. Geschieht ihr gerade recht mit ihrem widerlichen Köter", zischt sie mich an.

Flink verziehe ich mich mit der Staffelei, stelle sie bei der Nachbarin auf. Sie hat sich inzwischen umgezogen und wieder aus dem Haus gewagt. Aus der offenen Türe schleiert frischer Kaffeeduft. Mmmmh. Bekleidet ist sie mit einer blauen Arbeitsschürze, darunter eine rosa Bluse mit abenteuerlich tiefem, appetitlichem Ausschnitt. Sie gesellt sich zu mir, direkt neben die Leiter, nimmt sozusagen die Position von Enrique ein und schnippelt an einer unscheinbaren Pflanze mit einem kleinen Scherchen herum. Ich klettere auf die Staffelei. "Wie geht es denn immer so", fragt sie. Ich sehe nach unten. Direkt in ihren Ausschnitt. Schnell stecke ich mit schlechtem Gewissen meine Nase in die grüne Hecke, tue so, als ob ich nichts gesehen und nichts gehört hätte und mache die elektrische Heckenschere an. Nun bin ich erst mal gerettet. Enrique quietscht und bellt das ich-möchte-bei-dir-sein-Bellen auf der anderen Seite der Hecke. Jetzt nur nicht beirren lassen, flink weiterschneiden. Mein Herz schmerzt stärker, der Schmerz hat nun schon den rechten Arm mit einbezogen. Bis hinunter zur Hand! Ich spüre einen Schweißausbruch nach dem anderen. Jetzt nur keine Pause machen. Jetzt nur durchhalten!

Im Augenwinkel sehe ich an ihrem Verhalten, dass die Nachbarin langsam die Geduld verliert. Unverrichteter Dinge gibt sie ihren Posten schließlich auf und zieht sich ins Haus zurück. Aber Achtung! Das ist noch keine Entwarnung! Später sehe ich, dass die unscheinbare kleine Pflanze übel zugeschnitten ist. Sie ist noch kleiner und unscheinbarer geworden.
Der nicht erwähnenswerte Nachbar hat sich bisher nicht gezeigt.

Endlich bin ich fertig mit dem Schneiden. Gott sei Dank! Eilig reche ich das Laub und die Triebe zusammen, packe sie in den mitgebrachten Korb. Die kleinen Blättchen reche ich, nachdem ich mich mit einem Rundblick versichert habe, dass mir niemand zusieht, unter eine Konifere. Wird schon nicht auffallen. Die abgeschnittenen Zweige duften herrlich. Gerade als ich gehen will, taucht die Nachbarin wieder auf. Mit einem roten Eimer und einer kleinen Handharke macht sie sich wieder neben mir zu schaffen.

Irritiert nehme ich den Korb voller Blätter und Ästchen und gehe damit in unseren Garten zurück. Dort erwartet mich schon meine Gattin, das Ohr noch an der Hecke. "Was hat sie gesagt? Alles konnte ich nicht verstehen. Aber berichte bitte ohne diplomatische Veränderungen. Denk daran, ich kenne dich genau." Die Stirnfalte vertieft sich wieder. "Erst muss ich drüben aufräumen, lass uns die Sache später besprechen." Mit einem flauen Gefühl im Magen gehe ich wieder zur Nachbarin zurück. "Schön haben Sie geschnitten. Aber hier und dort", sie zeigt mit ausgestrecktem Zeigefinger nach hier und dort, "diese Stellen haben Sie übersehen. So geht das natürlich nicht. Und die Blätter unter der Konifere bitte auch wegräumen", empfängt sie mich mit blitzenden Augen.

"Wo bleibst du so lange", tönt es von der anderen Seite der Hecke herüber. "Gleich bin ich so weit, drängle doch nicht immer so", erwidere ich und versuche fröhlich zu klingen. "Aber erst wird hier ordentlich fertig gemacht", wirft die Nachbarin mit erhobener Stimme ein. Ich fange wieder an zu schneiden. Der Gockel kräht. Die Schere rattert laut.

Dann reche ich alles auf einen Haufen. Meine Gattin meldet sich wieder. "Wieso hast du den Korb mit den Blättern zu uns herübergetragen? Bist du verrückt geworden? Lass doch den Abfall bei ihnen. Komm mir ja nicht mit dem Rest hier rüber! Und den Korb nimmst du wieder mit." "Das kommt nicht infrage", schreit nun die Nachbarin, die über ein feines Gehör verfügt, "das ist eure Hecke, nehmt gefälligst euren Dreck mit, sonst werde ich ungemütlich!" Ich stelle mich schwerhörig, wende mich von der Hecke ab und reche in einer entfernten Ecke weiter, obwohl dort gar kein

Laub liegt, um etwas Zeit zum Nachdenken zu gewinnen. Egal, was ich nun mache, es wird falsch sein. Das zeigt die Erfahrung.

Nun geht die Haustüre der Nachbarin auf und völlig überraschend kommt der nicht erwähnenswerte Nachbar gemessenen Schrittes heraus. Was will er hier, scheint der Gesichtsausdruck der Nachbarin zu sagen. Alle Augen ruhen auf ihm. Er geht auf mich zu. Wortlos und unsicher nimmt er mir den Rechen aus der Hand, recht die wenigen verbliebenen Reste der Triebe und Blätter zusammen. Dann kniet er sich neben die Konifere auf die Erde und säubert unter ihr den Boden. Er gibt alles in den roten Eimer. Ungläubige Stille kehrt ein. Wir stehen da, sprachlos, wie versteinert. Die Zeit bleibt fast stehen, mir ist, als ob ich die Szene in Zeitlupe sehen würde. Der kleine Garten wird vor meinen Augen weit und weiter, dehnt sich in alle Richtungen über sich hinaus. Dabei wird die Nachbarin kleiner und kleiner, bis sie endlich von der Konifere überwachsen wird.

Der zerschnibbelte kleine Strauch bläht sich auf. Einen Augenblick später fällt das schöne Bild in sich zusammen. Die Nachbarin taucht wieder aus der Konifere auf, beobachtet mit offenem Mund sprachlos ihren Gatten. Ein unglaublicher Vorgang hat sich gerade zugetragen. Vermutlich der erste dieser Art in ihrem Leben. Dann bricht der Sturm los. Sie schreit auf den armen Nachbarn ein. Ihre Stimme überschlägt sich, dabei macht sie bedrohliche Gebärden, fuchtelt herum, kommt ihm gefährlich nahe. Nun wendet sie sich der Hecke zu und plärrt in Richtung meiner dahinter befindlichen Gattin. Die beiden Damen schreien nun, ohne sich zu sehen, jede in den höchsten Tönen in Richtung

Hecke. Die Nachbarin gestikuliert wild, meine Gattin ist zum Glück meinen Augen verborgen.

Der nun erwähnenswerte Nachbar und ich sehen uns wortlos an. Voller Verständnis und Mitgefühl. Wir wissen, es gibt keine Möglichkeit schlichtend einzugreifen. Wir sind machtlos. Hier ist Hopfen und Malz verloren. Seine Augen geben ein Zeichen in Richtung Gartentüre. Wie auf ein Kommando, spontan und ohne uns umzusehen, verlassen wir den Garten. Die Gartentüre schließe ich leise hinter mir. Leise wäre nicht nötig gewesen. Die Damen bemerken ohnehin nicht, dass wir weggehen. Wortlos spazieren wir nebeneinander in südlicher Richtung, die schmale Straße entlang. Ein Auto fährt an uns vorbei, übertönt kaum das Geschrei. Langsam verliert sich das Brummen des Motors in der Ferne. Wir hören noch ein Weilchen die Stimmen der Damen. Je weiter wir uns von zu Hause wegbewegen, desto leiser werden sie, bis schließlich nichts mehr von ihnen zu hören ist. Eine wunderbare Stille kehrt ein. Mir fällt auf, dass wir ohne das vorgehabt zu haben im Gleichschritt gehen. Die Sonne scheint uns warm ins Gesicht. Der nun erwähnenswerte Nachbar lächelt mich etwas unsicher, vorsichtig an. Gerne lächle ich zurück. Meine Herzschmerzen sind wie weggeblasen. An der nächsten Ecke befindet sich schon das Wirtshaus. Das Schild über der Eingangstür zeigt die schwarze, altertümlich verschnörkelte Aufschrift "Zur Schießstätte". Nein, schießen wollen wir bestimmt nicht, aber ein frisches Bier ist nun höchst willkommen.

Das Alte stürzt, es ändert sich die Zeit
und neues Leben blüht aus den Ruinen.

Friedrich von Schiller

So ganz zufrieden mit dem Schluss des vorstehenden Kapitels bin ich nicht. Ist der Text nicht zu sehr mit männlichen Vorurteilen eingefärbt? Kann man so einen Text unter der Berücksichtigung von "Political Correctness" heutzutage überhaupt noch veröffentlichen? Unabhängig davon, ob das Geschriebene wahr ist? Mir wird unwohl. Wie kommt dieser Text denn bei Ihnen, geneigte Leserin an? Bestimmt nicht gut. Vielleicht wäre es angebracht, eine Alternative anzubieten mit der auch die Damen zufrieden sein können. Nachstehend lasse ich mich gerne auf einen solchen Versuch ein, wenngleich die Wahrheit dadurch etwas verbogen wird.

Wichtiger als die Wahrheit ist jedoch - und da wird mir wohl auch der nun erwähnenswerte Nachbar zustimmen -, dass die weiblichen Leser mit dem Ende der Story zufrieden sind. Und sich nicht ärgern. Immer schön nach dem Motto:
happy wife - happy life!

Also, verehrte Damen, nehmen Sie mir meine Voreingenommenheit bitte nicht übel. Bedenken Sie, dass sie auf bitterer Erfahrung beruht! Vergessen Sie den letzten Teil des Textes. Ich gehe noch einmal zurück zu der Stelle, wo es um das Aufräumen der Blattreste handelt. Weiter geht's.

Nun geht die Haustüre der Nachbarin auf und überraschend kommt der nicht erwähnenswerte Nachbar gemessenen Schrittes heraus. Auf meine Arbeit konzentriert, hätte ich ihn fast übersehen. Alle Augen ruhen nun auf ihm. Er geht direkt auf mich zu, bleibt vor mir stehen und brüllt mit vor Wut bebender Stimme und hochrotem Kopf, aber doch irgendwie unsicher: "Schämen Sie sich, Sie, Sie, Sie Schwein", und er wiederholt, "Sie Schwein." Dann geht er auf seine Frau zu, umarmt die leicht widerstrebende und sagt laut: "Komm, mein Schatz, wir gehen rein, mit solchen Idioten von Nachbarn möchten wir nichts, aber auch gar nichts zu tun haben." Die Nachbarin ist einverstanden, beide gehen ins Haus. Sie schließen die Türe hinter sich, ohne uns auch nur eines Blickes zu würdigen.

Mitmenschen, die mit ihrem Besitz unzufrieden sind,
wären gewiss auch unzufrieden,
mit dem, was sie gerne hätten.

Herbert

Als weitere Alternative, falls Sie der zweite Vorschlag für den Schluss nicht befriedigen sollte, schlage ich vor, dass Sie, liebe und hochgeschätzte Dame, geneigte Leserin, den folgenden freien Raum nutzen und dort Ihren präferierten Schluss selbst niederschreiben. Stichworte genügen. Senden Sie den Text bitte auch an mich. Besonders originelle Versionen werde ich gerne bei der nächsten Auflage mit berücksichtigen und gemeinsam mit der Nennung Ihres Namens abdrucken.

Herzlichen Dank für Ihre Mühe!
Der Verfasser

Nun sind Sie dran, verehrte Dame:

Bruno hat sich neben mich auf die Bank gesetzt. Das Balancieren auf meinem Arm ist ihm auf die Dauer zu mühsam geworden. Nun sitzt er, wie man früher sagte, auf seinen "vier Buchstaben" und döst mit geschlossenen Augen vor sich hin. Die Hühnerdamen haben sich in den Schatten unter den Flieder zurückgezogen, Anna nimmt ein Bad in der Asche des Kachelofens, die ich zu diesem Zweck in der Ecke zwischen dem Haus und dem Wagenhaus, auch Garage genannt, angehäuft habe. Damit sie trocken bleibt. Die Hühner lieben diese Bäder. Dabei schlagen sie mit den Flügeln, plustern sich auf, gackern zufrieden. Am Ende schütteln sie die silbergraue Asche von sich ab. Das gibt eine schöne Staubwolke. Asche, ja, früher füllte man sie in verzinkte, sogenannte Aschentonnen. Bis dann eine neue Zeit kam und anstelle der Asche der Müll in die Plastiktonne wanderte.

"Bruno, ist dir schon mal aufgefallen, dass der Löwenzahn in unserem Garten extrem kurze Stängel hat? Ich meine, im direkten Vergleich zum Löwenzahn im Nachbargarten." "Klar, der Nachbargarten wird selten gemäht. Unserer öfter. Da passt sich der Löwenzahn an und wächst nur wenig in die Höhe. Wer möchte schon, dass ihm der Kopf weggemäht wird?"

Die Liebe ist eine schwere Geisteskrankheit.

Platon

Die folgende Begebenheit aus dem letzten Jahr kommt mir deshalb in den Sinn. Die Hitze ist Grund genug, um für die Hühner einen Sonnenschirm aufzustellen und mit dem Rad zum nahegelegenen Badesee am Rande der großen Stadt zu fahren. Der See ist nur wenige Minuten von unserem Haus entfernt. Wir radeln freudig durch die Wiesen, linker Hand grünt ein frohes Wäldchen. Enrique, unser Rottweiler, trottet dabei geduldig neben uns her.

Wenn wir uns allerdings in Richtung Wasser bewegen, wird Enrique seltsam unruhig. Das ist sonst nicht seine Art. Er rennt dann zwischen unseren Rädern aufgeregt hin und her, quietscht, bellt und grunzt jämmerlich. Gelegentlich schnappt er auch leicht nach den Schuhen. Wozu denn das? Das sehe ich kommen und hieve den betroffenen Fuß rechtzeitig auf die Lenkstange. "Enrique, ruhig, was hast du denn?"

Im Wasser selbst umkreist uns Enrique so nahe am Körper, dass er dabei fast Tuchfühlung hält. So ist an Schwimmen kaum zu denken. Es besteht die Gefahr, dass er uns mit seinen Krallen tiefe Kratzer

zufügt. Alles schon vorgekommen. Das schmerzt grässlich! Die einzige Möglichkeit im Wasser Ruhe zu haben, kann mit Stöckchen werfen gelingen. Enrique schwimmt nach dem Wurf so schnell er kann zum möglichst weit geworfenen Stöckchen, schnappt es sich, bringt es im Eiltempo zurück.
Allerdings nicht ohne immer wieder zu uns her zu sehen. Es könnte ja sein, dass wir im Wasser untergehen und Hilfe benötigen. Dann wäre er sofort da. Er würde uns packen und ans Ufer zerren. Wir würden überleben, allerdings zerkratzt und zerbissen von unten bis oben. Eine andere Rettungsmöglichkeit bestünde aus dem Festhalten an seinem Stummelschwanz. Enrique ist kräftig genug, eine Person über Wasser zu halten und an Land zu ziehen. Alles schon probiert, für den Fall der Fälle.
Enrique, unser starker "Außenhundmotor!"

Mein Ehering ist etwas zu weit. Oder ist mein Finger dünner geworden? Um ihn im Wasser nicht zu verlieren, lege ich die Finger aneinander und presse sie zusammen. So eingeklemmt ist er sicher. Der Trick hat sich jahrelang bewährt. Kürzlich sind wir einige Meter hinausgeschwommen.
Enrique attackierte mich plötzlich mit seinen Krallen dermaßen, dass ich die Finger unbewusst öffnete. Als ich ans Ufer zurückkam, durchschoss es mich wie ein Blitz. Ich sah auf meine rechte Hand: Der Ehering war weg. Futsch! Unwiederbringlich! Der Seeboden ist moorig. Es besteht also nicht die geringste Chance, den Ring wiederzufinden. Was mach ich nur? Wenn dies meine Gattin bemerkt, wird sie den Verlust als böses, oder gar sehr böses Omen betrachten. Sie wird darauf beharren, dass unsere Beziehung bald einem unschönen Ende entgegengeht, dass etwas Schreckliches geschehen wird. Sie wird es unbewusst herbeisehnen, es anziehen und vermutlich so lange nicht ruhen, bis das Schreckliche wirklich geschieht. Dann wird sie sagen: "Ich habe dir gleich gesagt, dass etwas Schreckliches geschehen wird. Das Schicksal kann man nicht be-

trügen. Das ist nun mal so, wenn man den Ehering verliert. Siehst du nun, das kommt davon."

In meiner Not komme ich auf die Idee, den Ehering aus erster Ehe an meinen Ringfinger zu stecken, der schaut so ähnlich aus wie der verlorene. Darüber, dass auch dies Schreckliches verursachen kann und vielleicht auch wird, bin ich mir im Klaren. Allerdings rechne ich durchaus mit weniger Schrecklichem, wenn meine Gattin von dem Verlust nichts weiß.

Einige Tage später. Eigenartigerweise sind wir an diesem See immer die Einzigen, die baden. Darüber haben wir uns oft gewundert und – gefreut.

Enrique ist unruhig, bellt. Da wir in Ruhe schwimmen wollen, binden wir Enrique an eine mittelgroße Kiefer. Er gebärdet sich noch wilder als zuvor. Völlig außer sich reißt er an der Leine, möchte ins Wasser. Wenn Leute da wären, würden sie wahrscheinlich denken, dass wir das arme Tier quälen. Wir aber haben Angst, dass er uns verletzt. Natürlich entleinen wir ihn. Sofort springt er ins kühle Nass. Kaum einige Meter im Wasser, fängt er an zu kratzen, wir kehren um und geben unser Vorhaben zu schwimmen auf.

Das ist auch gut so. Denn in diesem Moment kommen zwei Herren auf Fahrrädern daher. Der ältere der beiden trägt ein gelbrot kariertes, der jüngere ein blau-grün kariertes Hemd. Beide haben die Ärmel hochgekrempelt.

Schon von Weitem hören wir sie schimpfen und schreien, baden, fischen, sich am See aufhalten, alles ist verboten. Nicht nett. Kaum bei uns angekommen und noch außer Atem, lehnen sie ihre Räder an die mittelgroße Kiefer und werfen uns unerlaubtes Baden in einem der Fischzucht gewidmeten See vor. "Wieso sollen wir hier nicht baden, wir baden hier seit Jahren, niemanden hat das bisher gestört. Wir schaden den Fischen doch nicht. Auch in Zukunft werden wir hier baden. Ob Sie das stört oder nicht, nur damit Sie das wissen", erwidert meine Gattin kühl und noch erstaunlich gelassen. "Und außerdem gilt hier Gewohnheitsrecht, wir baden schon viel länger hier als Ihr komischer Verein Fische züchtet", werfe ich mit Seitenblick auf meine Gattin ein. Sie mag es, wenn ich mich für unsere Belange tatkräftig einsetze. "Schließlich bist du der Mann", wie sie oft sagt.

Der Einwurf kommt bei den beiden Herren nicht gut an. "Haben Sie nicht das Schild gesehen?", fragt der blau-grün Karierte. Baden und Campen verboten?" "Ah, Campen ist also auch noch verboten. Gibt es etwas, das erlaubt ist? Ein Schild haben wir wohl gesehen", gebe ich zu, "aber es steht nichts drauf. Es ist absolut leer. Ausgebleicht vielleicht. Es gibt übrigens drei Schilder, aber nirgends steht etwas drauf."

Humor ist wohl das beste Kleidungsstück,
das man in einer Gesellschaft tragen kann.

William Shakespeare

Dann erfahren wir im Detail, welche Mühe es gekostet hat, den See fischtauglich zu machen. Tausende von Stunden freiwilliger und unbezahlter Arbeitszeit und Zehntausende von Euro für Jungfische, Netze, Angeln, Bänke, Anträge, Genehmigungen und weiß der Teufel was noch. Die Männer überschreien sich und steigern sich in die Stunden und die Euros geradezu hinein. "Jawohl, das war eine mühselige Arbeit", brüllt nun der Ältere, "wir haben schon vor Jahren die Gegend hier urbar gemacht." "Und wir Jungen waren jedes Wochenende hier. Auch bei Regen und Schnee im Winter. Einmal hat es sogar gehagelt." "Da warst du Grünschnabel ja noch gar nicht beim Verein, da lagst du noch in den Windeln", ruft der Ältere, lacht hämisch, schubst den Jüngeren von sich weg und blickt, für mich überraschend zornig, auf den blau-grün Karierten. Gestikulierend fährt er fort: "Schon damals haben wir Tausende von Stunden gearbeitet. Nimm zum Beispiel die Bänke." Er deutet auf die Bank neben mir. Alle umstellen die Bank und betrachten sie aufmerksam. Sie ist in jämmerlichem Zustand. Ohne Rückenlehne, die Farbe der Sitzbretter ist abgeblättert. Eines ist durchgefault. Der Jüngere antwortet dem Älteren heftig: "Dass du immer so übertreiben musst, schau dir doch die vergammelte Bank an. Tausende von Stunden, dass ich nicht lache! Wir Jüngeren haben die meiste Arbeit gemacht. Euch Alte sieht man meist nur auf der Weihnachtsfeier, oder beim Freibier."

So geht es eine Weile munter weiter. Derweil haben wir uns angezogen und die Räder bestiegen. "Verschwinden Sie endlich und lassen Sie sich hier ja nicht mehr blicken", schreit der Ältere. "Wie gehen Sie denn mit einer Dame um, Sie Rüpel?", brülle ich zurück, zufrieden mit meinem Auftritt. Einige freundliche Bemerkungen der karierten Herren begleiten uns noch die nächsten paar Hundert Meter. "Früher wär diese, diese sogenannte Dame woanders hingekommen, und zwar ganz woanders", höre ich als Letztes. Zum Glück entging diese Bemerkung meiner Gattin. Erläuterung: Meine Gattin hat Migrations-Hintergrund. Enrique hat den Auftritt mit Staunen, aber ohne Parteinahme beobachtet.

Nun fahren wir zu einem nahegelegenen Baggersee, den meine Gattin nicht mag. Zu viele Nackte. "Das ist nicht gut für deinen Blutdruck", sagt sie, obwohl ich noch nie Probleme mit dem Blutdruck hatte. Es ist genau umgekehrt. Sie hat hohen Blutdruck. Dort angekommen finden wir ein Schild vor, das Hunden den Eintritt verwehrt. Wir fahren nach Hause. Noch gebe ich nicht auf, ich gehe mit Enrique zum Fluss. Das Wasser ist derzeit wegen der allgemeinen Trockenheit zwar nur etwa dreißig Zentimeter tief, trotzdem lege ich mich hinein. Immerhin werde ich nass. Im Schatten der alten Erlen ist das Wasser angenehm kühl. Enrique bleibt ruhig. Offenbar hält er die geringe Wassertiefe für ungefährlich. Er braucht mich also nicht zu retten.

Der Edle versucht es zuerst mit dem Schnabel,
dann erst mit den Krallen.

Bruno

In eine der tieferen Stellen werfe ich einen schwarzen Ast ohne Rinde, der schon viele Jahre im Wasser gelegen haben mag. So hat er die Fähigkeit zu Schwimmen verloren. Für Enrique eine Herausforderung. Er ist erstaunt. Warum taucht der Ast nicht mehr auf? Enrique taucht nach dem Ast, verschwindet bis auf das Stummelschwänzchen unter Wasser. Kommt zurück an die Oberfläche, beutelt sich ab, sodass ein feiner Nebel von Wassertröpfchen gemeinsam mit willigen Sonnenstrahlen ein Regenböglein erzeugt. Ein schönes Zeichen! Nach vielen Tauchversuchen und ebenso vielen Regenböglein hat er endlich den Ast erwischt. Triumphierend sieht er mich an, legt ihn mir vor die Füße. Ich weiß, ein Rottweiler gibt nicht auf. Er lässt auch nicht los, wenn er etwas im Maul hat. Erstaunlicherweise taucht er wieder unter. Mehrmals hintereinander. Was sucht er denn jetzt noch?

An Ausbeute hat er noch einen moosigen Tennisball und einen grünen Plastikigel im Wasser gefunden. Enrique liebt den Plastikigel sehr, zufrieden trotten wir nach Hause. Leider hat der Plastikigel ein Loch. Enrique stört das nicht. Er schleppt ihn den Rest des Tages im Maul herum.

Einige Tage später, wieder am See. Man hat eine der leeren Tafeln beklebt: Baden und Campen verboten. Ich kann meine Gattin nicht dazu bewegen, anderswo zu baden. Wir gehen wieder ins Wasser, Enrique verliert den grünen Plastikigel, dreht fast durch. Dieser geht im See unwiederbringlich unter, gesellt sich zum Ehering. Die beiden Radfahrer von gestern tauchen aus den Büschen auf, sind sofort zur Stelle. Wahrscheinlich haben sie dort tagelang auf uns gewartet. Der blau-grün Karierte ist heute schwarzblau kariert und trägt einen dieser äußerst lächerlichen topfartigen beigen Stoffhüte. Vorne mit einem verblichenen Fisch drauf.
Wenn man jemanden seiner Würde restlos berauben möchte, braucht man ihm nur einen dieser dummen Hüte zu schenken. Ich habe oft darüber nachgedacht, wie ein Gesicht aussehen müsste, damit es in einem solchen Stoffhut noch klug aussieht. Ich kam zu keinem Resultat.
Übrigens: Ich trage auch einen solchen Stoffhut. Gelegentlich. Er ist waschbar, praktisch, man kann ihn überall hineinwursteln, wenn man unterwegs ist. Dabei nimmt er keinen Schaden, in Gegensatz zu einem Strohhut. Den Hut hat mir ein Geografie-Professor in Kuwait geschenkt. Er hat ihn angeblich vor Jahren in Ägypten preiswert eingekauft. Auf ihm sind Schilfpflanzen und ein fremdartiger Vogel abgebildet.

Sieht der Gockel eine Henne, denkt er an die Eier.

Bruno

Der gelb-rot karierte Radler ist heute blau-weiß gestreift. Kurzärmelig. Beide werden sofort verbal massiv, drohen mit der Polizei, mit Gerichtsverfahren, mit Prügeln und dem Ausschluss aus der katholischen Kirche. Das ist nun wirklich zu viel und wir verlassen schimpfend den Ort unserer Niederlage.

Meine Gattin presst wütend heraus: “Morgen überklebe ich die Schilder. Angeln verboten, Baden erlaubt, schreibe ich drauf. Meinen Esel lasse ich doch nicht im Schlamm stecken. Mit mir macht das keiner. Ich muss grundsätzlich das letzte Wort haben, das weißt du ja. Das war immer so und ich werde dafür sorgen, dass es auch so bleibt.” Ich kenne meine Gattin, da hilft kein dagegenreden, es machte nur alles schlimmer.

Ein guter Gockel wird nicht fett.

Bruno

Meine Gattin besorgt sich drei gleichgroße cellophanierte Plakate und Kleber. Mit großer schwarzer Schrift steht darauf: “Angeln verboten, Baden erlaubt.” Heute Abend soll der Coup stattfinden.

Als wir losfahren, ist es schon so dunkel, dass Enrique, schwarzbraun wie er ist, mit dem Hintergrund verschmilzt. Ich verliere ihn aus den Augen. Die Luft ist rein. Niemand ist zu sehen, es ist ein wundervoller, stiller Abend. Schnell erreichen wir die Büsche am See, möchten gerade die Räder abstellen. Plötzlich stürmen mit grässlichem Gebrüll zwei Schatten hinter den Büschen hervor. Vermutlich die Karierten. Gegen den etwas helleren Nachthimmel sehe ich, dass sie mit Prügeln bewaffnet sind und diese über den Köpfen schwingen, die wie zwei unförmige Billardkugeln auf dem etwas helleren Horizont dahinrollen. Ich muss nicht lange überzeugt werden, schnell umzukehren, bin ja ein friedlicher Mensch und gehe dem Ärger aus dem Weg. Wir kriegen die Kurve und machen uns schnellstmöglich davon. Meine Gattin kann überraschend schnell radeln. Ich auch. Enrique taucht kurz aus dem Dunkel im Schein einer fernen Laterne auf. Weit ist er uns vorausgeeilt. Dann verschwindet er wieder in der Dunkelheit.

Enrique. Manchmal denke ich mir, es klappt mit Mensch und Hund so gut, weil der Hund eine ganz falsche Vorstellung vom Menschen und der Mensch eine ganz falsche Vorstellung vom Hund hat. Wenn die Wahrheit nicht ans Tageslicht kommt, kann ein Zusammenleben gelingen. Gilt das auch für Hühner? Ich glaube schon.

Die Liebe hat nicht nur Rechte,
sie hat auch immer recht.

Marie von Ebner-Eschenbach

Am nächsten Abend regnet es. Da sollte niemand am See sein. Als der Regen endlich Lust auf eine Verschnaufpause hat, fahren wir mit unseren Rädern los. Ohne Licht, versteht sich. Ohne Enrique. Ehrlich gesagt, er war in dieser Sache bisher keine große Hilfe. Anstatt die beiden Männer in Schach zu halten, war er der Erste, der sich verkrümelt hat. Von den drei Verbotsschildern schaffen wir es, zwei zu überkleben. Dann sehen wir den Schatten einer Person zwischen den Büschen etwa fünfzig Meter entfernt. Ich bin durch eine brennende Zigarette auf sie aufmerksam geworden. Die Zigarette bewegt sich nicht von der Stelle. Trotzdem ist es besser, die Aktion abzubrechen, sage ich. Meine Gattin schließt sich ausnahmsweise meiner Meinung an, wenn auch widerstrebend. Wir radeln auf dunklen Feldwegen zurück nach Hause.

Am Tag darauf fahren wir wieder mit Enrique zum verbotenen See. Niemand ist zu sehen. Leider ist es zu kalt zum Baden. Ich sehe, dass nun auch das dritte Plakat überklebt wurde. Wir hatten Gestern doch nur zwei Plakate geschafft. Wer war das wohl? "Das habe ich allein in der Nacht erledigt", erläutert meine Gattin, "während du und der Hund schlieft. Meinen Esel lasse ich doch nicht im Schlamm stecken. Und das letzte Wort habe ich auch. Grundsätzlich."

Etliche Monate später im Justizpalast, Gerichtssaal 304. 10.30 Uhr. Meine Gattin ist feierlich und dunkel gekleidet. Schwarze Stöckelschuhe mit hohen Absätzen. Das macht die Damen ein Stück größer. Stöckelschuhe als bewundertes Mittel der Emanzipation.

Irgendwie ist dann doch alles aufgeflogen. Es ist eine nette Anklage gegen uns geworden. Hausfriedensbruch, Beleidigung, Beschädigung von fremdem Gut, Überkleben von Plakaten, Vertreiben von teuren Jungfischen, Benutzen von fremden Bänken und so weiter.

Was das wieder kostet! Aber, wir haben uns wenigstens gegen die Willkür von Fischvereinen gewehrt! Und wir werden uns weiter wehren!

Bei einem Rundgang durch den Garten, erblicke ich Maria. Um Gottes willen, wie sieht denn Maria aus? Schneeweiße Federn fehlen, Hals und Rücken sind blutig. Das Köpfchen blickt scheu und ängstlich zwischen den Blumentöpfen vor. Sie pickt ein Körnchen auf, schaut sich um, zieht sich blitzschnell wieder zurück. Verzweifelt sieht sie aus, gibt auch solche Töne von sich. Derartiges hab' ich nie gehört. Es klingt wie das Glucken der Glucken. Das Wortspiel hört sich seltsam an. Trotzdem lass ich es so stehen. Seltsames mag ich. Ja, wie das Glucken der Glucken hört es sich an, nur fehlt der zufriedene Unterton. Krächzend, verzweifelt, sehr laut klingt es in meinen Ohren. Ein wildes Tier kann es nicht gewesen sein, das Maria so zugerichtet hat. Sonst wäre Maria tot, aufgefressen und nur noch ein Häuflein Federn, einige Knochen wären vielleicht noch übrig.

Aus Eiern, die noch nicht gelegt sind,
ist bisher noch kein Küken geschlüpft.

Bruno

Es kann sich also nur um einen brutalen Akt der anderen Hühner handeln. Hühnermobbing. War Bruno, der Gockel, mit dabei? Er ist der Leithammel und für das verantwortlich, was in seinem Haufen geschieht.

Ich rufe Bruno, gehe in die Knie, um ihm näher zu sein. Bruno steht dicht vor mir. Fordernd sieht er mich an, wartet darauf, dass ich ihm die Leckerli, genau genommen die Sonnenblumenkerne, direkt aus der Hand reiche. Er meint das stünde ihm zu. Wenn ich diese Geste versäume, dreht er sich demonstrativ weg und zeigt mir sein Hinterteil. Auch jetzt. Als wollte er sagen: Soll doch die dummen Sonnenblumenkerne fressen wer mag. Er jedenfalls nicht. Ich betrachte Bruno. Welch' schöne Farbkombination seine buntbeigen und die rottweilerbraunen Federn, zusammen mit dem leuchtroten Kamm ergeben! Konnte er so etwas Barbarisches wirklich zulassen, oder gar veranlassen? Hat er mitgehackt? Ich kann es kaum glauben. Er ist doch sonst so zivilisiert.

"Bruno, komm bitte her, nimm deine Leckerli." Zögernd dreht er sich halb zu mir, lässt sich Zeit. So schnell ist er nicht umzustimmen. "Komm her, sonst bekommst du gar nichts." Das überzeugt ihn.

Behutsam pickt er die Körner aus der Hand. Nicht so wie Frieda oder Margret, in ihrer Gier picken sie derart wild drauflos, dass es schmerzt.

“Was habt ihr mit Maria gemacht? Schufte!” Bruno zögert einen Moment, pickt dann weiter, als wäre nichts geschehen. Keine Antwort. “Macht euch davon, ihr Gesindel. Ich will euch nicht mehr sehen!” Bruno schubse ich weg. Den Rest der Körner werfe ich vor die Blumentöpfe hinter denen sich Maria verschanzt hat.

Ich scheuche die Meute davon. Maria guckt vorsichtig zwischen den Blumentöpfen vor, tippelt einige zögernde Schritte hin zu den Leckerli, pickt so schnell sie kann die Sonnenblumenkerne auf. Gleich mehrere federlose, blutige Stellen weist sie auf, die Haut ist gerötet mit vielen kleinen Blutpunkten. Vermutlich die Stellen, wo früher Federn waren. Das weiße Gefieder ist blutverschmiert. “Dich haben sie ja sauber zugerichtet. Komm auf die andere Seite des Hauses. Dort sehe ich dich genauer an.” Maria versteht nicht, nach allem, was sie erlebt hat, hält sie auch zu mir Abstand. Vorsichtig scheuche ich sie auf die Nordseite des Hauses. Seltsamerweise gehen die Hühner dort nicht hin. Sonst stecken sie in jede Ecke ihren Schnabel. Ich lege Maria eine Handvoll Kerne auf die Stufen, hole ihr eine Tasse Wasser. Maria isst und trinkt.

Wenn der Gockel kräht auf dem Mist,
ändert sich das Wetter, oder es bleibt so wie es ist.

Volkstümlich

“Maria, wie kam es zu dieser Attacke, was hast du angestellt, dass dich die anderen so zugerichtet haben?” Maria schweigt sich aus. “Ehrlich gesagt, ich weiß nicht, was wir jetzt tun können. Ich schlage vor, dich für einige Tage von den anderen abzusondern.

Vielleicht vergessen sie dann den Vorfall und lassen dich in Ruhe. Und du kannst dich inzwischen etwas erholen." Mit einem nassen Tuch reinige ich vorsichtig die Federn vom Blut. Wenn ich dabei nahe zu ihrem Körper komme, zuckt Maria zurück.
Als es dämmert treibe ich Maria in die Garage und schließe das Tor. Nach allem, was sie erlebt hat, ist sie scheu geworden und lässt sich nicht fangen.

Später gehe ich mit der Taschenlampe in die Garage, um nach Maria zu sehen. Sie gluckt leise, sitzt bewegungslos auf dem obersten Holzscheit des Holzstoßes, der die Wand begleitend aufgerichtet wurde. Zur Befeuerung des Kachelofens im Winter. Wenn es dämmrig wird, kann man Hühner leicht aufnehmen, sie versuchen nicht wie tagsüber, sich davon zu machen. Offenbar sehen sie nicht mehr gut. Ich stecke sie in einen großen Karton und verfrachte sie in die gute Stube. Hier ist es warm. Das wird ihr guttun.

Am Morgen lasse ich sie ins Freie, das heißt, auf die Nordseite des Hauses, am Abend kommt sie in die Kiste und ins Haus. So geht das einige Tage fort. Sie ist nun nicht mehr so scheu. Dankbar sieht sie mich an.

Es dauert Jahre, um das Sprechen zu lernen
und ein ganzes Leben lang, um zu verstehen,
dass es oft besser ist, den Mund zu halten.

Herbert

Sie denken wohl, das bilde ich mir ein. Keineswegs. Hühner sind auch nur Menschen, sage ich immer. Auch wenn es auf den ersten Blick nicht so aussieht. Wenn man allerdings länger mit ihnen zusammen ist, lernt man ihre Gefühle und Stimmungen zu lesen.

Die Art, wie sie sich bewegen, wie sie sprechen, ja sprechen. Wie sie ihr Köpfchen halten und ihr Federkleid schütteln. Auch wie sie sich zu den Mithühnern und Bruno räumlich aufstellen, sagt einiges aus. Daran kann man unschwer ihre Stellung in der Hühnergesellschaft, vereinfachend Hackordnung genannt, sehen.

Es klingelt an der Tür. Davor steht eine meiner Nichten. "Wir müssen dir Bruno wieder zurückgeben. Er passt nicht zu unseren Zwerghühnern." Bruno? Ich verstehe nicht gleich. Ach ja, sie haben den jungen Gockel vor einigen Wochen bei mir abgeholt und ebenfalls Bruno getauft. Sie übergibt mir den Karton, in dem Bruno raschelt. "Ich kann ihn aber nicht gebrauchen. Ein Gockel ist genug." "Tut mir leid, ich nehme ihn nicht mehr mit."

Weg ist sie. "Na, Bruno zwei, was machen wir nun mit dir?" Er wird erst in die Garage gesteckt, aus dem Karton geholt und gefüttert. Ins Freie darf er nicht. Dort befindet sich der andere Senior-Bruno, der nun unfreiwillig und ohne Zutun zu Bruno eins geworden ist. Wenn sie zusammenkämen, würden die beiden kämpfen wie die Löwen und sich vermutlich schlimm verwunden.

Maria kann ich nicht zu Bruno zwei in die Garage stecken, sie braucht ihre Ruhe. Ein Gockel und ein einziges, verletztes Huhn ... nein, das geht nicht. Sie bleibt also im Freien, auf der Nordseite des Hauses.

Wenn ich die Tür öffne, möchte Maria ins Haus. Bei mir sucht sie Sicherheit und Wärme. "Das geht nicht, meine Liebe. Nur in der Nacht darfst du rein."

Als es dämmrig wird, möchte ich Maria in den Karton und dann ins Haus holen. Sie ist nicht wie üblich vor der Türe. Ich suche überall, klopfe auf Bäume, leuchte mit der Taschenlampe in finstere Ecken, rufe nach ihr. Nichts. Da ist nichts zu machen. Ich kann sie im Dunklen nicht finden. Hoffentlich überlebt sie diese Nacht. An hungrigen Mardern und anderen Räubern fehlt es nicht.

Rom wurde nicht an einem Tag erbaut.

Der zweite Ritter

Das schafft man nicht mal mit einem Hühnerstall.

Bruno

Unruhig habe ich geschlafen, bin öfter aufgewacht, hab an Maria gedacht, hab sie schreien hören. Ihren letzten Schrei. Hab gesehen, wie der Marder ihr den Hals durchbiss, wie das Blut herausschoss, wie es die Kieselsteine besudelte. Nein, nein, bitte nicht. Einige Male bin ich in den Garten gegangen, um nach ihr zu suchen. Wieder ohne Erfolg.

Gleich am Morgen höre ich ihr bekanntes Glucken vor der Terrassentür. Ich ziehe den Rollo hoch, reiße die Tür auf, Maria stürzt herein, direkt in meine Arme.

Heute lege ich mich schon vor der anbrechenden Dämmerung auf die Lauer. Ich muss wissen, wo Maria übernachtet. Dann kann ich sie immer wieder auffinden. Und hereinholen.

Nach einiger Zeit verlässt sie ihr kleines Revier vor der Eingangstreppe, tippelt ums Haus herum. Von einem Zimmer eile ich ins andere, von einem Fenster zum anderen, damit ich sie ja nicht aus den Augen verliere. Sie durchquert den Garten. Meine Neugier wächst, ich flitze ins Freie. Hinter der Hausecke verstecke ich mich und schaue, was sie macht. Sie geht zum Gartenhäuschen, stellt sich auf ihr linkes Bein, direkt vor ein Fenster, guckt hin und her, rauf und runter, wiederholt das Ganze mindestens zehn Mal. Und alles ganz ohne Glucken, was sie sonst ununterbrochen macht. Dann springt sie auf das Fensterbänkchen, schwupps ist sie durch die zerbrochene Glasscheibe ins Häuschen geschlüpft. Nun ist es eine Kleinigkeit, sie aus dem Regal zu holen und in den Karton zu stecken.

Es ist wärmer geworden. Maria muss jetzt nachts in die Garage. Bruno zwei kommt über Nacht in einen Pappkarton. Bevor ich das Garagentor schließe, streichle ich sie noch eine Weile. Das mag sie. Ihre Federn sind warm, am wärmsten aber sind die schmalen Kisschen an ihren Füßchen. Manchmal brummt sie ähnlich wie eine Katze. Oder sie fiept. Wenn ich am Morgen das Garagentor öffne und die Haustüre offensteht, flitzt Maria aus ihrer Deckung und möchte rein. Jedes Mal. Dann rede ich mit ihr, streichle vorsichtig über ihren Rücken, der immer noch übel aussieht. Maria drückt sich an mein Bein und sieht hilfesuchend an mir hoch. Sehe ich Furcht in ihren Augen? Furcht vor ihren Mithühnern? Ihr Verhalten zeigt dies. Ist Maria so etwas wie ein Sündenbock? Vielleicht war sie nur einen Augenblick auf dem falschen Bein gestanden, auf dem linken vielleicht, oder hatte zu leise oder zu laut gegackert nach dem Eierlegen? War sie Bruno nicht in angemessener Form zu Willen gewesen? Wer weiß?

Beim Beobachten der Hühner kommen mir oft menschliche Begebenheiten in den Sinn. Kleine Fehler, die gemacht wurden, nichts Erwähnenswertes, aber doch geschehen zur Unzeit, oder am falschen Platz. Schicksale haben sich durch kleine Begebenheiten dramatisch verändert, Firmen kamen in Schieflage, Unfälle sind geschehen, sogar Kriege wurden ausgelöst - und verloren.

Kann ich Maria wieder in die Gemeinschaft der Hühner zurückführen? Würde ihre Ängstlichkeit die anderen dazu anstiften, wieder genauso zu reagieren und sie zu attackieren?

Maria bekommt Gesellschaft. Luise zeigt sich immer öfter in der Nähe der Garage. Kürzlich fand ich zwei Eier in dem mit Stroh ausgelegten Kistchen in der Garage. Ein weißes und ein grünes mit Blaustich. Offenbar haben sich die beiden auf diesen Legeplatz geeinigt. Heute früh saßen sie gemeinsam im Kistchen. Als ich ihnen näherkam, gackerten sie das "geh weg" Gegackere. Ich weiß, beim Eierlegen möchten sie ungestört sein. Also ging ich einige Schritte zurück. Zufrieden sahen sich die beiden an und konzentrierten sich auf die Geburt eines weißen und eines grünen Eis mit Blaustich. Vielleicht bleibt Luise künftig über Nacht in der Garage. Dann wäre Maria nicht allein. Wenn Bruno nicht zur Einsicht kommt und die beiden zurück in den Harem bittet, kann es sein, dass sich weitere Hühnerdamen emanzipieren und ihr Domizil in die Garage verlegen. Am Ende steht er dann alleine da. Wenn das geschehen sollte, braucht er mir nichts vorzujammern!

Man hat Maria wieder überfallen. Ihr linkes Auge ist ganz zugeschwollen, der Hals ist blutig. Hoffentlich ist das Auge nicht verletzt. Ich werde ihr etwas Homöopathie ins Trinkwasser geben, damit die Verletzung schneller heilt. Meine Hoffnung war es, dass die Hühner mit der Zeit vergäßen. Dass sie zur Vernunft kämen, vielleicht sogar bereuen würden, was sie Maria angetan haben. Keine Spur davon. "Ihr benehmt euch genau so dumm wie wir Menschen! Das kann doch nicht wahr sein! Wollt ihr vielleicht auch noch Krieg führen? Habt ihr es denn nicht gut bei mir?" Bruno bleibt unberührt von meinen Tiraden. Offenbar sind mir einige Gesetze, nach denen sich die Hühner richten, noch nicht bekannt. Eherne und dumme Gesetze müssen das sein!

Wenn man alle Gesetze studieren wollte,
so hätte man gar keine Zeit, sie zu übertreten.

Johann Wolfgang von Goethe

Bei einsetzender Dämmerung, wenn sich Bruno mit seinen Lieben schon ins Hühnerhäuschen zurückgezogen hat, schleicht Maria ums Haus herum und klopft mit ihrem Schnabelchen gluckend ans Fenster. Ich öffne die Türe und versorge sie mit einer Handvoll Haferflocken, streichle sie eine Weile, rede mit ihr. Das mag sie. Sie braucht wie jedes Wesen Sozialkontakte und der mit Luise ist offenbar nicht ausreichend.

Kürzlich erst übte Bruno zwei das Krähen. Er stellte sich auf die Hinterbeine, falls man so sagen kann, dehnte sich, streckte den Hals, riss den Schnabel auf soweit es ging und krähte. Ich habe nichts gehört. Keinen Ton. Ich habe gehofft, dass es dabei bleibt. Ich habe eine Anzeige geschaltet, um jemanden zu finden, dem ich Bruno zwei schenken kann. Mich bekümmert sehr, dass ich noch keinen neuen Platz für ihn gefunden habe. Er ist nach wie vor in der Garage untergebracht, einen besseren Ort habe ich nicht. Er übt das Krähen den lieben langen Tag, macht Fortschritte, schreit verunglückte Versuche hinaus, entwickelt seine Stimme langsam vom Krächzen zum Krähen, steht mittlerweile Bruno eins in nichts nach. Bestimmt fühlt er sich zurecht einsam, möchte seine ihm naturgemäß zustehende Stelle antreten. Bruno eins fühlt sich durch Bruno zweis

Krähen angeregt und kräht gerne mit oder dagegen. Es ergibt sich ein Zwiegekräh. Als ob beide sagen wollten: "Das ist mein Revier, mach dich vom Acker!" Hoffentlich halten die Nachbarn noch etwas durch. Ich bin kein Freund von Ärgernissen. Um ihren Durchhaltewillen zu stärken, verteile ich Eier an die Nachbarn.

Ich muss ihn zu anderen Menschen bringen und setze eine Anzeige in die Zeitung.

Hoffen und Harren hält manchen zum Narren.

Volkstümlich

Im Nachbarhaus ist eine alleinerziehende Mutter eingezogen. Zum Glück ist sie tierlieb. Das zweijährige Töchterchen spricht nur italienisch. Aber das ununterbrochen. Klar, dass sie sich sofort mit Bruno, Madame Paulá, Luise, Martha und den anderen angefreundet hat. Sie erklärt den Hühnern die Welt, füttert sie, hört sich ihre Gespräche an, diskutiert mit ihnen. Die Kleine ist wirklich zuckersüß. Sie rannte hinter Luise her, fiel in den Gartenteich. Schnell zog ich sie aus dem Wasser. Vor Schreck brachte sie keinen Ton heraus. Einen Moment war ich zu langsam gewesen. Wegen des Vorfalls machte ich mir große Vorwürfe.

Am nächsten Tag brachte mir die Kleine eine Packung Mon Cheri: Danke, dass du mir das Leben gerettet hast.

Endlich hat sich jemand auf die Anzeige hin gemeldet. Noch am selben Tag stecke ich Bruno zwei in einen Karton, radle zur U-Bahn, gerate in einen Wolkenbruch. Der Karton weicht auf. Der

Gepäckträger meines Fahrrads prägt ihm sein Muster ein. Hoffentlich hält er durch bis zur Übergabe.

Der Adler fliegt allein, der Rabe scharenweise,
Gesellschaft braucht der Tor und Einsamkeit der Weise.

Friedrich Rückert

Vom Hauptbahnhof aus fahre ich mit der Bimmelbahn zwei Stunden in die Provinz. Bruno zwei gibt keine Ruhe, versucht mit seinen Krallen eine Öffnung in den Karton zu scharren und zu picken. Er örgelt und grunzt. Zum Glück sehr leise. Beim Lärm, den der Zug macht, geht das unter. Die Sonne scheint nun auf den Karton, dieser erwärmt sich, man sieht und riecht, dass er trocknet. Die anderen Fahrgäste schnuppern, sehen sich verwundert um, betrachten andere Reisegäste vorwurfsvoll. Ein älterer Herr ist inzwischen als Duftquelle identifiziert worden. Das entnehme ich den Blicken der beiden jugendlichen Mitreisenden. Ich mache mit, um den drohenden Ärger möglichst lange hinauszuzögern. Obendrein versuche ich einen unbeteiligten Eindruck zu machen, gucke unschuldig aus dem Fenster. Dumm stellen ist eine meiner vielgeübten Fähigkeiten. Hat mir oft genützt.

Auf Dauer bleibt jedoch nicht verborgen, woher der Geruch kommt und wem der Karton gehört. Bruno zwei ist an seiner Entdeckung nicht ganz unschuldig. Hat er doch einige Male laut gekräht. Ich rede ihm beruhigend zu. Ohne Erfolg. Er kräht weiter. Der ältere Herr ist ausgestiegen. Eine ebenso ältere, blasse Dame nimmt seinen Platz ein. Sie trägt einen schwarzen Hut, mit einem kleinen ebenso schwarzen Netzchen drauf, das mit einer Perlennadel am Filz fixiert ist. Sie ist empört. Ihrer Meinung nach sei der Transport von Leguanen in der Bahn nicht erlaubt, sie werde sich aber beim Schaffner erkundigen. Zum Glück steigt sie bald wieder aus. Wohl vom gleichmäßigen Werken Bruno zweis sind die beiden anderen Fahrgäste, zwei junge Weltenbummler, eingeschlafen.

Am Ende hat dann doch alles bestens geklappt, aus den Brunos eins und zwei werden wieder ganz normale Brunos ohne Zusatz.

Das feiste Bäuerlein begutachtet rotglänzend Bruno mit Wohlwollen. “A scheens Gickerl.” Ich erkundige mich danach, womit er seine Hühner füttere. “Mit an Weuz.” “Womit?” “Mit an Weuz. A Weuz is halt a Weuz”, sagt er. Nun weiß ich Bescheid.

Ein froher Sinn braucht keine Musikanten.

Dänisches Sprichwort

Einige Male im Jahr fahren wir nach Italien. Meist nur wenige Tage – ungern überlasse ich die Hühner der Obhut meines Nachbarn. Dabei machte ich Bekanntschaft mit einem eigenartigen, modernen Duschkopf. Ich mag diese modernen Duschköpfe definitiv nicht. Die vielen Möglichkeiten, das Wasser auf die Haut zu bringen, langweilen mich. Mit scharfem, breitem Wasserstrahl, mit einer Reihe von zugegebenermaßen fantasievollen Strahlvarianten kann ich nichts anfangen. Ich möchte nur duschen, einfach nur duschen. Diese Duschköpfe verhalten sich meist anders als erwartet, spritzen überall dort hin, wohin sie nicht spritzen sollen, bevorzugt in die Augen, oder auch in die Haare, insbesondere dann, wenn man sie nicht waschen möchte. Oder sie spritzen oben über die Duschkabine hinaus. Zudem bemerkt man erst, wenn man schon nackt herumsteht und friert, dass das System nur mit längeren Überlegungen und einigen Versuchsreihen dergestalt zu überlisten ist, dass es Wasser freigibt.

Man muss sich mit der Sache beschäftigen, drückt hier und da, schiebt an Reglern herum und versucht herauszufinden, wie man das Wasser aufdreht. Da hilft es auch nicht weiter, wenn der Duschkopf in allen Regenbogenfarben leuchtet und blinkt. Im Gegenteil. Wasser und elektrischer Strom dürfen nicht zusammenkommen, habe ich mal gehört. Man kann schon froh sein, wenn man es nach geraumer Zeit so weit bringt, dass warmes Wasser kommt und man sich bei seinen Versuchen nicht zuerst unterkühlt und dann verbrüht hat.

Mit einem besonderen Exemplar hatte ich es kürzlich in unserem toskanischen Bed and Breakfast zu tun. Ich hatte das Zimmer ausgewählt, weil ich gelesen hatte, dass die Vermieter Hühner halten.

Getreu dem folgenden, bekannten Zweizeiler:

Wo man Hühner hat, da lass dich nieder,
böse Menschen haben keine Hühner!

Der Duschkopf, von dem ich nun berichte, war bei Weitem nicht so kompliziert, wie oben beschrieben, allerdings schon ein älteres Semester. Abgesehen davon, dass es Unendlichkeiten dauerte, bis warmes Wasser kam, war dieses Exemplar durch Verkalkung verstopft und darüber hinaus schwergängig geworden. Die vereinzelten Wasserstrahlen waren dünn und sprühten nur tröpfchenweise in ungewollte Richtungen. Da half nur eines: Ich bekleidete mich wieder und versuchte mittels einer Nadel die kleinen verstopften

Löcher durchzustoßen und somit für den Wasserfluss zu öffnen. Anschließend gönnte ich dem Duschkopf, während ich Frühstück machte, ein Ganzkörperbad in Balsamico di Modena, den ich mir aus der Küche besorgt hatte.

Nach dem Frühstück bürstete ich ihn mit einer kleinen Handbürste mit leichtem Druck, spülte ihn mit warmem Wasser sauber ab und montierte ihn wieder an den Schlauch. Das Prachtstück glänzte wie neu, der Kalk war verschwunden. Er sah nun sehr gut aus, ich war zufrieden.

Unser geplantes Tagesprogramm war wegen dieser unerwarteten Aufgabe etwas durcheinandergeraten, was meine Gattin nicht gerade begrüßte.

Jetzt wollte ich den Lohn meiner Mühe genießen und machte mich erneut zum Duschen bereit. Die Wasserstrahlen spritzten nun munter aus den meisten Löchern und nach einiger Mühe fand ich auch eine Einstellung, die mir angenehm war, fast so wie ich es von meinem Duschkopf zu Hause gewohnt bin.

Seit Jahren habe ich die Gewohnheit, mich erst kalt zu duschen, mich dann einzuseifen und schließlich die Seife warm abzuwaschen. Daraufhin erfolgt wieder eine kalte Dusche.

Wasser hat einen kleinen Kopf.

Bruno

Als ich den erfrischenden ersten Abschnitt hinter mich gebracht hatte, drehte ich das warme Wasser auf. Plötzlich erscholl eine Art singen, pfeifen, ähnlich einer orientalisch anmutenden Flöte oder hellen Frauenstimme aus dem Duschkopf. Eine mir unbekannte Melodie erklang, mit vielen, ich nenne es Arabesken, da mir der musikalische Fachausdruck dazu fehlt. Ich bin versucht, Schnörkel dazu zu sagen, jedoch habe ich bei diesem Begriff das Gefühl, dass er noch schlechter als der erstere passt.

Bei abendländischen Musikstücken ist man es gewohnt, dass sich Teile oft mehrfach wiederholen. Das war hier nicht der Fall. Nachdem eine Melodie verklungen war, erfolgte nach einer kurzen Pause, in der ich sehnlichst hoffte, dass das Konzert noch nicht zu Ende sein möge, eine frische, neue und wiederum mir gänzlich unbekannte Melodie. Nun müssen Sie wissen, dass ich Musik über alles liebe. In erster Linie die Musik unserer verehrten Meister der Klassik. Ich möchte hier jedoch nicht abschweifen und ins Schwärmen geraten über die Werke von Beethoven, Mozart, Schubert, Chopin und all den anderen. In deren Musik kann ich eintauchen, schwelgen, mich verlieren.

Flötenmusik und Gesang habe ich oft gehört, jedoch nie in einer so anmutigen und herzergreifenden Form, wie es dieser eigenartige Duschkopf offerierte. Kurz: Ich war angerührt, hin und her gerissen, begeistert.

Nach Minuten musikalischen Hochgenusses kam mir die Idee, dieses Erlebnis beim nächsten Duschen wiederholen zu wollen. Krampfhaft überlegte ich, wie ich die gleiche Stellung der Warm- und Kaltwasserarmaturen wiederholen könnte. Deshalb verließ ich die Dusche ohne das Wasser abzudrehen und dadurch vielleicht die Einstellung zu verlieren. Nachdem ich den Koffer umgestülpt, entleert und durchgewühlt hatte, musste ich enttäuscht feststellen, dass ich die Permanentfilzstifte zu Hause vergessen hatte. Mit diesen hätte ich die Stellung der Armatur festhalten können. Auf den Fliesen hatte ich keine Möglichkeit, mit einem Kugelschreiber zu markieren. Er schrieb dort nicht.

Nun blieb mir nichts anderes übrig, die Besitzerin des Bed and Breakfast möge es mir nachsehen, als mit dem Kugelschreiber zwei winzige Punkte an die Wand oberhalb des gefliesten Bereichs der Duschkabine, je einen für das kalte und warme Wasser zu malen. Ich bezeichnete sie mit "W" und "K". Wenn ich mich nun in der Duschkabine auf den Boden kniete, den Kopf seitlich an die Fliesen gepresst und schräg nach oben schaute, die Stellung des Drehgriffs der Armatur (hier gibt es wahrscheinlich eine optimalere Bezeichnung) mit dem Punkt an der Wand in Übereinstimmung bringen würde, müsste es eigentlich möglich sein, die gleiche Einstellung zu wiederholen. Den Punkt an der Wand konnte ich von unten her nicht sehen. So schlug ich zwei Stecknadeln mittels einer Rotweinflasche in die Wand. Allerdings musste die Stellung meines Kopfes ebenso exakt wiederholbar werden. Dies gelang mir dadurch, dass ich einerseits mein rechtes Ohr auf die Shampoo-Flasche stützte, die ich auf den Rand des Duschbeckens stellte und somit den Abstand in der Senkrechten festhielt. Den Abstand zum Rand der Duschkabine dokumentierte ich durch das Einklemmen meiner Zahnbürste zwischen meinem Hinterkopf und der senkrechten Aluminium-Abschlussleiste. Nicht unerwähnt möchte ich lassen, dass ich vorher den die Sicht verdeckenden Duschvorhang über die Duschstange hängen musste, was zu einer kleinen Überschwemmung führte, die mir der Kunstgenuss allerdings Wert war.

Stehlen darfst du, aber nimm um Himmels willen niemandem etwas weg!

Herbert

Nach dem ich meine Arbeiten zu meiner Zufriedenheit abgeschlossen hatte, betrat ich wieder die Duschkabine, schloss die Augen und gab mich den betörenden Klängen abermals hin.

Unser Zeitplan kam noch mehr durcheinander. Ärger mit meiner Gattin war vorprogrammiert. Ärger konnte ich jeden Tag haben, das war nicht neu, sodass mir der Kunstgenuss das sehr wohl wert war.

Wie so oft stellen sich allerlei kreative Gedanken ein, wenn man sich mit einem Thema beschäftigt. Am nächsten Tag kam ich auf die Idee zu versuchen, die komplexen orientalischen Rhythmen zu begleiten. Trommeln sollten gut dazu passen. Ein roter Fünf-Liter-Eimer könnte mir gute Dienste leisten. Das Prasseln des Wassers auf die Fliesen und das Gluckern im Abfluss ergab das Basisgeräusch, den "Bauch der Musik", wie sich Musiker häufig auszudrücken pflegen. Es war nicht einfach in den richtigen Rhythmus hineinzukommen. Wenn ich es dann geschafft hatte, wechselte dieser oft überraschend, wie es bei den Orientalen keine Seltenheit ist, sodass ich einige Takte benötigte, um mich wieder anzupassen.

Mit der Zeit gelang mir das immer besser. Nun kam der Wunsch auf, neben dem roten Eimer noch weitere Klangkörper zu integrieren. Zahnbürsten dienten als Trommelstöcke, für hellere Töne nahm ich Trinkgläser hinzu, die ich verschieden hoch mit Wasser füllte. Die Gläser holte ich heimlich aus der Küche. Es dauerte ziemlich lange, bis ich die Tonhöhen der Gläser aufeinander abgestimmt hatte. Leider bin ich nicht mit dem absoluten Gehör gesegnet. Deshalb musste ich mehrfach nachjustieren. Die letzten Feinheiten regulierte ich durch das Einbringen einzelner Wassertropfen, die an meiner Hand entlanglaufend gut dosierbar waren. Allerdings musste ich die Gläser außerhalb des Wasserstrahls platzieren. Sonst wäre der Wasserstand unkontrolliert angestiegen und der gewünschte Ton konnte nicht gehalten werden.

Um die Gläser ungestört anschlagen zu können, schloss ich die Türen der Duschkabine nicht ganz. Vor die Öffnung stellte ich einen Stuhl, auf denselben die Gläser. Bei dieser Aktion war, wie gesagt, dafür Sorge zu tragen, dass kein zusätzliches Wasser in die Gläser lief. Der Boden war mittlerweile nass und daher ziemlich rutschig. So war mein Musizieren neben dem bereits erwähnten Kunstgenuss auch eine anstrengende Konzentrationsübung. Schließlich wollte ich nicht ausrutschen und mir etwas brechen.

Man ist jung, solange man sich
für das Schöne begeistern kann und nicht zulässt,
dass es vom Nützlichen erdrückt wird.

Jean Paul

Nach dem Duschen verstaute ich die Wassergläser vorsichtig mitsamt Inhalt für meine Gattin unauffindbar in meiner Aktentasche, in welcher ich Akten mit mir führte, um unterwegs kleinere Arbeiten zu erledigen. Diese Akten hatte ich - um Raum für die Gläser zu schaffen - in meinem Koffer platziert. Ich hoffte, dass meine Gattin die Aktentasche nicht versetzen würde. Das hätte zur Folge, dass meine Musikinstrumente sich verstimmten. Nun war alles bereit für den nächsten Duschgang am Folgetag. Meine Gattin ging immer zum Frühstück voraus, sodass von dieser Seite keine Störung zu erwarten war.

Die Tage in unserer Unterkunft nutzte ich intensiv und hielt mich so oft und lange wie möglich in der Dusche auf, manchmal so lange, bis ich vor lauter Dampf fast nichts mehr sehen konnte. Es war wunderbar!

Kleine Tröpfchen von Kondenswasser bildeten sich an den türkisfarbigen Fliesen. Sie vereinigten sich zu winzigsten Bächlein,

die dann beschwingt und möglicherweise rhythmisch, wer weiß das schon, aus allen Richtungen dem Abfluss zueilten.
Meine Gattin wunderte sich über meine neu entdeckte Vorliebe für das Duschen. Allerdings muss ich zugeben, dass ich dafür vorwiegend die Zeit nutzte, die sie im Supermercato beim Einkaufen zubrachte. So hat sie den Umfang meiner Duschorgien nicht mitbekommen.

Die bodenständige Vermieterin zeigte mir ihren Hühnerstall. Sie hatte verschiedene Rassen in einem betonierten, vertieften Platz, etwa zwanzig Quadratmeter groß, direkt anschließend am Wohnhaus untergebracht. Die Wände waren gemauert und so hoch, dass kein Huhn hinausfliegen konnte. Ein Fuchs würde da nicht reinspringen. Ihm wäre klar, dass er nicht mehr herauskäme. Die Hühner taten mir leid, sie waren von allen Seiten, mit Ausnahme von oben, mit Mauern umgeben. Kein Gräschen wuchs in dem Verlies. Niemals konnte die Sonne hineinscheinen. Vorsichtig versuchte ich der Dame zu erklären, dass meine Hühner gerne Gras und anderes Grünzeug fressen. Und dass ich deshalb wesentlich seltener den Rasen mähen muss. Das sei nicht nötig, meinte sie, es gebe doch gutes Alleinfutter. Ich war froh, dass ich zum Frühstück keine Eier gegessen hatte. Heimlich warf ich täglich mehrere Büschel Gras zu den Hühnern hinunter. Zuerst wussten sie nichts damit anzufangen, es war neu für sie. Später kämpften sie wild um jeden Halm.

Leider konnten wir nicht allzu lange in diesem wunderbaren Bed and Breakfast bleiben. Aus gesundheitlicher Sicht war das vielleicht ganz gut so, da meine Haut schon sehr litt und ich Unmengen von Olivenöl benötigte, um mich nach dem Duschen damit einzuölen.

Realität ist die Art der Illusion,
die bei zu geringem Alkoholkonsum entsteht.

Schottisches Sprichwort

Einige Tage nach unserer Rückkehr aus Italien, sehe ich aus dem Fenster in den Garten, denke an nichts Bestimmtes. Da höre ich eine Gluckhenne glucken. Kann das sein? Das hört sich wie Martha an. Die freche Martha? Später sehe ich sie unter einem verblühten Pfingstrosenstrauch, mit vier Küken, die sich eng an sie drängen. Unglaublich. Sie wurden ausgebrütet, ohne dass es jemand bemerkte. Aber wo? Küken. Wir sagen Biberl dazu. Könnte vom Piepen kommen, was sie ständig tun. Kü-ken, kü-ken. Hört sich kantig an, unpassend zu den sanften Wesen. Der Klang des Wortes lässt eher auf eine asiatische Kampfsportart schließen.

Die Freude über die Biberl ist groß. Ich erwartete, dass sie gelbliches Gefieder hätten. Nein, diese sind braun-schwarz mit kleinen gelblichen Stellen. Sofort werden Eier hart gekocht, Brennnessel gesammelt. Alles wird fein gehackt und den kleinen hingelegt. Die Hühnermutter macht vor, wie das mit dem Essen geht. Sie pickt die größeren Eiteile auf, zerkleinert sie mit dem Schnabel. Damit sie die Kleinen besser aufnehmen können. Süße kleine Wesen, wie sie unglaublich flink ihrer Mutter hinterherhopsen, die sie immer wieder mit Lockruf zu sich ruft. Dann folgt eine Ruhepause. Die Glucke macht es sich unter einem Gartenstuhl bequem, die Kleinen schlüpfen unter ihr breit ausgestelltes Gefieder. Wozu unter dem Gartenstuhl? Nach einiger Überlegung habe ich eine mögliche Antwort gefunden: Dort können sie und ihre Lieben von keinem Raubvogel aus der Luft erspäht werden.

Was mir an deinem System am besten gefällt?
Es ist so unverständlich wie die Welt.

Franz Grillparzer

Wenn ich darüber nachdenke, welche Veränderungen die Hühner in meinem Leben angestoßen haben, steht Folgendes an erster Stelle.
Ich mag es nicht, wenn es eng wird, weder zeitlich, räumlich noch finanziell. Und schon gar nicht mag ich psychischen Druck, verursacht durch unnötige Aktionen meiner lieben Mitmenschen. Durch das Zusammensein mit den Hühnern konnte ich feststellen, dass ich ruhiger und gelassener wurde. Manche explosive Situation konnte entschärft werden, was ich mit Zufriedenheit wahrnahm. Manche Situationen regten mich jedoch unvermindert auf, so zum Beispiel mein Konflikt mit den Bahnschranken.

Bahnschranken beschränken mich in meiner Bewegungsfreiheit. Man kann mit ihnen nicht diskutieren, immer haben sie recht. Wenn ich nach Hause fahre, biege ich in eine Straße ein, die zwei Bahnübergänge aufweist. Das schenkt mir zwei Möglichkeiten. Die kürzere Strecke nach Hause führt nach links, zu einer mit vielen Zügen und S-Bahnen frequentierten Bahnstrecke, der längere Weg führt nach rechts zu einer weniger stark befahrenen, einspurigen Bahnstrecke. Hier verkehren nur Güterzüge. Meist nehme ich die längere Strecke nach rechts, da ich dann nach einer Weile durch eine Unterführung fahren, und so den frequentierten Bahnübergang meiden kann. Die Fahrt nach Hause dauert zwar etwa zehn Minuten länger, aber ich kann dadurch die leidige Schranke vermeiden. Allerdings muss ich mich durch eine lange Strecke mit dreißig Kilometer/Stunde Beschränkung quälen, wo ich schon so manchen Strafzettel wegen überhöhter Geschwindigkeit eingefahren habe.

Die links liegende Schranke ist fast immer geschlossen und bleibt es auch sehr lange, obwohl oft gar kein Zug kommt. Manchmal denke ich, sie öffnet sich nie wieder und ich muss meinen Lebensabend dort verbringen. Die Willkür der Bahn, der Schranke oder von wem auch immer, nervt mich ungeheuer. Freie Fahrt für freie Bürger!
Nach Mitternacht bin ich schon die linke Strecke gefahren, weil ich hoffte, dass um diese Zeit nur noch selten Züge fahren würden. Weit gefehlt! Zwölfeinhalb Minuten stand ich und wartete, bis die Schranke endlich hochging!

Alles Leiden ist durchaus nichts anderes
als unerfülltes und durchkreuztes Wollen.

Arthur Schopenhauer

Vor einigen Monaten, an einem sonnigen Nachmittag, hatte ich einen optimistischen Moment und wandte mich ausnahmsweise nach links, dem mit Zügen stark frequentierten Bahnübergang zu. Die Balken waren unten. Rot-weiß gestreift, strahlten dreist, unverschämt herüber. Ich versuchte mich zu beruhigen, indem ich mir immer wieder vorsagte: “Kein Problem, die Schranke geht gleich hoch.” Das war aber genau das, was sie nicht tat. Schließlich konnte ich mich nicht mehr zurückhalten, kehrte um, und fuhr in die andere Richtung, nur um zu erleben, dass der Balken der anderen Schranke, die sich auf dem Heimweg auf der rechten Seite befand, vor meiner Nase nach unten ging. Verdammt! Nun war ich gefangen. Auf keiner Seite kam ich weiter. Schweiß perlte auf meiner Stirn. Immer ruhig bleiben! Ich stieg aus und machte einige Beruhigungs-Atemübungen.

Hier zu warten hatte keinen Sinn. Es konnte zehn Minuten oder länger dauern, bis der Güterzug kam. Und so ein Güterzug kroch wie eine Schnecke über die Gleise, hatte oft mehr als hundert Waggons. Er fuhr manchmal so langsam, dass ich dachte er würde vor meinen Augen zum Stehen kommen. So setzte ich mich ins Auto und kehrte wieder um, Richtung linkem Bahnübergang. Die Schranke war noch, oder schon wieder unten. Klar. Kein Zug war weit und breit zu sehen oder zu hören. Nun musste ich mich wirklich entladen. Dringend! Es wurde mir einfach zu viel. Mein Atem ging schwer und ich fühlte Beklemmungen in der Herzgegend.

Genau. Der Arbeitskollege. Dem wollte ich immer schon sagen, was ich von ihm halte. Jetzt war ich in der richtigen Stimmung. Das musste genutzt werden. Wenn ich ruhig bin, kommt wieder nur etwas Fades heraus. Zeit hatte ich auch. Den mach ich jetzt fertig! Ein unangenehmer Mensch! Ich wählte seine Nummer. Es klingelte wiederholt. Keiner zu Hause! Verdammt! Hatte sich denn heute alles gegen mich verschworen?

Ich nahm meine Herztropfen und überlegte. Wen kann ich denn noch anrufen?
Andere Autofahrer verloren offenbar nun ebenfalls die Geduld, starteten ein wildes Hupkonzert. Plötzlich, als kein Mensch mehr

damit rechnen konnte, wie eine Fata Morgana, öffnete sich die Schranke federleicht und etwa ein Drittel der wartenden Verkehrsteilnehmer konnte weiterfahren. Leider war ich im zweiten Drittel.

Meine Gattin sieht die Sache völlig anders, was in diesem Fall gar nicht zu ihrem Charakter passt. Wahrscheinlich einfach nur aus Opposition mir gegenüber. Eigentlich ist sie viel ungeduldiger als ich. "Freu' dich doch, wenn die Schranke unten ist", flötet sie und lächelt mich süßlich und gespielt dabei an, "dann wird dir ein bisschen Zeit zur Entspannung und Erholung geschenkt. Und wenn wir hier stehen, brauchen wir schließlich kein Benzin." Auf so eine Art der Erholung kann ich gerne verzichten! Oder: "Du könntest ein paar Wanderrouten ausarbeiten, wenn dann die Schranke unten ist, könnten wir das Auto stehen lassen und ein wenig herumspazieren." Wenn ich mit meiner Gattin in ihrem Auto unterwegs bin, nimmt sie immer die linke Strecke. Absichtlich. Da ist nichts zu machen. Das genießt sie. Wenn die Schranke vor unserer Nase gerade nach unten geht, redet sie beruhigend auf mich ein. Sie behauptet, dass die Schranke gleich hochginge, falls sie "ausnahmsweise" mal unten sei, was definitiv nicht stimmt.

Unbelehrbar wie ich leider bin, nehme ich nach Wochen testweise wieder ein Mal die linke Strecke. Es ist November und regnet, alles ist grau. Selbst die grässlich rotaggressive Farbe der Schranke leuchtet nicht wie gewohnt. Sie ist unten. Vor mir steht ein schwarzer Mercedes. Durch die Windschutzscheibe sehe ich, wie sich der Fahrer auf dem Sitz etwas auf und ab bewegt, so als ob er Körperübungen durchführen würde. Das habe ich früher auch versucht. Es bringt leider nichts. Die Zeit vergeht, kein Zug zeigt sich. Ich werde ungeduldig, steige aus, hüpfe im Nieselregen von einem Bein auf das andere. Nun bin ich versehentlich direkt in eine Pfütze gesprungen. Das rechte Hosenbein ist bis auf Kniehöhe bespritzt, Wasser tröpfelt in den Schuh. Das Springen soll Adrenalin abbauen, habe ich gehört. An der rechten Straßenseite befinden sich, gut hinter hohen Thujenhecken versteckt, die Schrebergärten. Ein Gockel kräht, neugierig und dankbar für die willkommene Abwechslung nähere ich mich der Hecke, um nach ihm zu sehen. Eine Dame mittleren Alters mit braungemustertem Kopftuch lugt durch eine Lücke in der Hecke hindurch, grinst mich unverschämt an. Ich ziehe eine Grimasse, von der ich hoffe, dass sie der eines Menschenfressers möglichst nahekommt. Sie grinst mich weiter unverschämt an. Nun sage ich ihr einige Freundlichkeiten. Sie zieht ihre Rübe zurück.

Das Springen hat mir in diesem Falle nichts genützt. Adrenalin hat sich nicht abgebaut. Der Gockel kräht wieder, trotz Mühe finde ich keine Lücke, durch welche ich ihn sehen könnte. Ich wundere mich darüber, in den Schrebergärten einen Gockel zu hören. Dort ein Tier zu halten, ist gewiss nicht erlaubt. Wie auch das Übernachten im Häuschen, dem Musizieren und so weiter. Wehe, wenn irgendwo ein Unkräutlein seine Blüte erhebt. Schon kommen die Nachbarn und beschweren sich.

Diese Gedanken machen mich noch ärgerlicher. Die Atemübungen, die ich krampfhaft versuchte, haben bei mir auch nicht richtig geholfen. Endlich donnert ein Zug vorbei, ich setze mich wieder ins Auto, lasse den Motor an. Der Gurt ist vorher versehentlich draußen geblieben und hängt in einer Pfütze. Ölflecken auf der Wasseroberfläche schillern vielfarbig. Der Gurt trieft nun vor Nässe. Erst als ich ihn anlege, wird mir das bewusst, dann, als sich die kühle Feuchtigkeit durch Hemd und Unterhemd bis auf meine Haut durchsaugt. Die Scheibenwischer laufen und erzeugen ein quietschendes Geräusch. Die Schranke bleibt unten. Das kann doch nicht wahr sein! Was ist los? Es dauert lange, bis ein zweiter Zug aus der Gegenrichtung heranbraust. Hoffnung keimt auf. Der Zug entschwindet. Geht die Schranke hoch? War da nicht dieses bekannte, freundliche Klicken, das dem Anheben der Schranke einige Sekunden vorausgeht? Halluziniere ich schon? Die Schranke bleibt unten. Verzweifelt schlage ich mit meiner Stirn gegen das Lenkrad und brülle dazu so laut es geht ein schreckliches Bärengebrüll. Uuuuaaaaahhhh!!!

Da – urplötzlich fährt der vor mir befindliche schwarze Mercedes ruckartig nach vorne los. Der Motor heult auf. Was macht er da? Die Schranke ist doch unten! Mit quietschenden Reifen kracht er auf das vordere Auto. Blechern kreischt es. Dann nach hinten. Mit Schwung und Karacho auf mein Auto drauf. Blecherner Krach, Reifen drehen durch, Action-Film-Klangkulisse. Scheinwerferglas splittert, Licht erlischt. Scheibenwischer stoppen bei dreizehn Uhr. Der Mercedes fährt nach vorne. Steinchen spritzen auf meine Windschutzscheibe. Blechern kracht er wieder auf das vordere Auto. Und dann wieder zurück. Zack! Ein zweites Mal auf meins. Das Auto wird nach hinten geschubst. Die Aktentasche plumpst vom Fahrersitz. Mich wirft es nach vorne. Gut, dass ich angeschnallt bin.

Dann steigt der Fahrer aus. Die Türe lässt er weit offen. Bleibt einen Moment unsicher stehen. So als ob er Mühe hat das Gleichgewicht zu bewahren. Torkelt, fällt auf die Knie, richtet sich mühsam auf, kommt nach einigen Metern in der Mitte der Gegenfahrbahn schwankend zum Stehen. Seinen dunklen Anzug beleuchtet eine gelbe Krawatte. Fünfundvierzig Jahre mag er alt sein. Nun betrachtet er die drei geschädigten Fahrzeuge, wackelt kopfschüttelnd hin zu seinem Auto, lehnt sich mit dem Oberkörper nach vorne, legt sich mit abgewinkelten Armen auf das Autodach, verbirgt das Gesicht in den Händen. So verharrt er. Ich steige aus, betrachte mit weichen Knien mein Auto. O Gott, o Gott! Vollidiot! Der Boden ist übersäht mit Glassplittern, die Stoßstange zeigt im dreißig Grad Winkel nach oben. Das Nummernschild ist verbogen. Der Kofferraum des Mercedes ist eingedrückt. Ich stelle mich neben den Mann, hole Luft, will ihn anschreien. "Volli..." Etwas hält mich zurück. Ich hole tief Luft. Stoße sie aus, bis die Lunge leer ist. Das Gleiche wiederhole ich. Und noch mal. Ich muss husten.

Die Liebe ist so unproblematisch wie ein Fahrzeug.
Problematisch sind nur die Lenker,
die Fahrgäste und die Straße.

Franz Kafka

Der Körper des Mannes zuckt in Krämpfen, er sieht mich nicht, scheint ganz in den Schmerz eingetaucht zu sein. Unschlüssig stehe ich da, fühle den Regen hart und vielköpfig auf die Kopfhaut prasseln, kühl in meinen Kragen fließen. Ruhe, Stille überfällt, überwältigt mich. Eigenartig, wohin ist der Ärger verschwunden? Ja, ruhig bin ich, ganz ruhig. Ich stelle mich neben den Mann. Die linke Hand lege ich vorsichtig auf seinen Rücken. Er reagiert nicht. Beruhigend streiche ich vom Nacken nach unten, einige Male, schiebe eine dünne Wasserflut vor mir her. Der Regen ist stärker geworden. Sein Sakko ist durchnässt. Meines auch. Nach einer Weile richtet er sich auf, wendet sich mir zu, sieht mir geradewegs in die Augen. Regen mischt sich mit Tränen. Ruhig steht er da, wie aus der Zeit gefallen, die Arme hängen kraftlos nach unten, als ob sie nur an den Schultern angeheftet wären. Unendlich traurig sieht er mich an, mit unglaublich blauen Augen. Die aschblonden Haare weisen wirr in alle Richtungen. Die gelbe Krawatte leuchtet nicht mehr, ist total verschmutzt, durchgeweicht, hat ihre Form verloren. Wir sehen uns ernst und schweigend an. Worte brauchen wir nicht. Alles ist klar. Dann geht er zwei Schritte auf mich zu, umarmt mich, drückt mich fest.

Sein Kopf liegt schwer an meiner Schulter. Ich drücke ihn leicht an mich, streichle nach kurzem Zögern zärtlich über sein nasses

Haar, seinen Rücken. Dünner Wasserdampf steigt auf. Es riecht nach Schweiß. Über seine Schulter hinweg, sehe ich regenverschleiert die geschlossene Schranke. Rot-weiß gestreift. Die Ampel zeigt blutrot. Wie immer. Und hinter der Schranke, auf beiden Seiten, wartet eine lange Schlange von Lastwagen, PKWs, Motorrädern und Fußgängern im Regen. Manche mit Schirm. Farbtupfen im Grau. Wie von Ferne dringt Hupen bohrend in die Gedärme. Wir sprechen kein Wort, stehen einfach da, umarmen und drücken uns. Regen läuft aus den Haaren über das Gesicht, tröpfelt von meiner Nase, meinem Kinn auf den Hinterkopf des Mannes, der kleiner ist als ich.

Kleine Stationen sind stolz darauf,
dass die Schnellzüge an ihnen vorbeifahren müssen.

Karl Kraus

Vielleicht werden wir gemeinsam einen Verein gründen. Einen Verein gegen Bahnschranken. Gegen geschlossene Schranken vor allem. Gegen Schranken-Willkür. Gegen Schranken in den Köpfen. Da kommen nämlich alle physischen Schranken her. Hunderte von Menschen sehe ich vor meinem inneren Auge demonstrieren. Auf beiden Seiten dieser geschlossenen Schranke, dieses gottverdammten Bahnübergangs. Begleitet von Sprechchören von Musik. Und Spielen für die Kinder. Die Sonne scheint, der Himmel ist himmlisch blau. Freibier wird ausbeschenkt. Grillwürste duften.

Gemeinsam werden wir ein Zeichen setzen, eines, das man nicht so schnell vergessen wird. Die verhassten Schrankenbalken werden wir niederreißen und ins Feld werfen. Und am besten gleich an Ort und Stelle verbrennen. Jemand hat vorsorglich eine Kettensäge mitgebracht und sägt sie unter dem Jubel der Anwesenden klein. Vielleicht möchte der eine oder andere eine Scheibe davon mitnehmen, sie als Trophäe zur Erinnerung an diesen großen Tag an seine Wohnzimmerwand hängen. Oder als einen originellen Bierdeckel verwenden.

Es wird ähnlich sein wie vor Jahren, als deutsche und französische Demonstranten gemeinsam Schlagbäume zwischen Deutschland und Frankreich abmontiert und in den Rhein geworfen haben. Feierlich wird es sein und endgültig. Politiker werden sich auf unsere Seite schlagen, weil wir so viele sind. Und sie wiedergewählt werden wollen. Die Schranken werden abgebaut. Hundertprozentig! Alle Schranken!

Wenn keine Narren auf der Welt wären,
was wäre dann die Welt??

Johann Wolfgang von Goethe

Als wir uns seinerzeit damit befassten, ein Haus zu planen – unser Haus –, wurde uns schnell klar, dass wir etwas Besonderes bauen wollten. Dies sollte auch für den Hühnerstall gelten. Er sollte unsere Wertschätzung für die Tiere ausdrücken und beim Betrachten positive Gefühle erzeugen. Dies gelang uns auch, wenn man es daran misst, wie die Mitmenschen darauf reagierten. Man sprach vom Hühnerschlösschen.

Etwas Besonderes wollten wir kreieren, nicht um andere Menschen von unserer Kreativität oder mit der Größe unserer Ideen zu beeindrucken. Besonders deshalb, weil wir ein Zeichen setzen wollten. Wir wollten etwas bauen, das die Zeit überdauert. Etwas

Zeitloses sozusagen. Für uns selber. Ein Zeichen gegen die Uniformität, gegen den nüchternen Bauhaus-Stil und die Plattenbauten, gegen die Abstumpfung und die einheitsgraue Ideenlosigkeit wollten wir setzen. Gegen architektonischen Einheitsbrei, urbane Hässlichkeit und Profitoptimierung. Abgesehen von wenigen Städten, die architektonisch einiges wagen, insbesondere solche am Persischen Golf, scheint diese urbane Hässlichkeit ein generelles Phänomen unserer Zeit zu sein.

Wenn ich mit meinen Architekten-Freunden diskutiere, höre ich immer wieder den Satz, so oder so ähnlich: "Wir wollen einen Bogen spannen zwischen der Historie und der Moderne." Mit anderen Worten: Wir wollen das, was partout nicht zusammenpasst kombinieren. Und es auch noch schön finden. So einen Bogen wollten wir nicht.

Ich plage Architekten, wenn ich mich streitbar fühle, mit folgenden Provokationen:
Erstaunlich, dass wir die Patina an älteren Gebäuden romantisch empfinden, während dieselbe Patina auf modernen Gebäuden nicht diese Empfindung hervorruft. Wie kommt das bloß?

Oder: Ein auszutauschender Kotflügel an einem älteren Auto, zu dessen Herstellungszeit rot die Modefarbe war, wird sicher mit der heutigen Modefarbe Silber ersetzt. Um einen Bogen zu spannen zwischen dem damaligen und dem aktuellen Farbgeschmack. Nicht wahr?

Es steht mir, in architektonischen Dingen ungebildeten Laien, laut den Spezialisten eigentlich nicht zu, solche Fragen aufzuwerfen. Trotzdem hat der eine oder andere von mir Gefragte die Stirn gerunzelt. Das Gefühl für Schönheit kann nicht exklusiv gepachtet werden. Schon gar nicht von den Architekten!

Im Umgang mit künstlerischen Instanzen durfte ich einige Erfahrungen machen, welche in eine Richtung weisen, die mich Laien schon wegen der fehlenden Ausbildung diskreditierte. Mit Bussen kommen Hunderte von Kulturinteressierten in die Landeshauptstadt, um Kunst zu genießen. Sie nehmen dafür allerlei Umstände und hohe Eintrittspreise in Kauf. Wir selbst wurden Zeugen, dass viele Besucher das Opernhaus während der Pause der Vorstellung schimpfend verließen, Abstimmung mit den Füßen, nennt man das. “Da gehe ich lieber an die Bar”, oder, “schade um das schöne Geld, da ist ja unsere Laienspielgruppe noch besser”, war zu hören. Meine Gattin und ich sind nur geblieben, weil die Preise für die Karten doch recht hoch waren. Vielleicht kam noch die Lust uns zu quälen, eine Art Sadismus hinzu, der uns zurückhielt.

Wir haben anschließend über längere Zeit einen Schriftwechsel mit dem Intendanten geführt, in welchem wir höflich aber bestimmt unsere Sichtweise darstellten. Am Ende kam das Erwartete heraus. Kurz zusammengefasst: Wir blutigen Laien sollten uns nicht anmaßen, die hohen Gedanken und Leistungen der Maestros nachzuempfinden, zu kommentieren oder gar infrage zu stellen. Im Gegenteil, wir sollten uns davon inspirieren lassen und dankbar sein, dass es noch großartige Menschen gibt, die sich für die Kunst aufopfern. Falls wir uns dieser Sichtweise nicht zuneigen könnten, wäre es besser für uns, eine Seifenoper im Fernsehen anzugucken. Dem Intendanten möchte ich zugutehalten, dass er tatsächlich auf unsere Briefe geantwortet hat und auf unsere Argumente eingegangen ist. In anderen Fällen haben wir vorgefertigte Schreiben erhalten, welche unsere Fragen nicht berücksichtigten und ganz andere, von uns nicht gestellte Fragen beantworteten.

Meine Gattin merkt oft an: “Die Katastrophe hat mit der Französischen Revolution begonnen. Von da an ging’s bergab. Man sieht es überall. Heute macht jeder, was er will und je größer der Unsinn ist, desto lauter wird geklatscht. Die Leute rennen zu Hunderttausenden in die alten Schlösser und betrachten mit Tränen in den Augen die Schönheit der Architektur und des Interieurs. Dann fahren sie nach Hause und richten sich ihre Wohnungen bei den Möbel-Discountern dieser Welt ein. Und sind auch noch begeistert."

Unser Haus sollte ein Schloss werden, oder besser gesagt ein Schlösschen. Unser Auge und das des gestressten Zeitgenossen sollte sich bei dem Anblick der Fassade, seinen Proportionen und Farben erfreuen. Man sollte nach dem Anblick Anregungen und ein heiteres Herz mit nach Hause nehmen können. Unser Architekt gab es irgendwann auf, uns zu beraten, wohlgemeint zu warnen oder auch nur noch bedenklich den Kopf ob unserer Vorstellungen zu schütteln. Gegen den unnachgiebigen Charme meiner Gattin kam er schon wegen seiner logischen Vorgehensweise nicht an.

Nach vielen Mühen und trotz meines schwachen Herzens haben wir es geschafft. Der Plan wurde genehmigt, das Haus fast genauso gebaut, wie wir das wollten, was manchen Nachbarn in Zorn versetzte, dem man seinen sowieso schon mickrigen Balkon wegen wenigen Zentimetern Überschreitung der vorgeschriebenen Tiefe zurückbauen ließ. Begleitet von einer saftigen Strafe. Gefragt, warum die Vorschriften nicht eingehalten wurden, kam die Antwort: "Wir wollten doch nur, dass der Balkon so breit ist, dass man einen Stuhl draufstellen kann." Das kann, glaube ich, der normal denkende Mensch nachvollziehen.

Wir hatten Glück, dass der nette und schon etwas angeheiterte Herr, der den Plan genehmigen sollte, an dem Tag, an dem wir mit ihm die Details besprachen, Geburtstag hatte.

Das Haus ist eine Perle geworden. Außen ist es hellgelb gestrichen. Die Lisenen sind weiß abgesetzt, so wie man es manchmal an historischen Gebäuden sieht. Die Fenster- und Türrahmen sind ebenfalls weiß und bei den in der Hausmitte befindlichen Fenstern sind sie nach oben hin halbrund gebogen. Die Balkongitter sind nach dem Gitter einer Kirche in Venedig nachgeschmiedet. Santa Maria della ... noch irgendwas. Statt dem üblichen Silber-Schwarzgrau, das häufig als Farbe für Schmiedearbeiten verwendet wird, sind unsere Gitter in einem frischen Lindgrün gestrichen. Es war ein langer Prozess, mit meiner Gattin die richtige Farbe zu finden und ehrlich gesagt, ich hätte die Gitter gerne noch etwas heller gehabt.

Kurz, die Leute bleiben auf der Straße stehen und bewundern das Haus. Manchmal bilden sich kleine Gruppen von Fußgängern und Radfahrern, die das Haus betrachten und darüber diskutieren. Sie machen oft Fotos. Es gibt viele Fragen von Passanten zu beantworten, wenn ich im Garten bin, der einem englischen Garten in Miniaturausgabe gleicht. Wir haben zwei große Walnussbäume in der Nordwestecke. Den kräftigeren von den beiden haben wir aus einer mitgebrachten Nuss aus Bulgarien selbst gezüchtet. Er trägt diese wohlschmeckenden, großen, etwas flachen, fast herzförmigen Nüsse, die einem wie Handschmeichler in der Hand liegen.

Im Inneren des Hauses sind die Böden mit weißem, hochglänzendem Marmor gefliest. Ebenfalls die Treppe ins Souterrain. Den Marmor konnten wir preisgünstig aus dem Ausland besorgen. Besonders im Licht der Dämmerung, leuchtet er mit einem kaum wahrnehmbaren, eleganten rosa Schimmer. Im Erdgeschoss bildet eine Balustrade, ebenfalls aus weißem Marmor, mit edel geformten, schlanken Balustern einen attraktiven Abschluss. Die Treppe ins Obergeschoß ist aus massiver Eiche gearbeitet.

Das Erdgeschoss besteht aus nur einem großen Raum, der ungewöhnlich hoch ist. Man hat ein klein wenig das "Kathedralengefühl". Die Decke wird von sechs weißen, zylindrischen, sich unten und oben verjüngenden Säulen getragen. Oben verjüngen sich die Säulen etwas mehr als unten, um einen möglichst harmonischen Eindruck zu erzielen. Darüber befinden sich jeweils Kapitelle mit fein gewirkten Akantusblättern. Die konnten wir ebenfalls preisgünstig aus dem Ausland besorgen. Meine Gattin hat zusätzlich noch jeweils unter den Kapitellen einen Ring aus weiß-rosa Rosen angebracht. Sie sind aus Kunststoff, sehen aber wie Marmor aus. Die Kapitelle erschienen ihr zu streng. Nun wirken die Säulen weiblich, warm, finde ich. Die Möbel sind altertümlich und geben dem Innenraum einen feierlichen Charakter. Die Küche besteht nur aus einer kurzen Zeile. Wir brauchen keine große Küche. Wir essen ja nur im Notfall, wie ich immer sage.

Die Leute im Ort sprechen, wie gesagt, vom Schlössl. Jeder weiß, was damit gemeint ist. In der Nachbarschaft wurde kürzlich ein Haus gebaut, das in Teilen unserem nachempfunden wurde. Na ja, man hätte uns einbinden sollen, dann wäre es besser geworden. Aber immerhin.

Leider haben sich in den letzten Jahren meine Geschäfte nicht sehr positiv entwickelt, sodass wir das Haus verkaufen müssen. Gegen die Verpfändung meiner Ehre habe ich Schulden angehäuft. Wir wollen auch nicht mehr hierbleiben. Wir möchten nach Italien, dort ist es wärmer und das Wetter ist beständiger.

Heute waren die ersten Kaufinteressenten da, die Familie Winterkorn. Gebildete, freundliche, junge Menschen. Sie schwanger, zum zweiten Mal, sehr schlank, mit dünner, scharf gebogener Nase, leichtem gelblichen, mit französischen Liliensymbolen dunkelblau bedruckten Kleidchen. Er mit Nickelbrille, braungewelltem schulterlangem Haar, alter brauner Lederjacke. Aus der Seitentasche lugt das Mundstück einer Pfeife heraus. Die Oma sitzt derweil im Auto und wartet mit der kleinen Enkelin, bis die Jungen mit der Besichtigung durch sind. Sie sind ja so begeistert. "Mein Gott, das ist ja richtig mediterran", sagt der Mann und unterstreicht das noch wie folgt, "ich habe achtzehn Monate in Perugia gelebt." Ein echter Experte also. Die Frau meint, "dass es so etwas gibt, hätte ich in meinen kühnsten Träumen nicht gedacht. Es ist ja so wunderbar". Von solchen Lobesreden bleibe ich unbeeindruckt. Das kenne ich alles. "Mediterran" scheint neuerdings ein Modewort für schön geworden zu sein. Mediterran ist hier höchstens das Olivenöl meines Freundes Jakob, das er für mich gelegentlich aus Italien mitbringt. "Extra Vergine". Der Glückliche hat Dreihundertzweiundzwanzig Olivenbäume. Und mediterran ist auch noch der Glaslüster über dem Esstisch, mit seinen klaren und den grünlichen, tropfenförmigen Glasteilen. Murano wahrscheinlich.

Nur die Eltern der Menschen und der Hühner gestatten ihren Kindern, in ihrem Haus zu leben.

Bruno

Man hat nun alles gesehen und ausgiebig bewundert. Nun kommt die Oma herein, bekleidet mit einem graugrünen, hübschen Trachtenkostüm, mit echten Hirschhornknöpfen drauf, ebenfalls mit scharf gebogener, dünner Nase, ähnliche wie die der Tochter. Die kleine süße Enkelin ist wach geworden und weint ständig. Ob sich bei ihr wohl ebenso einmal eine scharf gebogene, dünne Nase herausbildet? Hoffen wir es! Mit Schwung tritt sie mir, für mich überraschend, mit ihren roten Schühchen an das Schienbein. Zufrieden wendet sie sich dann ab, lehnt sich an die Mutter und weint weiter, nicht ohne sich zwischendrin verstohlen umzusehen, ob ihr Auftritt auch gebührend beachtet wird. Ich versuche sie zu beruhigen. Sie streckt mir die Zunge heraus und tritt mir wieder gegen das Schienbein. Und weint weiter. Die Oma macht ebenfalls die Tour durch das Haus und schwärmt ausgiebig. Sie findet das Haus "wunderbar luftig und mediterran", ist enorm beeindruckt. Schon wieder mediterran. Es fehlen ihr fast die Worte, sagt sie, um alles entsprechend zu würdigen. Mir wird es langsam zu viel. Ich setze mich auf den roten blumengemusterten Stuhl mit den gedrechselten Beinen neben die kleine schwarz-grau-farbige Marmorsäule mit der weißen Skulptur des Kopfes von Ludwig van Beethoven oben drauf. Dabei stütze ich mich auf das alte nussbaumfarbige Klavier mit den geschwungenen floralen Pflanzenmotiven.

Die Kaufinteressenten finden inzwischen noch weitere mediterrane Elemente. Die Oma bringt gekonnt einige französische Begriffe mit ins Spiel. Passt gut zu mediterran, finde ich. Für mich neue Wörter. Mein Französisch ist zwar rudimentär, vielleicht liegt es aber auch an ihrem hochdeutschen Akzent, dass mir diese Worte fremd vorkommen. Meine Gattin und ich sind jedenfalls von ihrer Bildung und der eleganten und souveränen Art, wie sie das Französische vorbringt mächtig beeindruckt. Das Wort mediterran zieht sich, weil überstrapaziert, in den Murano-Leuchter zurück. Ich wollte mir einige Worte merken, aber aufgrund des anschließenden Geschehens sind sie mir leider entfallen. Dann weist die Oma darauf hin, dass durch ihr finanzielles Scherflein der Kauf erst möglich werde. Das mit dem Scherflein bringt sie einige Male. Wenn sie noch einige zusätzliche Scherflein herausrückt, sollte die Finanzierung gesichert sein. Der Schwiegersohn schwenkt vom mediterranen diplomatisch Richtung Oma um und merkt an, dass er sich nun fühle wie zu der Zeit und in einem Schloss des Sonnenkönigs, Versailles komme ihm in den Sinn, so eine ungeheure Schwingung hätten die französischen Texte und deren exzellente Aussprache in ihm hervorgerufen. Wie um das Gesagte noch zu unterstreichen, blickt er starr und bedeutungsvoll auf eine der Porzellanrosen an einem Kapitell. Die Oma schaut zufrieden drein. Vielleicht denkt sie über das eine oder andere zusätzliche Scherflein nach.

Nach den Besichtigungstouren sitzt man gemütlich um den Nussbaumtisch mit den geschnitzten Beinen. Heute ist die mit Wurzelmuster verzierte Tischplatte, mit den preisgünstigen, hellrosa Rosen aus dem Supermarkt geschmückt, die in einer schweren Kristallvase untergebracht sind. Sie steht auf einer ovalen Tischdecke in naturweiß. Angeblich von der Urgroßmutter meiner Gattin selbst gehäkelt. Den Kaffee nimmt man aus dem feinem, antiken Herend Porzellan, "Fleurs des Indes", mit Goldrand, ein Geschenk einer lieben Freundin aus Ungarn. Das Porzellan mit dem Muster, das durch einen Kranz von Zweigen, die aus dem an ein Körbchen erinnernden Schilfdickicht herauswachsen, und fast zu atmen scheinende Blüten, sowie von elegant wallenden Blättern gebildet wird. Passend in Farbe und Stil zu den üppigschweren, goldgrün und goldrot gewirkten Brokatvorhängen. Die Silberlöffelchen mit den putzigen Krönchen und den Anfangsbuchstaben meines Vornamens und dem meiner Gattin drauf, sind extra für diesen Anlass poliert worden.

Wer einen Engel sucht und nur auf die Flügel schaut,
könnte eine Gans nach Haus bringen.

Georg Christoph Lichtenberg

Herr Winterkorn bleibt in Fahrt und erzählt nun begeistert von seiner rustikalen Bauernstube. Ein Erbstück. Schrank, Tisch, sechs Stühle, Eckbank, Hängelampe. Mittlerweile fast fünfzig Jahre alt! Sein Vater habe sie bei einem Schreiner im Oberland fertigen lassen. Alles Handarbeit. Massiv und unverwüstlich.

Rein Fichte. Schon als Kind haben ihn die Stuhllehnen beeindruckt, die eine Öffnung in Herzform aufweisen. Nach dieser offensichtlich diplomatisch sein sollenden Einleitung, blickt Herr Winterkorn prüfend auf seine Gattin, welche ihm kaum merklich zunickt.

Wir halten den Atem an und sind gespannt darauf, was nun kommen wird. Einen Moment lang denke ich, Herr Winterkorn wird aufstehen, er bleibt aber doch sitzen. Er räuspert sich, macht eine Kunstpause, schaut nach links und nach rechts. Dann erhebt er sich doch noch und macht eine Bewegung mit dem ausgestreckten Arm, die nicht nur das Haus, den Garten, sondern den gesamten Erdkreis zu umfassen scheint. Ganz Ohr sind wir. Gestärkt durch das Zunicken seiner Gattin kommt er jetzt mit seinem Vorschlag, den er wirklich überzeugend und viel zu laut vorbringt, nach vorne. Dabei deutet er mit der rechten Hand auf eine der weißen Marmorsäulen. Jetzt kommt etwas Endgültiges, etwas in Stein Gehauenes, das spüren wir alle.

Der Philosoph hat wie der Hausbesitzer
immer Reparaturen.

Wilhelm Busch

“Die zwei Säulen hier müssen raus”, dabei deutet er mit seinem Zeigefinger abwechselnd auf die bewussten Marmorsäulen, “hier möchte ich die Eckbank haben.” Kurze Stille kehrt ein. “Die Säulen tragen doch nicht die Decke, oder?” Seine Frau lächelt ihm aufmunternd zu. Die Oma blickt blass in die Runde. Dabei spannt sich die Haut auf ihrem schmalen Nasenrücken und verändert so die Farbe der Haut in der Mitte des Nasenbeins ins Weißliche. Wahrscheinlich ist sie froh, dass es endlich ausgesprochen ist. Das Töchterchen weint leise und zieht am Tischtuch.

Die Oma hält das Tischtuch unauffällig fest. “Und”, ergänzt der Schwiegersohn, “der Hühnerstall kommt natürlich weg.”

Viel später, als ich wieder zu mir komme, finde ich mich auf einer unserer mit einem Stoff historischer Gobelin-Muster bezogenen Recamieren liegend. Ich fühle mich schwach, hundeelend, vollkommen kraftlos. Ich bin umgeben von samtiger, tiefer Schwärze. Vorsichtig öffne ich blinzelnd ein Auge. Unscharf sehe ich das Gesicht meiner Gattin über mich gebeugt. Mit einem feuchten, kühlen Tuch betupft sie meine Stirn. Ich kann sie nicht richtig sehen, da über ihrem Kopf an der Decke der Kristalllüster, mit den vierundzwanzig kerzenförmigen Glühbirnen brennt und mich blendet.

Die Winterkorns sind wohl schon gegangen, ich höre sie jedenfalls nicht. In meinem Kopf hämmert es. Mein Herzschlag ist aus dem Rhythmus geraten, das spüre ich. Drum schließe ich wieder die Augen. Plötzlich taucht eine schwere, rustikale Eckbank aus hellem Holz klar und deutlich auf meiner inneren Leinwand auf. Die dazugehörigen Polster sind von einem angenehmen warmen grünen Farbton, mit weißen, bayerisch anmutenden Schnörkeln verziert und zeigen einige der unvermeidlichen roten Herzchen. Die Eckbank fliegt herein wie ein Düsenjet und landet direkt auf dem weißen Marmor, zwischen den zwei Marmorsäulen mit den filigranen Akantusblättern in den Kapitellen. Säulen zerbröseln. Am Boden bleiben zwei weiße Häufchen Staub zurück, obendrauf liegen rottweilerfarbige Gockelfedern.

Wieder versinke ich in samtiger, tiefer Schwärze. Für längere Zeit. Meine Gattin macht sich große Sorgen um mich, aber, wie die geneigte Leserin, der geneigte Leser schon ahnt, ich habe mich wieder erholt.

Für die Woche drauf vereinbare ich einen Termin mit meinem Banker. Vielleicht kann der Einzug der Eckbank doch noch vermieden werden.

So ist es im Leben:
Mal gewinnt man, mal verlieren die anderen.

Bruno

Wieder waren wir in Italien unterwegs. Dort waren wir mit einer schwierigen Aufgabe konfrontiert.

Von den vielfältigen Möglichkeiten, die uns heutzutage die Technik bietet, bin ich immer wieder überrascht. Otto Normalverbraucher macht ganz locker Dinge damit, von denen unsere Altvorderen nicht einmal hätten träumen dürfen. Und es geht munter weiter. Weiß Gott, was da noch auf uns zukommt!

Erst kürzlich hatte ich bezüglich komplexer Technik meine bescheidenen Kenntnisse ausweiten dürfen.

Wir waren nach Italien gereist, um uns einige Tage zu erholen. Dabei wollten wir die Gelegenheit nutzen, einen befreundeten Hühnerzüchter zu besuchen. Er hatte von einer neuen Züchtung berichtet, die ihm kürzlich gelungen sei.

In einem romantischen Bed and Breakfast hatten wir eine umgebaute Scheune, "Il Fienile", mitten "im Herzen" der Toskana bezogen. Das kennen wir nun schon. Wir haben die unterschiedlichsten Orte in der Toskana besucht. Überall hat man uns stolz verkündet, dass wir uns nun im eigentlichen Herzen der Toskana befänden. Vielleicht betrachten die Einwohner der Toskana, heißen sie nun Toskanesen, das gesamte Land als Herz? Es schlagen eben viele Herzen für die Toskana. Wir fühlten uns jedenfalls sofort wohl. Auch unser Hund Enrique fühlte sich gleich wie zu Hause und markierte fleißig seine Reviergrenzen.

Direkt neben der rustikalen, mit weiß-blauen Fliesen gekachelten Küchenzeile, welche mich an die berühmten Delfter Kacheln erinnerten, gab es eine Fernsehanlage, die uns noch beschäftigen sollte.

Wir wollten eigentlich nur den Wetterbericht für die nächsten Tage sehen. Dann den morgigen Tag danach planen. Vorstellungen hatten wir bereits, hofften sehnlichst darauf, dass die Sonne scheinen würde. Unser Wunsch war ein Ausflug ans Meer.
Ich wollte die Fernsehanlage wegen des Wetterberichts zum Laufen bringen. Anlage deshalb, weil es sich um mehrere Gerätschaften handelte, die, um optimalen Fernsehgenuss zu ermöglichen, teils mit schwarzen Kabeln untereinander verbunden waren.

Zu der Anlage gehörten ein Fernsehgerät (Marke nicht ersichtlich, nur in einer Art Logo verbundene Buchstaben H und I), ein Receiver (Marke set-one), zwei Fernbedienungen, eine davon silberfarben, die andere schwarz (ebenfalls ohne Angabe einer Marke). Bei uns zu Hause hat sich für den Begriff "Fernbedienung" seit Langem die Bezeichnung "Schläger" eingebürgert. Im Folgenden möchte ich nicht von meiner lieb gewonnenen Gewohnheit abweichen, die Fernbedienung weiter Schläger zu nennen und bitte dafür um Verständnis. Solche ungewöhnlichen Begriffe ergeben jedoch einen persönlicheren Eindruck, finde ich. Auch den Kö, den man zum Billardspielen benötigt benennen wir so.

Um die Vorgehensweise und die gesamte Vielfalt der Möglichkeiten einschätzen zu können, hatte ich mir zuerst einen Überblick über die Anzahl der Tasten verschafft. Es waren erstaunliche siebenundsiebzig Stück, auf die beiden Schläger verteilt. Am Fernsehgerät waren weitere dreizehn Tasten und einige am Receiver zu finden. Der Receiver ist übrigens der geheimnisvolle schwarze Kasten, über dessen genaue Funktion ich mir noch kein Bild machen konnte. Offenbar ist dieses Gerät aber sehr beliebt, da es, wie mir aufgefallen ist, Teil vieler Anlagen ist.

Manche der Tasten waren praktischerweise mit zwei Funktionen belegt, das spart Platz und trägt dazu bei, Tasten zu sparen, sowie auch dazu, dass die Schläger klein und handlich bleiben. Ich bin zu wenig Mathematiker, um sagen zu können, wie viele Millionen Möglichkeiten an Tastenkombinationen mit der gegebenen Anzahl der Tasten erreicht werden können. Ganz egal, ich bin ohnehin schon zutiefst beeindruckt.

Manche Tasten waren mit mir unbekannten Buchstabenkombinationen oder Symbolen bedruckt, wie zum Beispiel Mute, pqrs, Text, P/C, DTV, 0/10. Eine ganze Reihe von Tasten war mit Zahlen, wieder andere mit putzigen kleinen Symbolen versehen, wie Pfeilen, die in unterschiedliche Richtungen zeigten, Plus- und Minuszeichen, kleine Uhrsymbole, Fragezeichen, Ausrufezeichen und weitere mehr. Andere Tasten waren verschiedenfarbig gestaltet.

Die Bedeutung der Farben erschloss sich mir so wenig wie die Buchstabenkombinationen und die Symbole. Wenn eine Anleitung verfügbar gewesen wäre, dann wäre sie wahrscheinlich in italienisch gewesen. Selbst wenn sie in deutsch oder englisch, Letzteres beherrsche ich leidlich, verfügbar gewesen wäre, so hätten die wenigen Tage, die wir im Bed and Breakfast verbringen wollten, wahrscheinlich nicht ausgereicht, um all diese unendlich vielen

Tastenkombinationen auszuprobieren, zu verstehen und auch noch zu merken.

Wenn ich schon mal etwas mache, so soll es auch ordentlich und nachvollziehbar sein. So bewaffnete ich mich mit Bleistift und Buntstiften (die ich immer mit mir führe) und Papier im Format DIN A4, um die wichtigsten Tasten-Kombinationen aufzuschreiben, da ich befürchtete, einmal erreichte Resultate nicht mehr nachvollziehen zu können. Dabei legte ich mir eine Tabelle an, in welcher all diese Tasten vermerkt waren. Senkrecht und waagerecht. Getrennt nach Schlägern. Die Felder musste ich winzig klein zeichnen, um auch alle Tasten abbilden zu können. Dazu waren einige Versuche nötig. Schließlich gelang es mir und ich freute mich über meinen ersten Teilerfolg. Die Felder der farbigen Tasten habe ich anschließend mit Buntstift eingefärbt, die Symbole fein säuberlich nachgezeichnet, um mehr Übersicht und Transparenz zu erreichen. Nun musste ich nur noch die unterschiedlichen Tastenkombinationen drücken, sehen, was sich auf dem Bildschirm tat und Kreuze in die entsprechenden Felder malen. So konnte ich die Resultate gut dokumentieren. Das wollte ich mit dem Bleistift erledigen. Zur Not konnte ich dann immer noch radieren.

Mir war unklar, ob die Schläger gleichzeitig oder hintereinander zu bedienen seien. Meine Gattin wusste es leider auch nicht. Falls die Schläger hintereinander bedient werden sollten, wäre es vorteilhaft, wenn sie mit den Zahlen 1 und 2 versehen gewesen wären.

Nach einer längeren und intensiven Diskussion über die beste Vorgehensweise mit meiner Gattin, einigten wir uns darauf, einfach mal munter drauflos zu drücken, in der Hoffnung, zufällig die richtigen Tasten-Kombinationen zu erwischen. Dabei fielen mir die Wahrscheinlichkeiten zu gewinnen, die man immer wieder vom Lotto hört, ein und ich war nahe daran, den Versuch aufzugeben.

Meine Gattin redete jedoch eindringlich auf mich ein. So konnte ich kaum mehr zurück, ohne auch noch das letzte Fünkchen Vertrauen in meine technischen Fähigkeiten aufs Spiel zu setzen. Ich schöpfte wieder Mut und stellte meinen ungeheuren Respekt vor dieser genialen Komplexität erst einmal zurück.

Eigentlich mag ich solche Aktivitäten nicht. Man kann sich dabei nur blamieren. Sollte man erfolgreich sein, wird das Ergebnis als selbstverständlich genommen, jedes Kind kann schließlich einen Fernseher bedienen, falls man es nicht schafft, ist es um so schlimmer. Schließlich muss man doch zugeben, dass die meisten Menschen ein Fernsehgerät besitzen und wohl auch mit den Schlägern umgehen können.

Nun schritt ich beherzt zur Tat. Zuerst prüfte ich, ob alle Kabel und Stecker eingesteckt und fest miteinander verbunden waren. Das war, soweit ich das sehen konnte, in Ordnung. Weiter prüfte ich, ob überall Strom vorhanden war. Dann fing ich an, sozusagen zweihändig zu agieren. Den silberfarbenen Schläger nahm ich in die linke, den schwarzen in die rechte Hand. Das notierte ich mir. Wie ein bedeutender Dirigent kam ich mir vor. Ein gutes Gefühl! Anfangs summte ich zum rhythmischen Drücken der Tasten. Meine Gattin warf mir einige bewundernde Blicke zu, oder zumindest habe ich diese so interpretiert. Jetzt fing die Sache an, richtig Spaß zu machen. Nach jeder Aktion mit den Schlägern trug ich die bereits erwähnten Kreuze sofort in die dazugehörigen Felder ein.

Auf dem Bildschirm im Format von knapp einem Blatt DIN A4 quer, erschien nach gut dreißig Minuten Versuchen, ein flimmerndes Bild. Eigentlich kein richtiges Bild, wie man es von Fernsehübertragungen gewohnt ist, sondern eher eine unruhig flimmernde helle Fläche mit vielen kleinen rasterförmig angeordneten, unruhigen, grauen Punkten. In der linken oberen Ecke zeigte sich eine große grüne Zahl. Die neun. Es rauschte laut. Das Ergebnis war natürlich nicht optimal, aber dafür, dass ich absoluter Laie war, nicht ganz unbeachtlich.

Mittlerweile war die erste Tabelle voll ausgefüllt. Um später nicht wieder unterbrechen zu müssen, legte ich gleich mehrere davon in Reserve an.

Nach weiteren gut dreißig Minuten wurde meine Gattin ungeduldig, beschimpfte mich, dass ich unfähig sei, auch nur einen Fernseher einzuschalten, was sie ja aufgrund ihrer Erfahrung mit mir leicht hätte vorhersehen können. Es sei immer das Gleiche mit mir. Viel Lärm und nichts dahinter. Dann riss sie mir roh die Schläger aus den Händen und fing selbst an, hektisch auf den Tasten zu manövrieren. Nicht ohne sich weiter lautstark über meine angebliche Unfähigkeit zu beklagen. Meine Tabellen wollte sie nicht benutzen. Das ärgerte mich, hatte ich doch erst zweieinhalb der Tabellen ausgefüllt und fühlte mich kurz vor dem Durchbruch.

Mittlerweile war es spät geworden. Verletzt, enttäuscht und unbeachtet zog ich mich ins Bett zurück. Ja, ja, Undank ist der Welten Lohn!

Noch lange hörte ich das Rauschen und Knacken aus dem Nebenzimmer, bis ich irgendwann einschlief.

Im Traum lag ich auf einer silbernen Luftmatratze in Schlägerform, auf der all diese wunderbaren Symbole und Ziffern abgebildet waren, die ich nun schon kannte. Der Schläger schaukelte auf dem Meer. Das Wasser war leicht bewegt, außer dem Rauschen des Meeres war nur ein schwarzer Händler leise vom Strand her zu hören. Er rief: “Cocco bello, bello cocco! Bello cocco, cocco bello!” Das war gut, so ich konnte die Augen geschlossen halten, ohne die Richtung zum Land aus den Augen zu verlieren. Das aus den Augen verlieren scheint mit geschlossenen Augen unmöglich zu sein, aber, erinnern Sie sich doch bitte selber, wie es in Ihren Träumen war. Dinge sind im Traum möglich, die sonst unvorstellbar sind. Ich füllte meine Lunge tief mit gesunder Meeresluft. Mein Hinterteil war dem Schläger zugewandt, ich ließ mich von der Sonne bräunen. Eigentlich kein schlechtes Omen für den nächsten Tag!

Am Morgen beim Frühstück berichtete meine Gattin: Den Wetterbericht konnte sie nicht sehen. Auch ihr gelang es nicht, die Fernsehanlage zum Funktionieren zu bringen. Den ganzen Tag über regnete es.
Der Besuch bei unserem hühnerzüchtenden Freund brachte leider nichts Bahnbrechendes zutage. “Zum Glück”, meinte meine Gattin. “Wir lieben die Hühner so, wie sie sind.”

Selbst das klügste Huhn landet irgendwann im Kochtopf.

Arabisches Sprichwort

Zurück von der Reise nahm ich mir vor, mich wieder einmal näher mit den Eiern zu beschäftigen.
Das Begutachten von Hühnereiern nehme ich üblicherweise gern auf einem alten Holzstuhl vor. Es ist der schlechteste, den wir haben. Schon bei kleinen, mir unbewussten Bewegungen, knarrt er. Das ist einerseits störend, andererseits sehe ich daran, in welch unruhigem Zustand ich mich befinde. Ich neige dazu, wenn es um das Betrachten von Eiern geht, mir etwas vorzumachen, denke, ich wäre schon ruhig genug, um damit zu beginnen.

Der Stuhl ist jedoch nicht zu täuschen. Wie ein feines Messinstrument zeigt er erbarmungslos meinen Zustand an. Solange er knarrt, brauche ich mich nicht auf die Eier zu konzentrieren. Bis er zur Ruhe kommt, kann es schon fünf Minuten, manchmal sogar länger dauern.

Heute betrachte ich ein grünes Hühnerei mit Blaustich. Und das schon eine ganze Weile. Das Ei hat sich in meine Augen eingeprägt, sie haben es fast verschluckt. Auf der Netzhaut hat es haarige Wurzeln geschlagen, sich eingenistet. Ein Lastwagen rattert vorbei, Fensterscheiben vibrieren, schlafen wieder ein. Kurz knarrt der Stuhl. Eiwurzeln fingern sich behende durch den Sehgrund, durchwirken, durchbohren die Fleischeszellen. Es riecht nach Diesel. Ab und zu verirren sich Sonnenstrahlen auf den Küchentisch, huschen das Muster des von der Zugluft leicht bewegten Fensterstores über die überraschte Holzmaserung. Einige geöffnete Eierbehälter, bevölkert mit bunten Eiern, liegen parallel zur Kante auf dem Tisch. Es duftet nach Kaffee.

Mein Vorhaben: Ein Ei so zu betrachten, als ob ich noch nie eines gesehen hätte. Geht das überhaupt? Schon länger beschäftige ich mich damit, überlege, ob so eine Idee durchführen zu wollen sinnvoll ist, oder nicht. Da sie aber immer wieder in meine Gedanken weht, möchte ich es hinter mich bringen, dann endlich meine Ruhe haben. Mühsam wird es werden, das weiß ich. Trotzdem wage ich mich ran.
Das Ei wird einundzwanzig Tage lang ausgebrütet. Einundzwanzig Tage lang besteht weder eine Verbindung zur Mutter noch zur Außenwelt. Nichts kommt aus dem Ei heraus, nichts kann in das Ei hinein. Ein Hauch von Luft vielleicht, kein Wasser, null Nahrung, rein gar nichts. Das Küken, ich meine natürlich das Biberl, wächst darin ohne jegliche Unterstützung, ganz auf sich allein gestellt. Nach dieser einsamen Zeit klopft es die Schale von innen

her auf, kommt sauber und quietschfidel herausgesprungen, hüpft umher. Unglaublich!

Aus einem guten Dutzend von Eiern habe ich ein grünes mit Blaustich ausgewählt. Es schien mir, am Rand des Körbchens mit etwas Distanz zu den andern liegend, am besten geeignet. Ich wiege das Ei in der Hand, werfe es behutsam die kurze Strecke von der rechten in die linke. Und umgekehrt. Es fühlt sich angenehm an. Eier haben weder Ecken noch Kanten, überall rollen sie durch. Handschmeichler. Die Temperatur des Eis ist etwas kühler als die meiner Hände. Wenn ich noch etwas weitermache, werde ich es noch anbrüten. Ich schubse es auf der glatten Tischplatte hinüber zu den Eierschachteln und zurück zu mir. Das Ei rollt mit steinernem Langton, nachdem es vom Schwung der Hand befreit ist, sich stetig verlangsamend. Wegen der Eiform ist nicht an eine gerade Lauflinie zu denken. Die dadurch bedingte, vorbestimmte Kurve, muss ich bedenken, um das Ei ins Ziel, in die Mitte der Eierschachtel zu rollen. Möglichst genau dorthin, wo das große blaue "B" aufgedruckt ist. Nach einigen Versuchen gelingt mir das halbwegs. Der Eigensinn der Eiform jedoch weicht jedes Mal von der von mir vorberechneten Kurve ab.

Wenn ich mich nicht irre, gibt es nur wenige Substantive in der deutschen Sprache, die mit zwei Buchstaben auskommen. Erstaunlich finde ich es deshalb, dass für das Wort Ei zwei Buchstaben ausreichen sollen. Das ist doch zu wenig. Definitiv. Man hätte wie bei anderen Substantiven, wie zum Beispiel bei Hahn, Kahn, Truhe, Thron, Bahn, Zahn, wenigstens noch ein "h" einflechten können, um dem Ei das ihm zustehende Gewicht zu verleihen. Sogar der Rhein hat ein "h" bekommen, wie auch die anderen vorgenannten Beispiele, obwohl sie schon drei oder mehr Buchstaben aufweisen konnten. Ergo schlage ich vor, bei der nächsten Rechtschreibreform das Ei künftig Eih zu schreiben. Alternativ ginge zur Not auch Hei. Hei hätte allerdings den Nachteil, dass es verwechselt werden könnte mit dem heute so beliebten Grußwort Hi. So eine Schreibweisen-Änderung müsste doch möglich sein bedenkend, dass das "h" von rauh weggefallen ist und daher eine "h" übrig wäre.

Unter der Lupe sieht die kalkige Oberfläche der Schale gar nicht so glatt aus, wie man denken möchte. Sie erscheint ziemlich gleichmäßig rau.
Ich möchte mich über das Ei wundern, strenge mich an, um in den Wundermodus zu gelangen. Ohne den geht nichts. Zusätzlich möchte ich noch erstaunt sein, sonst kann mein Vorhaben nicht gelingen. Mit dieser Art von Übungen habe ich jahrelange Erfahrung. Ohne mich zu wundern, ohne erstaunt zu sein, ist das Leben ziemlich langweilig, geradezu öde. Mit zunehmendem Alter scheint die Fähigkeit des sich Wunderns nachzulassen. Vielleicht deshalb, weil man alles schon X-Mal gesehen hat. Und es nichts Neues unter dem Himmel gibt. Das passt mir nicht. Deshalb arbeite ich immer wieder daran, damit diese Fähigkeiten nicht eines Tages ganz verdorren. Wichtig ist es, beide zu üben, das Wundern und das Erstaunen. Das ganz Normale, Alltägliche scheint wunderbar zu werden, wenn es mir gelingt, die Gewohnheit von ihm abzuziehen. Da bleib ich dran! "Bruno, komm her, lass uns ein wenig erstaunt sein!"
Für jemanden, der darüber nie nachgedacht hat, einen Ungeübten, hört sich das wohl seltsam an, aber ohne Übung kann ich mir nicht vorstellen hier weiterzukommen. Los geht's. Mit Fragen lässt sich's trefflich beginnen:

Wie schaffen es die Hühner, eine so lückenlose und vermutlich überall gleich dicke Schale zu produzieren? Und auch noch durchgehend einheitlich in der Farbe. Wo kommt bloß die Farbe her? Unglaublich ist das! Wie ist es möglich, dass die Schale immer genauso groß gerät, dass Eiweiß und Eidotter exakt hineinpassen? Nicht davon zu reden, dass, nach dem Einfüllen von Dotter und Eiweiß, beim Schließen der Eierschale, nichts herausfließen darf. Unfassbar ist das! Und so behutsam machen sie das, dass Eiweiß und Dotter nicht zusammenfliesen! Unvorstellbar, das brächte ich nicht zustande! Wie organisieren das die Hühner, dass der Dotter in die Mitte kommt und nicht außen um das Eiweiß herum! Und dass der Dotter immer gelb (bei unseren Hühnern von einem kräftigen Orangerot!!) und dass das Eiweiß immer weiß ist und nicht umgekehrt? Ungeheuerlich ist das! Und das alles ohne hinzusehen! Und ohne eine Kralle, den Schnabel oder einen Flügel zu Hilfe zu nehmen! Anbetracht dieser, mit nüchternem Verstand sezierter, unvorstellbaren Leistung, fällt es mir nicht mehr schwer: Langsam gerate ich in das Staunen hinein und ich wundere mich schon ein wenig!

Knarrt der Stuhl? Nein. Dann kann der nächste Schritt folgen:

Ich möchte versuchen, das Ei als fremd, als seltsam anzusehen, nicht nur als selten, wie das ja schon im Wort seltsam steckt, sondern es vorerst gar als gefährlich einzustufen. Genau. Gerade jetzt, im richtigen Moment klopft eine, wie ich glaube, gute Idee an mein Oberstübchen. Nun nur nicht zögern. Hereinlassen, herein mit der Idee! Es handelt sich um ein unbekanntes Ei-Objekt (UEiO). Ja, das ist es. Wer weiß schon, was sich hinter der freundlichen Schale verbirgt. Okay. Es ist bekannt: Eiweiß und Dotter. Das negiere ich vorläufig. Halt. Dass wirklich Eiweiß und Dotter drin sein sollen, ist eher eine Vermutung. Theoretisch könnte alles Mögliche drin sein! Oder gar nichts.

Neu soll sich das Ei offenbaren, von mir entdeckt werden. Ich möchte wissen, ob ich das Ei nach den bisherigen und derzeitigen Mühen anders wahrnehmen werde. Wofür ist so ein Ei wohl gut, frage ich mich? Was geschieht mit den Hunderten von Millionen Eiern, die jedes Jahr gelegt werden? Und mit den Bergen von Eierschalen? Ganze Gebirge von Eierschalen müssten so entstanden sein. Wo sind sie wohl? Darüber habe ich zu wenig nachgedacht. Wer soll sich das bloß vorstellen können? Wen könnte man fragen? Wer von uns Menschen kümmert sich darum? Und wie ist das bei den Hühnern? Sie legen die Eier und kümmern sich nicht mehr drum. Das ist doch verrückt! Außer wenn sie brüten, natürlich. Aber, das ist selten. Drum negiere ich das auch.

Das alles muss ich mich mehrmals hintereinander fragen, damit ich es schaffe, den Pegel des Erstaunens auf hohes Niveau zu bringen und dort auch zu halten. Dabei reiße ich die Augen auf, bilde Stirnfalten, schüttle ungläubig den Kopf. Wo ist denn der verflixte Spiegel? Den habe ich doch kürzlich schon vermisst. Immer wenn man die Sachen braucht, sind sie verschwunden. Wenn ich ihn jetzt suche, komme ich von meinem Niveau des Erstaunens runter und kann von vorne anfangen. Das mag ich jetzt nicht.

Ei-genartig. Gerade noch kam mir das Ei bekannt, geliebt vor. Es hatte etwas Selbstverständliches, Altgewohntes an sich. Nun sind mir Schale, Form, Farbe, selbst das Wort Ei fremd geworden. Das Fremdwerden des Wortes begann genau genommen schon bei den Überlegungen bezüglich des fehlenden "h". Ungleich spitz ist das Ei an den Enden. Was das wohl zu bedeuten hat? Vielleicht sollte ich, um ein Vorbild abzugeben, für das ich durchaus nicht geeignet bin, im Vorgriff auf die nächste Rechtschreibreform, wenigstens in diesem Zusammenhang das Ei mit "h" schreiben. Also gut, Eih. Außerdem finde ich, dass die Farbe Grün mit leichtem Blaustich kalt aussieht. Sehr kalt sogar. Gefährlich geradezu! Ist da nicht ein seltsamer Schatten an der lichtabgewandten Seite? Hat er nicht eine eigenartige, geradezu Gefahr andeutende, ins giftgrün tendierende Farbe? Etwas Geheimnisvolles, Ungutes geht von ihm aus! Ohne groß zu überlegen, ich wundere mich selbst darüber, führe ich das Eih an meine Nase. Ich rieche nichts. Üblicherweise riecht man nicht an Eihern. Mehrmals schnuppere ich daran. Wieder nichts. Verdächtig kommt mir das vor. Ein nicht riechendes Eih, das ist wie ein Mordfall ohne Fingerabdrücke. Mich schaudert. Niemals habe ich mich vor einem Eih geängstigt. Nun ist es mir mulmig geworden.

Der Stuhl knarrt. Höchste Zeit die Übung abzubrechen, bevor das Ganze entgleist! Ich eile in Hausschuhen aus dem Haus, mit dem Eih in der Hand. Den Arm strecke ich weit von mir, die rechte Hand umfasst es vorsichtig. UEihO. Wie eine heiße Kartoffel, nein, wie eine glühende Kohle kommt es mir vor. Hoffentlich stolpere ich jetzt nicht! Es könnte dabei zerbrechen und seinen unbekannten, vermutlich gefährlichen Inhalt freigeben. Schon stolpere ich, klar, was man vermeiden möchte, geschieht meist. Zum Glück fange ich mich nach ein paar Stolperschritten ohne zu stürzen, renne fast die braune Mülltonne um. Mein rechtes Knie schmerzt. Das UEihO ist zum Glück unbeschädigt. Ich hebe den Deckel der Mülltonne, suche eine Lücke im Müll. Einen Platz, in dem das Eih geschützt ist. Er zeigt sich zwischen eingerollten Zeitungen. In diese Lücke lasse ich das UEihO vorsichtig hineinplumpsen. Es soll nicht mehr zu sehen sein, deshalb wurstle ich die Zeitungen drüber, schließe fest den Deckel. "Puuuh! Gerade noch mal gut gegangen."

Später gehe ich, ruhiger werdend, in die Speisekammer, hole mir die noch fast volle Flasche von dem teuren Eierlikör, trinke zur Beruhigung einige Gläser, nein, genauer ausgedrückt, einige Eierbecher gefüllt mit dem herrlichen Getränk.
Die Wunderübung ist gut geglückt, finde ich. Sehr gut sogar. Besser als bei den letzten Malen. Ich bin zufrieden. Der Stuhl knarrt gemütlich im Rhythmus meines Atems vor sich hin.

Nun bin ich so schön in Schwung, möchte ich die Dinge weiter mit neuen Augen betrachten. Ein Spaziergang im Wald gibt mir dazu eine gute Gelegenheit. Am Waldrand röten sich die ersten Walderdbeeren. Sie verstecken sich gerne unter den Blättern. Die Brombeeren blühen zuhauf, die Holunderblüte geht ihrem duftenden Ende entgegen. Die Himbeeren mögen hinter der Blütenorgie ihrer Kolleginnen nicht zurückbleiben. Kleine, unschuldigweiße Trichterchen, duftig rosa an den äußeren Blütenrändern, wachsen tausendfach an den Rändern der Wege, die durch die Felder führen. In der Nacht ziehen sie sich zu dünnen Stiftchen zusammen. Von reinstem Weiß sind sie, in dezentes Rosa-Violett übergehend. Schwierig ist es, sich von ihrer Schönheit loszureißen. Es sind ja nicht nur diese allerliebsten Weiß-Rosa-Schönchen! Jede Blüte, jede Form, die natürlich entstanden ist, zeigt sich perfekt, unübertroffen. Sie wärmt einem das Herz, wenn man ihm nur seine Aufmerksamkeit und Freude schenkt und natürlich: sein Herz öffnet. Eine Libelle, schwarzblaue Flügel, schwarzer Körper sitzt im Gras und sonnt sich. Wenn ich durch die Wiesen, durch das hohe Gras gehe, fliegen bei jedem meiner Schritte Dutzende von Insekten, Käfer, Schmetterlinge auf. Vorsicht Leute, ich möchte euch weder zertreten noch Schaden zufügen. Ich pfeife jetzt, dann hört ihr mein Kommen und könnt euch davonmachen. Heuhüpfer verschiedener Größe zeigen ihr Können im Weitsprung. Ameisen flitzen davon. Fliegen fliegen auf.

Kluge Menschen essen die Eier,
dumme schlachten die Hühner.

Bruno

Die Bäume im Wald wurden eng gepflanzt. Der Kampf um das Licht hat sie in die Höhe gelockt. Die unteren Äste sind wegen Lichtmangels abgestorben. So kann ich gut zwischen ihnen

durchsehen. Auf dem feuchten, mit wenigen dürftigen Pflanzen bewachsenen Waldweg, sehe ich die Bäume an mir vorüberziehen. Die nächststehenden bewegen sich schnell vorbei, die weiter entfernten jeweils mit wachsendem Abstand etwas langsamer, bis hin zu den weit im Hintergrund befindlichen, welche sich kaum bewegen, sich eher in Gegenrichtung auf den Weg zu machen scheinen. Nichts Neues, nichts Außergewöhnliches. Alles tausend Mal gesehen und genau so oft nicht beachtet. Trotzdem ein interessantes Szenario! Nun versuche ich meine Erfahrung zu vergessen und von ihr unbelastet das Bild zu betrachten. Erstaunlich, die Bäume bewegen sich in unterschiedlichen Geschwindigkeiten aufeinander zu und aneinander vorbei, ohne sich zu stoßen. Wenn ich stehen bleibe, bleiben auch sie stehen.
Ich bücke mich etwas beim Gehen. Das ändert kaum etwas am Bild. Auch wenn ich ein Auge schließe, tut sich nicht viel. Mal sehen, ob dieser Effekt auf der anderen Seite des Weges genauso auftritt. Tatsächlich!
Ohne es zu bemerken trete ich in eine Unebenheit, ein Loch ist im Weg, ich stolpere und lande auf dem Bauch. Ich bin mit meinem weißen Hemd genau auf eine Moosfamilie gefallen. Es hat nun einen dekorativen, feuchtgrünen Moosabdruck erhalten. Braune Tannennadeln wedle ich weg. Nun erscheinen mir meine Bemühungen doch ziemlich naiv zu sein. Nachdenklich mache ich mich auf den Rückweg nach Hause.

Jedenfalls ist es besser, ein eckiges Etwas zu sein, als ein rundes Nichts.

Friedrich Hebbel

Wenn die Terrassentüre offen ist, kommt schon mal die freche Lilo herein, manchmal allein, öfter mit einer ausgewählten Delegation. Zu ihrem Inspektionsrundgang. Um zu sehen, ob etwas zu holen wäre. Selten geht sie mit leerem Schnabel wieder zurück zu den Ihrigen. Letztes Jahr war Lilo verschwunden. Wir konnten sie nirgends finden. Wir hatten schon das Schlimmste befürchtet, eine Untat des schrecklichen Marders nämlich. Mit jedem vergangenen Tag wurde es schwieriger, uns gegenseitig aus unserer Traurigkeit herauszuholen, uns zu versichern, dass Lilo wieder auftauchen würde. Die seltsamsten Ideen, wo sie sein könnte und warum sie noch nicht zurückgekommen sei, wurden, um unsere Hoffnung am Leben zu erhalten, in der Familie ausgetauscht. Am Morgen des vierten Tages mussten wir uns wohl oder übel eingestehen: Lilo wird nicht wiederkommen. An eine solch lange und ungehörige Abwesenheit eines Huhns konnte sich niemand erinnern. Still war es im Haus.

Nur das Nötigste wurde von uns gesprochen. Die Gesichter waren von Trauer gezeichnet. Es war nicht auszuhalten. Im Garten versuchte ich mir etwas frische Luft zu verschaffen. Auch das Wetter war grau. Wie es sich nur immer ergeben mag, dass die Ereignisse so schrecklich zusammentreffen? Lilo weg – graues Wetter. Nachdenklich ging ich im Garten auf und ab. Schaute sicherheitshalber noch in einige Ecken, die, das vermutete ich, von mir noch nicht gründlich genug untersucht worden waren. Wütend trat ich nach einer umgekehrt auf der Erde liegenden emaillierten, bordeauxroten Blechschüssel. Was war das? Der Klang war überraschend dumpf. War da nicht ein eigenartiger Widerstand gewesen? Noch einmal trat ich dagegen. Das gleiche Resultat.

Seltsame Geräusche kamen unter der Schüssel hervor. Vorsichtig hob ich die Schüssel hoch und, o Wunder, da saß sie, die gute Lilo, zusammengekauert auf dem Gras. Sie hob ihr Köpfchen: "Gaaack, gaaack, gaaack!" Ganz leise und lang gezogen gaackte sie. Das hörte sich sehr müde an. Obwohl – müde konnte sie nicht sein. Dabei sah sie mich fragend an. Und froh. Das kann ich mit Fug und Recht behaupten, auch wenn Lilo nichts dergleichen gesagt hat. Ja, gaaack, gaaack, gaaackte ich ganz leise und langgezogen zurück, nahm sie auf den Arm und startete einen Sieges- und Jubelzug durch Haus und Garten. Große Freude allenthalben! Später überlegte ich, wie dieses Ereignis zustande gekommen sein könnte. Ich erinnerte mich: In der Schüssel war Hühnerfutter, Lilo hüpfte wohl auf den Schüsselrand, um näher am Futter zu sein und besser picken zu können. Ihr Gewicht brachte die Schüssel dazu, sich mit einem Ruck über Lilo zu stülpen. Da saß sie nun im Finstern und wartete auf den nächsten Morgen.

Gerade habe ich Lust, Bruno zu rufen. "Bruno, lieber Bruno, komm doch mal her." Da kommt er schon. Stolz bricht er durch die Johannisbeersträucher, dass es nur so knackt, nimmt eine bedeutende Haltung ein, kräht. "Braver, Bruno, brav." Ich werfe ihm einige Leckerli hin. Bruno pickt sie nicht auf, dreht mir beleidigt den Rücken zu. Martha hat damit kein Problem, eilt herbei und pickt in Windeseile alles weg. Bruno ist verärgert, pickt Martha weg. Er möchte jetzt erst recht, dass ich die Leckerli nicht auf den Boden werfe, sondern sie ihm in der Hand reiche, sodass er sich beim Fressen nicht bücken muss. Er meint, ihm stünde das zu. "Also gut, mein Braver." Bruno bekommt aus der Hand, ist zufrieden, gibt einen Grunzlaut von sich, nimmt vorsichtig die Sonnenblumenkerne auf.

Dabei berühren seine Kehllappen meine Hand, streichen an ihr entlang. Warm fühlen sie sich an. Die Hand ist nun leer, Bruno steht da wie versteinert. "Was ist los, Bruno, bist du eingeschlafen?" Mit Daumen und Zeigefinger befühle ich vorsichtig die Kehllappen. Sie sind feuerrot und angenehm weich. Etwa zwei bis drei Millimeter dick, an ihrem Rand etwas verstärkt, teilweise mit kurzen weißen Härchen. Zwischen den Kehllappen befindet sich ein Kisschen aus weißen Flaumfedern. Zärtlich streichle ich über die Kehllappen, hebe sie etwas nach oben, um sie besser betrachten zu können. Bruno hält still. Genießt er das? Mit einer Hand fahre ich fort, mit der anderen streiche ich über Rücken und Hals, über den Sattelbehang, die Nebensicheln, bis hinter zu den Hauptsicheln. Bruno steht immer noch da wie eingefroren. Es ist schon etwas Besonderes, über Brunos Federn zu streichen.

Leider hat sich an Marias Situation nichts verändert. Sie fristet ihr kümmerliches, weil einsames Dasein, auf der Nordseite des Hauses. Bruno und die Seinen haben sie nicht wieder aufgenommen. Vielleicht möchten sie sich nur gut fühlen und benötigen dazu jemanden, der ihnen dieses Gefühl gibt. Jemanden, der böse ist. Wenn es keinen Bösen gibt, muss einer dazu gemacht werden, sonst funktioniert das Spiel nicht. Diesen Bösen muss man natürlich ausstoßen und bepicken, damit er sieht, wo seine Bösartigkeit ihn hingeführt hat. Maria ist offenbar bestens für diese Rolle geeignet.

Kurz vor der Dämmerung, wenn Bruno und die Seinen bereits im Hühnerstall sind, kommt Maria traurig gluckend um die Hausecke an die Glastüre und bettelt um Leckerli. Warum ständig dieses dumme Glucken? Damit macht sie die anderen doch nur auf sich aufmerksam, was zu neuen Schikanen führen kann. Oder heißt das, bitte nehmt mich an? Ich kann es nicht deuten. Gestern kam sie früher als sonst. Ich saß im Garten auf einem Stuhl. Zielsicher trippelte sie auf mich zu und setzte sich unter den Stuhl. Offenbar konnte das Martha nicht akzeptieren und sie begann Maria zu bepicken, was zu einem kurzen Kampf führte, der wie ein Hahnenkampf aussah. Beide machten sich groß und hüpften gleichzeitig, die Köpfchen so weit nach oben streckend wie möglich, aufeinander zu. Dabei hackten sie mit den Schnäbeln, was in so einer exponierten Lage schwierig ist. Es sah eher so aus, als wollten sie sich küssen. Ich trennte die beiden. Dann kam Bruno dazu. Maria legte sich flach auf den Boden, eine beliebte Unterwerfungsgeste unter Hühnern. Vielleicht hoffte sie, dass Bruno ihr verzeihen würde. Aber, Hand aufs Herz, wer möchte schon die Position dessen, der gut ist, verlassen, auf dieses wunderbare Gefühl verzichten und hinunterplumpsen in die Position grauer Mittelmäßigkeit? Bruno wollte das nicht. Er sprang auf Maria und bepickte sie am Kopf. Ich trennte die beiden. Bruno jagte Maria. Sie lief flügelschlagend so schnell sie konnte eine Ehrenrunde durch den Garten. Sie wählte einen Weg, der für Bruno schwierig war. Unter niedrighängenden Ästen des Johannisbeerstrauchs durch, wo Bruno wegen seiner Größe nicht durchpasste, er musste erst überlegen, was nun zu tun sei und wählte einen Umweg. Das brachte Maria wertvolle Sekunden Vorsprung. Dann flatterte sie auf einen Ast des Apfelbaums. Bruno versuchte es ihr gleichzutun, kam wegen seines Gewichts nicht hoch genug, schaffte es aber Maria zu schubsen, sodass sie das Gleichgewicht verlor und herunterflatterte.

Das alles verstand ich, fand es pfiffig. Was nun kam, muss ich Maria aber ankreiden! Sie lief zum Gartenteich und kürzte die Strecke ab, indem sie über die schmalere Seite hinüberflatterte. Das war für sie riskant und erst recht für Bruno, der bei zu kurzem Sprung ins Wasser gefallen und ertrunken wäre. Ähnliches hat sich mit der guten Hoffnung vor einigen Tagen zugetragen. Beim Streit um ein Stückchen Brot war sie einen Moment unachtsam und ist ins Wasser gefallen. Da der Wasserspiegel gerade tiefer war als üblich, konnte sie sich nicht ans Ufer retten. Wie verzweifelt sie mit den Flügeln schlug, wie ängstlich sie schrie und pfiff! Zum Glück war ich zugegen und konnte sie retten.

Am Ende der Hetzjagd sprang Maria beherzt auf meinen Schoß und kuschelte sich an mich. Das Köpfchen drückte sie an meinen Bauch und deckte es mit dem Flügel zu. Ich bedeckte sie mit beiden Händen, damit sie sich sicher fühle. Sie zitterte. Ihr Körper war warm, überraschend warm. Bruno zog sich verärgert mit den Seinen ins Hühnerhäuschen zurück.

An einem warmen Tag saß ich gemütlich im Garten. Neben mir auf der Banklehne saß Bruno und überschaute aus hoher Position das muntere Treiben seiner Damen. Eine Amsel setzte sich vor uns ins Gras, betrachtete uns eine Weile und flog dann davon. Wie wohl so ein Amselalltag aussieht? Das möchte ich mir vorstellen. Wahrscheinlich fliegt sie, wenn sie sich satt gegessen hat, hoch in die Lüfte, ganz hoch hinauf, und sieht sich die Gegend an. Ich informiere Bruno: "Wenn ich fliegen könnte, würde ich das so machen. Von ganz weit oben, so weit oben, dass es wegen der Sonnennähe schon ganz warm würde, ließe ich mich gleiten. Ohne mit den Flügeln zu schlagen. Immer weiter würde ich gleiten, soweit mich die Flügel tragen würden. Gleiten und genießen. Ganz langsam sänke ich nach unten. Da und dort würde ich mich über Stellen mit guter Thermik kreisend wieder nach oben tragen lassen.

Die Richtung wäre klar: immer in Richtung Süden. Das wäre herrlich! Vielleicht käme ich bis Italien! Vom Brenner aus wäre es einfach. Von dort geht es nur noch bergab. Da gibt es auch ordentliche Aufwinde. Die trügen mich leicht bis zum Gardasee. Sirmione, Bardolino, Lazise, Riva. Der herrliche Mincio. Die Namen fallen mir ein, aufgereiht wie Perlen auf einer Schnur, zergehen mir auf der Zunge. Ah, ich schmecke schon Olivenöl und Rotwein. Auf die Isola del Garda würde ich hinübergleiten. Ja, das würde ich." Bruno kräht dazwischen: "O Gott! Was für eine falsche Vorstellung! Die Amseln machen es wie die Hühner. Und, was machen die? Was machen die den ganzen langen Tag?" Bruno sieht mich fragend an. "Na ja, sie gehen hin und her und ..." "Quatsch", Bruno reckt den Kragen, "es ist wie bei euch Menschen. Es geht nur ums Fressen und ums Saufen." "Bruno, ich bitte dich, hör auf so zu reden."

"Mein lieber Bruno, ist dir schon aufgefallen, dass in unserem Garten gewisse Pflanzen an manchen Stellen ganz dicht wachsen und an anderen Stellen gar nicht vorkommen. Ich rede jetzt nicht vom Gras. Das gibt es überall. Obwohl, das fühlt sich auch nicht überall wohl. Unter dem Kirschbaum, dort wo es ganz schattig ist, wächst es nur ganz dünn. Es gibt Plätze an denen nur Brennnessel wachsen, sieh nur, neben dem Gartenteich, oder dort am Zaun. An anderen Stellen gibt es dicht wachsende Inseln mit wilden Möhren, zum Beispiel neben dem Gartenhäuschen, weiter hinten hat sich der Giersch breit gemacht. Oder dort", ich zeige nach dort, damit Bruno sieht, was ich meine, "dort wächst der Hopfen und gleich daneben das Schöllkraut. Die Samen fallen doch überall hin, also müsste überall eine Mischung von allem wachsen. Mir ist das ein Rätsel." "Ganz einfach, Pflanzen sind gesellige Wesen. Sie bleiben gerne unter sich. Und sie gehen dahin, wo die Lebensbedingungen am besten sind." "Und du meinst ...?" "Ja klar, Mann. Es ist wie mit den Amseln und den Hühnern."

“Ihr Menschen seid undankbar. Ja, wirklich undankbar! Das nehmen die Pflanzen euch übel. Obwohl sich manche schon enttäuscht daran gewöhnt haben.” “Wie bitte, Pflanzen können übel nehmen?” “Ja freilich.” “Wie meinst du das? Soll ich mich bei den Pflanzen bedanken?” Bruno wiegt das Köpfchen: “Das wäre schon mal ein Anfang. Aber wohl nur leeres Blah Blah. Schau, wie wir es machen: Wir fressen die Früchte und verstreuen die Samen mit unserem Dünger überall hin. Dorthin, wo sonst Samen kaum hinkämen. Das gibt den Samen die besten Wachstumsbedingungen. Und wenn sie gewachsen sind, gibt es für uns wieder Früchte. Das ist praktischer Dank! Und was macht ihr? Anstatt die Samen zu verteilen, züchtet ihr Sorten, die keine Samen mehr haben!”
“Ehrlich gesagt, lieber Bruno, ich mag nicht, wenn du so über uns Menschen redest.” “Ich und reden? Zurückhaltend bin ich. Ich könnte da noch ganz anderes aufs Tablett bringen!” “Nein, Schluss jetzt!”

Wenn du Fleisch isst, frisst du deinen Bruder.

Sebastian Kneipp

Um die Eier den Hühnern zuordnen zu können, habe ich verschiedene Beobachtungen gemacht. Ich wollte herausfinden, wer die fleißigen Leger sind und dies mit Leckerli belohnen. Dabei kam ich zu den Ohrscheiben. Das sind ovale, unbefederte Flächen unter den Augen. Sie sind je nach Huhn in unterschiedlicher Farbe und stimmen mit der Farbe der Eierschalen nach meiner Beobachtung überein. Nun kann ich versuchen herauszufinden, wer die Vielleger sind.

Der eine wartet, dass die Zeit sich wandelt,
ein anderer packt sie kräftig an und handelt.

Dante Alighieri

Einige Tage später. Ein Raubvogel hat ein Huhn geschlagen und bis auf Knochen und Federn aufgefressen. Unsere geliebte Lilo. Ausgerechnet sie, die im letzten Moment aus der Schüssel befreit wurde. Furchtbar! Offenbar kann man seinem Schicksal nicht entgehen. Und das gilt für Tiere und Menschen gleichermaßen! Große Trauer in der Hühnergemeinde. Nach eingehender Beratung, haben sich die Hühner darauf geeinigt, sich vorläufig unter den hohen Büschen und einem ausladenden Apfelbaum aufzuhalten. Dort wähnen sie sich sicher.
Es bleibt die Frage: Wie konnte das nur geschehen? Nie hat man bei uns von solch einem Drama gehört. Auf dem Lande schon. Was hat so ein großer Raubvogel in der Stadt zu suchen? Ist der Boden auf dem Lande schon so vergiftet, dass es nicht mehr genügend von den kleinen Felltierchen, welche die Raubvögel als Nahrung benötigen, in den Feldern gibt?
Einige Tage später hören wir von draußen ein Schreien und Krächzen. Ich eile in den Garten und verjage den Raubvogel gerade noch rechtzeitig, ebenfalls mit großem Geschrei und wildem Rudern der Arme.

Manche fangen Fische, andere trüben nur das Wasser.

Aus China

Seit zwei Stunden sitze ich nun schon auf einer dunkelgrün gestrichenen Bank am Rande des schattigen Kinderspielplatzes und beobachte. Er ist eingezwängt zwischen hohen Häusern und vielbefahrenen Straßen, wird gefährlich umknattert von Fahrzeugen aller Art. Alter Baumbestand, selbstschließendes Tor, großes Schild mit Verboten, Vorschriften, viel rot-fetter Text, kleiner Text in schwarz. Allerlei Spielgeräte bevölkern den Spielplatz. Zwei rotbedachte Klettertürme mit blauen Plastikrutschen und herabhängenden dickseiligen Strickleitern, dazwischen eine wacklige Hängebrücke, Holzbohlen auf den Seilen, ein großes gelbes Schaukelgestell mit drei Schaukeln, ein großer viereckiger Sandkasten, ein tropfender Wasserhahn, eine hohe Kletterpyramide mit Seilgittern, mehrere kleine Geräte zum Draufsetzen und Wippen, Papierkörbe und Bänke bevölkern ihn.

Auf Letzteren sitzen junge Mütter und tauschen Neuigkeiten aus. Wie ein Außerirdischer werde ich beäugt. Ein Mann ohne Kind, kein Vater wohl, was hat er hier zu suchen? Das meine ich in den Augen der Mütter zu lesen. Um Problemen vorzubeugen, unterhalte ich mich einige Minuten freundlich mit ihnen, mache ihnen Komplimente.

Etwa zwanzig Kinder spielen an unterschiedlichen Geräten. Es herrscht reges Treiben, ein Kommen und Gehen. Kinder weinen, weil sie nach Hause müssen, andere, weil sie müde sind. Die ganz Kleinen werden in Kinderwagen geschaukelt. Hier gibt es nur Mütter und Kinder.

Während die eine Gruppe ihre Zeit absitzt, tratscht, sich mit dem Smartphone beschäftigt und darauf achtet, dass alles in den Bahnen der gesetzlichen Ordnung abläuft, spielen die Glieder der anderen Gruppe, die Kinder, unbefangen, im Moment befindlich miteinander. Zwischen den beiden Gruppen scheinen keine Gemeinsamkeiten, keinerlei spielerische Aktivitäten zu bestehen.

Ich versuche mich in die Kinder hineinzuversetzen, nachzuvollziehen, wie sie denken, fühlen, möchte ihre Gestik erforschen. Nach all' meinen Beobachtungen mit Tieren, speziell mit Hühnern, bin ich neugierig, wie ich Kinder dazu im Vergleich wahrnehmen werde.

Inzwischen hat sich in mir genug Energie angesammelt. Jetzt mache ich mich leicht in Richtung eines Kindes. Schwer machen wäre hier wohl nicht angebracht. Aus meinem ganzen Körper, allen Gliedmaßen strömt satte Energie nach vorne. So stark, dass mein linker, oberer Eckzahn zu schmerzen beginnt. Mit dieser Energie streife ich einige weitere Kinder. Von ihrer Leichtigkeit, ihrer Unmittelbarkeit nehme ich ein Quäntchen wahr.
Die Energien der Mütter haben wenig Ähnlichkeit mit derjenigen der Kinder. Macht nichts. Wegen der Mütter bin ich auch nicht hier.

Die meisten Kinder haben sich im Sandkasten niedergelassen, graben Löcher, in die sie dann Wasser schütten und den feuchten Sand in bunte Plastikformen füllen. Umgekippt ergeben sich Vögel, Delphine, Äpfel, Fische, Sandkuchen und vieles andere mehr. Sandkuchen? So ein Sandkuchen hat was. Mal sehen, ob ich später einen bekomme. Nun begebe ich mich zum Sandkasten, setze mich auf den breiten verwitterten Begrenzungsbalken. Meine Schuhe und Strümpfe ziehe ich aus. Den Sand möchte ich an meinen Fußsohlen erleben. Er ist angenehm warm und körnig. Mit den Zehen bohre ich mich tief hinein. Je tiefer ich vordringe, desto kühler und feuchter wird er.

Neben mir müht sich ein etwa dreijähriges Mädchen ab, um mit einer gelben Schaufel einen Sandberg aufzuhäufen. Ein paar braune Blätter, vom letzten Jahr übrig geblieben, pickt es heraus und legt sie fein säuberlich nebeneinander auf den Holzbalken. Den hat sie vorher durch Pusten so gut es geht vom Sand befreit. “Hilfst du mir? Es ist so viel Arbeit!” “Wie heißt du denn?” “Ich bin die Klea. Und du?” “Hmmm. Klea. Schöner Name. Sag einfach Kleo zu mir.” “Kleo ist auch schön. Kleo und Klea können Freunde sein.” “Wie alt bist du?” Klea hebt demonstrativ die rechte Hand mit drei gespreizten Fingern über den Kopf. “Und ein halber noch dazu.”

“Sehr schön, dann bist du ja schon eine junge Dame.” “Ja, schon auch, aber viel mehr bin ich eine Prinzessin.” “Eine Prinzessin bist du? Toll, das gefällt mir. Gut. Was soll ich tun?” “Hier, nimm die Schaufel. Der Sand muss auf die Spitze gehäuft werden. Dann gibt es einen hohen Berg. Wenn er fertig ist, formen wir ein Schloss daraus.” “Und was machst du dabei?”, frage ich. “Einer muss sagen, wie es geht und das bin ich. Ich kenn’ mich aus mit Schlössern. Ich bin ja die Prinzessin.” Unter der genauen Anleitung von Prinzessin Klea wächst der Sandberg Schaufel um Schaufel zu stattlicher Höhe an. “Reicht es schon?”, frage ich nach einer Weile. “Nein, aber wir fangen jetzt mit dem Formen an. Nicht dass ich nach Haus gehen muss und wir haben nur den Berg geschafft.” Klea sieht besorgt in die Richtung, in der ihre Mutter konzentriert etwas in das mobile Telefon tippt. Klea drückt die Spitze des Berges platt. Der Sand rieselt dabei auf den Seiten herunter. Geschickt beginnt sie die groben Formen eines Schlosses aus dem feuchten Sandberg zu bilden. Mit bloßen Händen formt sie vier zylindrische Türmchen, setzt einen auf jede Ecke der Plattform. Mit der Schaufel spitzt sie die Türmchen zu. “Hast du schon mal ein Schloss gesehen?”“Klar, ich war sogar schon in einigen drin.” “Dann erzähl doch davon. Bitte. Ich zieh jetzt die Schuhe aus. Da ist Sand drin. Außerdem bist du auch barfuß. Gehen Prinzessinnen manchmal barfuß?”

Klea sieht mich bittend an, setzt sich neben mich auf den Balken, entledigt sich ihrer Schuhe. Süß sieht sie aus, wie sie mit ihrem weißen Kleidchen und dem roten Schleifchen im schwarzen Haar neben mir sitzt. “Gut, ich erzähle. Klar, Prinzessinnen machen so ziemlich alles, worauf sie Lust haben. Auch barfuß laufen. Und spielen mit ihrer goldenen Kugel. Weißt du, heute gibt es nicht mehr so mächtige Könige wie früher. Damals hatten sie viel Macht und konnten tun, was sie wollten. Das war für ihre Untertanen ... äh, Untertanen sagt man zu ihrem Volk, den Leuten meine ich ... nicht immer einfach (erstaunlich, dass es keine Übertanen gibt).

Der König von dem ich jetzt erzähle ist ein grausamer Herrscher und sein Volk hat große Angst vor ihm. Er wohnt in dem herrlichsten Schloss, das man sich vorstellen kann. Dutzende von Türmen, obendrauf mit bunten Fahnen, schmücken es. Viele Diener in blauen Livrees, mit silbernen Schulteraufsätzen, verwöhnen den König und seine Familie. Gold, Silber, Edelsteine gibt es in rauen Mengen. Und feinste Köstlichkeiten zum Essen. Wachteleier, abgeschälte Johannisbeeren, Mini-Pralinen, Veilchenblätter in Rohrzucker, Katzenzungen und so." "Katzenzungen? Das ist ja furchtbar!" Klea ist entsetzt. "Keine Sorge, nur die aus Schokolade." Klea beruhigt sich. "Der König hat eine wunderschöne Tochter, sie heißt Prinzessin Klea." "Was, Klea?" Klea sieht mich erstaunt mit großen, tiefen Augen an. Mir fällt auf, dass auch ich Klea erstaunt, vielleicht sogar ebenfalls mit großen, tiefen Augen ansehe. Und mit einem weiten Blick. Klea versucht in meinen Augen zu lesen. "Ja, Prinzessin Klea." "Toll, dann sag ich gleich meinem Vater, dem König, er soll nett sein zu den Leuten." "Das ist eine gute Idee, aber warte noch etwas, ich erzähle erst weiter. Also, eines Tages kommt ein junger Prinz ins Land." "Wie heißt er?" "Er heißt Kleo." "Wirklich? Kleo? Wie schön, wir kommen beide in der Geschichte vor! Juhuuu!" Klea lächelt still in sich hinein, lässt die gelbe Schaufel sinken.

In diesem Moment gesellen sich zwei Buben zu uns. "Dürfen wir auch zuhören?" "Was meinst du, Klea? Ist das okay für dich?" "Klar." "Wie heißt ihr?" "Ich bin der Matthias und das ist der Jörg." "Gut. Setzt euch. Also, der junge Prinz Kleo kam ins Land. Er hatte von der schönen und klugen Prinzessin Klea gehört. Er möchte sie unbedingt kennenlernen." Klea unterbricht mich. "Das bin ich." Sie schaut zuerst auf mich, dann auf Matthias und Jörg und deutet mit dem Zeigefinger demonstrativ auf sich. "Prinzessin Klea. Das bin ich", wiederholt sie. Matthias und Jörg staunen. "Ja, und Kleo hat wie es sich gehört zwei tapfere Ritter mit dabei. Den

Ritter Matthias und den Ritter Jörg." Pause. Unglauben, Erstaunen zeigt sich in den Gesichtern der Buben. Sie lächeln sich glücklich an. Ritter Matthias gibt Ritter Jörg einen kleinen Schubs in die Seite und sagt dabei. "Hast du gehört?" Jörg sagt: "Haaaa-ii." Die beiden erheben sich von dem Balken, auf den sie sich in einiger Distanz zu uns gesetzt hatten. Matthias führt den kleineren Jörg an der Hand. Ganz nah setzen sie sich zu Klea und mir, direkt vor uns in den Sand. Schweigen. "Bitte weitererzählen. Wie geht es weiter?" Das laute Bitten, hat einige andere Kinder auf uns aufmerksam gemacht. Sie kommen neugierig näher.

"Das ist nicht meine Geschichte. Sie gehört uns allen. Wie ihr seht, kommt ihr ja schließlich auch darin vor. Deshalb sollten wir die Geschichte gemeinsam weitererzählen, was meint ihr?" "Wir möchten auch vorkommen", rufen die neu dazukommenden Kinder wie aus einem Mund. "Vorkommen, vorkommen, vorkommen!" "Gut, setzt euch zu uns. Wie heißt ihr?" Die Kinder heißen Monika, Ernst, Elias, Gabriel, Maria, Georg und Kevin. Es geht weiter. "Gut, dass ihr da seid. Monika und Maria sind die Ritterfräulein und ..." "Ich möchte lieber auch Prinzessin sein", wirft Monika ein. "Ich auch", flötet Maria errötend mit glockenheller Engelstimme. Dabei schaut sie mich erwartungsvoll an. Nun bin ich zum Prinzessinnenmacher aufgestiegen. "Gut, dann seid ihr auch Prinzessinnen und die Schwestern von Klea." "Au ja! Prima." "Und was wollt ihr sein?", frage ich die Buben? Georg möchte König sein, Elias Zauberer, Ernst Professor und Gabriel General. Kevin überlegt noch. Am ehesten möchte er noch Räuber sein, oder Pirat. "Könnt ihr schon euren Namen schreiben?" "Ja", ertönt es aus allen Mündern. "Gut, dann schreiben wir alle unseren Namen in das Große Goldene Geschichtenbuch, bevor es weitergeht. Als Zeichen dafür, dass ihr alle mit dabei seid. Hier in den Sand." Die Kinder sind begeistert.

Mit der flachen Hand glätte ich den Sand. Ein herumliegendes Hölzchen, an dem sich früher Eis befand, benutzen wir als Feder. Die Kinder ritzen krakelig ihren Namen ein. Ich tue es ihnen nach. General Gabriel tritt versehentlich auf meinen Namen. Ich bessere aus. “Schön ist es geworden.”

Inzwischen sind noch einige Kinder dazugekommen, die auch ihren Namen einritzen möchten. Zwei ganz kleine können ihren Namen noch nicht schreiben. Das eine kritzelt Unleserliches in den Sand, das andere fängt an zu weinen. “Komm her, ich helfe dir, wir schreiben gemeinsam.” Das Kleine hält die Eisstöckchenfeder, ich führe seine Hand über den Sand. Leo heißt es. Das Weinen hört auf. “Gut, Kinder. Jetzt geht die Geschichte weiter. Ihr, die ihr neu dazu gekommen seid, überlegt euch, was ihr sein wollt. Inzwischen erzähle ich weiter. Und dann seid ihr dran mit dem Erzählen. Jeder von euch darf ein bisschen miterzählen. Okay?” “Juhu, Prima!” “In dem großen Königswald, ihr müsst wissen, der ist ganz finster, auch am hellsten Tag, wenn die Sonne scheint, weil die Bäume so riesig sind und unglaublich viele Blätter haben, lebt ein schrecklicher Drache. Er ist so schrecklich, dass er sogar Feuer speit. Ganz heißes Feuer. Mehrere Meter weit. Außerdem kann er hochhüpfen und runde Löcher graben, in denen er sich versteckt. Und dann kann er noch kurze Strecken fliegen.” “Oh”, sagt Jörg. Die anderen schweigen gespannt.

Gabriel zischt: “Ruhig sein, seid doch endlich still! Psssst. Wie geht es denn weiter?” “Die Leute, die am Drachenwald wohnen, können nicht mehr schlafen vor Angst! Sie trauen sich nicht mehr zum Einkaufen, gehen nicht mehr aus dem Haus.” Mein Gesicht versuche ich mit ängstlich, entsetzt zu dekorieren. Die Augen reiße ich weit auf. Einem Kind nach dem anderen sehe ich in die Augen, um die Reaktion darauf zu sehen. Dazu mache ich eine ausladende Bewegung der Arme, um die Größe des Drachens anzudeuten. Dann sehe ich einzeln in jedes Kindergesicht. Die meisten sind auch ängstlich, entsetzt. Einige haben nicht verstanden. Maria hat einen Marienkäfer gefunden. Er krabbelt auf ihrem Zeigefinger. Sie bläst ihn vorsichtig an. Damit er nicht friert.

"Wir müssen den Drachen besiegen", ruft Elias. Die anderen fallen ein: "Besiegen, ja, fertig machen. Wenn wir zusammenhelfen, schaffen wir das. Wir brauchen aber große Schwerter." Auch die Mädchen möchten mitmachen und den Drachen besiegen. Kevin ist aufgehüpft, springt hin und her, fuchtelt wie ein Schwertkämpfer in der Luft herum. Dabei ruft er: "Komm her, du feiger Drache. Ich mach dich fertig. Ich spieß dich auf!" Jörg schlägt einige Male wie ein Boxer auf den entfernten Drachen ein. Nach jedem seiner gefährlichen Schläge ruft er Ah oder Oh.

Bevor es jedoch zum Kampf mit dem Drachen kommen kann, nähert sich eine Frau, wohl die Mutter der Ritter Matthias und Jörg, packt die beiden an den Armen und zieht die Widerstrebenden wortlos mit sich fort. Nicht ohne mir einen vernichtenden Blick zuzuwerfen. Ich verstehe nicht ganz. Beide Buben wehren sich so gut es geht, schreien, strampeln. Gegen Mütter ist jedoch kein Kraut gewachsen. Die Chancen gegen den Drachen zu siegen, sinken wegen der Schwächung der Truppe dramatisch ab.

Kinder wissen schon, dass es Drachen gibt.
Sagen sie ihnen, dass man sie besiegen kann!
Und sagen sie ihnen, dass der schlimmste Drache
in jedem selber wohnt.

Der zweite Ritter

Ob wir uns so auf den Kampf mit dem Drachen einlassen können? Die Kinder sind beunruhigt. Sie fürchten, dass auch ihre Mütter dem geplanten Kampf mit dem Drachen ein vorzeitiges und unrühmliches Ende bereiten könnten. Ich bin irritiert, versuche wieder in die Geschichte hineinzukommen. "Also, der Drache ... äh, der Drache ..."

Nun ertönt eine dunkle Stimme hinter mir. "Polizei. Bitte zeigen Sie mir Ihren Ausweis." Ich stehe auf und drehe mich um. "Meinen Sie mich?" Zwei Polizisten stehen vor mir. Beide mit diensternster Miene und wie mir scheint bereit, mich in Handschellen abzuführen. Der Größere der beiden hebt drohend den Zeigefinger vor meine Nase, schwenkt ihn auch noch hin und her. "Wen denn sonst, Sie Schlaumeier." "Wie meinen Sie das, liegt etwas gegen mich vor?" "Das werden wir sehen. Noch ist es eine Vorsichtsmaßnahme. Wenn Sie nun so freundlich wären."
Im Hintergrund stecken die Mütter ihre Köpfe zusammen. Sie sehen zufrieden aus. Zufrieden und toxisch.

Besonders die Mutter der Ritter Matthias und Jörg. Die beiden Ritter sehen keineswegs zufrieden aus. Jörg reibt sich die rotgeweinten Äuglein mit den kleinen Fäusten. Matthias zieht so gut er kann in meine Richtung. Die Mutter zieht an seinem Ohr. Eine andere, kräftig gebaute Mutter deutet grinsend und unverhohlen mit dem Zeigefinger in meine Richtung.
Mich wundert, dass die anderen Mütter ihre Kinder noch nicht weggeholt haben. Ich übergebe meinen Ausweis. Durch die Bäume blinkt das Blaulicht eines Polizeiautos. Einer der Polizisten geht weg, um meine Personalien zu überprüfen.

Kevin fragt den zurückgebliebenen: "Hilft Polizei für Drachen? Dafür ist Polizei doch da. Polizei ist doch dafür gekommen, oder? Du hast doch Kanone oder Revolver." Kevin baut sich direkt vor dem Polizisten auf, schaut steil nach oben und fragt: “Bitte hilf uns für den Drachen.” Der verbliebene Polizist verzieht keine Miene und schaut amtlich über Kevin hinweg. Kevin wiederholt seine Bitte. Der Polizist schafft es weiterhin unbeeindruckt und amtlich dreinzusehen. Mir scheint, er hat nicht gelernt, mit Drachentötern umzugehen. Auch nicht mit Kindern. Damit kennt er sich nicht aus. Das Anwenden von Gesetzen reicht eben nicht. “Weitererzählen”, sagt Kevin, “weitererzählen, weiter”, brüllen die Kinder im Chor. “Bitte weitererzählen.”

Ungeduldig zieht Georg an meinem rechten Mittelfinger. Ich sehe ihm in die Augen. Gerade steht er da, entschlossen, die freie Hand zur Faust geballt. Er lässt meinen Mittelfinger los, macht einen Riesenschritt den Holzbalken hinauf, schwankt ein wenig, stellt sich direkt vor den Polizisten hin.

Weit muss Georg den Kopf in den Nacken legen, um dem Polizisten ins Gesicht sehen zu können. Am Hosenboden ist der hellblaue, blümchenbesetzte Stoff mit Sand beklebt. Ruhig und klar kommt es aus ihm heraus, gar nicht aufgeregt: “Ganz allein Georg Drachen besiegen. Georg braucht dich nicht. Böser Polizei.” Nomen est omen. Eine kleine Pause tritt ein. Die Kinder schweigen beeindruckt. Ich auch. Der Polizist deutet mit dem Zeigefinger auf den Sandkasten: “Ruhe jetzt. Weiterspielen, spielt weiter.” Er sieht sich in Richtung Blaulicht um, geht einige Meter vom Sandkasten weg.

Hoffentlich kommt der Kollege bald, scheint er zu denken. Inzwischen hüpft der Kleinste mit zwei Beinen gleichzeitig mit seinen Barfüßen mitten in das Sandschloss, trampelt darauf herum. Drei der Türme wanken, stürzen ein. Nun macht er sich über das große goldene Geschichtenbuch her. Er wischt flink mit den Füßchen drüber, dreht sich geschwind um seine Achse, um auch noch den letzten Namen in Abdrücke seiner Füßchen zu verwandeln. Nach der letzten Drehung plumpst er auf sein Hinterteil, mitten hinein in das Große Goldene Geschichtenbuch. Dabei freut er sich diebisch und klatscht einige Male mit den feisten Patschhändchen. Klea weint um ihr Schloss.

Endlich kehrt der Polizist zurück. “Es liegt nichts gegen Sie vor. Allerdings bitten wir Sie zur Aufrechterhaltung der öffentlichen Ordnung, den Spielplatz zu verlassen. Am besten lassen Sie sich hier nicht mehr blicken.” Ich habe keine Ahnung, warum ich gehen soll. “Was für eine öffentliche Ordnung, was mache ich denn bitte falsch?”, frage ich. Mir fällt nichts Intelligenteres ein als diese dumme Frage. “Gehen Sie, bevor wir ungemütlich werden.” Die öffentliche Ordnung möchte ich wirklich nicht stören. Dass der Klügere nachgibt, wenn auch unfreiwillig, tröstet mich wenig.

Ich verabschiede mich von den Kindern. Sie begleiten mich zum Spielplatztor. Den Kleinsten muss ich auf den Arm nehmen, damit er aufhört zu weinen. Auch von den Müttern, die immer noch in einer Gruppe zusammenstehen und tuscheln verabschiede ich mich, in dem ich mit der freien Hand hinüberwinke. “Kommst du morgen wieder, damit wir das Schloss reparieren können?”, fragt Klea.

Auf ihrer linken Backe glänzen zwei diamantene Tränenperlen, in der Hand trägt sie ihre weißen Schuhe. Den Kleinen setze ich ab. Nun weint er wieder. Die Kinder winken. Ich winke zurück und mache mich davon. Unter den vorwurfsvollen Blicken der Polizisten gehe ich am nun nicht mehr blinkenden Polizeiauto vorüber.

Sehen wir zu, dass sich unsere Angst
wenigstens in Furcht verwandelt.

Bruno

Nun erst bemerke ich, dass ich barfuß bin und meine Schuhe und Strümpfe am Sandkasten vergessen habe. Sicherheitshalber kommuniziere ich das mit den Polizisten. "Jetzt aber schnell, dalli dalli", bekomme ich zur Antwort. "Wir haben auch noch anderes zu tun."

"Hurra, du kommst zurück, jetzt reparieren wir das Schloss", freut sich Klea. Ich beeile mich, nehme meine Sachen, winke noch mal den Kindern. Mit dem rechten Fuß trete ich derweil in einen Glassplitter, der heimtückisch am Boden lauert. Humpelnd entferne ich mich ohne Sandkuchen vom Sandkasten. Ein paar Blutspuren werden wohl bis zum nächsten Regen an den verhinderten Kampf mit dem Drachen erinnern.
Die Polizisten warten ab, bis ich verschwunden bin.

Eigentlich bin ich ganz anders,
aber ich vergesse immer wieder es zu leben.

Herbert

Wieder einmal musste ich meine geliebten Hühner verlassen, mit dem Nachtzug verreisen, den Nachbarn bemühen. Die Trennung von meinen Lieben macht mir besonders zu schaffen, wenn ich den Nachtzug nutze. Im Etagenbett liegend, mich irgendwo zwischen Abfahrtsbahnhof und Ziel befindend, gefühlt als Nirgendwo, das von den Schwellen verursachte Gerattere und Gestöhne in den Ohren, fremde, blendende Lichter in den Augen, gerate ich oft in eine melancholische Stimmung.

Am Abend machte ich mich auf zum Bahnhof. Nachdem ich den Fahrschein gekauft hatte, suchte ich den darauf vermerkten Waggon. Quietschende Bremsen, Türenschlagen, kreischende Lautsprecher, Menschengetrippel, Neongewitter.
Dann war ich am Ziel.

Ich klopfte mehrmals an die verschlossene Abteiltüre mit der Nummer sechzehn. Es drang kein Licht durch die Glasscheibe mit dem dahinter hängenden braunen Vorhang. Ich klopfte lauter. Endlich vernahm ich ein Geräusch, der Vorhang erhellte sich etwas, zeigte braun-rötliche Flecken. Den Rotwein hätte man wohl besser getrunken, als damit den Vorhang zu dekorieren.

Am Türgriff machte sich jemand zu schaffen, öffnete die Tür einen kleinen Spalt breit. Zuerst sah ich den schmalen Streifen eines faltigen Gesichts mit dunklen, verschwollenen Augen. Als ich von oben bis unten ausgiebig gemustert war, öffnete sich die Türe ganz. Ein alter Mann mit weißem Haar sah mich über seine goldgerahmten, runden Brillengläser neugierig an. Sein Pyjama war offen und ein Wald von silbergrauen Haaren quoll in Brusthöhe heraus. Um seinen Hals hing eine dicke, goldene Halskette mit einem seltsam geformtem Anhänger. Sein Gesicht war gerötet.

“Guten Abend! Ich möchte gerne hier schlafen”, sagte ich. “Haben Sie Abteil Nummer sechzehn? Sicher?” “Hab’ ich.” Und die Wagennummer stimmt auch?” “Stimmt auch.” “Gut, dann kommen Sie herein.”

In dem kleinen Abteil war es dämmrig. Mein Gepäck stellte ich neben das Fenster, zu den dort liegenden Sachen, zog meine Schuhe aus und kletterte eilig die Leiter hoch in das obere Bett.

In diesem Augenblick klopfte es an die Türe. Der alte Mann öffnete, und eine mollige Schaffnerin mit überraschend spitzer Nase trat ein. "Ihre Fahrkarten bitte." Dem Klang ihrer Stimme nach zu urteilen, schien sie wenig Freude an ihrer Arbeit zu haben.

Der alte Mann war sichtlich durcheinander. "Ich verstehe nicht, was meinen Sie denn, ich habe eine Fahrkarte, aber nur EINE. Ist eine Fahrkarte denn nicht ausreichend?" Die Schaffnerin schüttelte wortlos und missbilligend den Kopf, nahm seine Fahrkarte, entwertete sie und nahm sich meine Fahrkarte vor. Die beiden Fahrkarten nahm sie mit. Dann verlies sie das Abteil, die Türe heftig hinter sich zuschlagend.

"Seltsame Welt", murmelte der alte Mann, "warum fragte sie nach meinen Fahrkarten und nicht nach meiner Fahrkarte?"

Wir zogen uns in unsere Betten zurück.

"Sind Sie ehrlich?", fragte mein Bettnachbar nach einer längeren Pause von unten herauf.

"Ja, worauf möchten Sie hinaus?"

"Ich meine, werden Sie sich an meinem Gepäck zu schaffen machen, wenn ich schlafe?"

"Natürlich nicht", antwortete ich, "außerdem können Sie viel einfacher an meine Sachen ran, ohne dass ich das bemerke und sogar ohne Ihr Bett zu verlassen. Sie haben also die bessere Möglichkeit."

"Nein, solche Spielchen spiele ich nicht."

"Gut, dann können wir ja schlafen." Der alte Mann knipste das Licht aus. Den Geräuschen nach zu urteilen, die von unten zu mir heraufkamen, wälzte er sich von einer Seite auf die andere und umgekehrt. Einige Minuten später knipste er das Licht wieder an, verließ sein Bett, stellte sich vor mich hin, schaute in meine Koje. Dabei durchbohrte er mich fast mit seinem Blick. Das sah ich aber erst, als sich meine Augen an das gar nicht so helle Licht gewöhnt hatten.

"Wissen Sie, ich beurteile jemandes Charakter nicht nur nach seinem Verhalten oder dem ersten Eindruck, sondern auch nach seiner Sprache. Wenn jemand die Sprache in einer nicht angemessenen Form, wie diese seltsame Schaffnerin benutzt, werde ich vorsichtig.
Mich hat es immer gestört, wenn die Menschen die Worte falsch einsetzten. Dabei fiel mir auf, dass ich das auch selber tat und wollte daher der Sache auf den Grund gehen. Ich fing an, mich mit einzelnen Worten intensiver zu beschäftigen, achtete darauf, bei welchen ich das Gefühl hatte, sie nicht ganz richtig zu verwenden."

"Haben Sie Literatur oder so was studiert?", fragte ich.

"Nein, ich studiere Worte und natürlich Buchstaben."

"Aha. Das ist interessant, fahren Sie bitte fort. Leute, die sich mit diesem Thema auseinandersetzen sind selten. Einer meiner Freunde ist ebenso wie Sie an diesem Thema dran."

Er fuhr fort. "Wenn Sie ein Wort verwenden möchten, müssen Sie es erst sozusagen auf den Tisch vor sich hinlegen. Sie müssen herausfinden, ob es treffend, nützlich ist, ob es zu den anderen Worten im Satz passt. Damit meine ich, dass dieses Wort den anderen nicht entgegenstehen, also keinen Konflikt mit den anderen heraufbeschwören darf. Auch muss geprüft werden, ob es hundertprozentig das ausdrückt, was Sie sagen möchten. Und ob der Klang genau derjenige ist, den Sie beabsichtigen." Dies sagend zeigte er mit seinem Zeigefinger direkt auf meine Nase, als wenn meine Nase das ultimative Universalwort wäre, sodass ich mich etwas zurückzog, um seiner Berührung auszuweichen.

Das Menschenleben ist seltsam eingerichtet.
Nach den Jahren der Last hat man die Last der Jahre.

Johann Wolfgang von Goethe

Dann fuhr er fort: "Drehen Sie das Wort, stellen Sie es auf den Kopf, betrachten Sie es von allen Seiten wie ein Detektiv. Berühren Sie es, fühlen Sie seine Temperatur, beachten Sie seine Farbe, riechen Sie seinen Duft, meditieren Sie darüber. Finden Sie seine Beziehungen zu ähnlichen Worten heraus und weiteren Worten, die zur gleichen Wortfamilie gehören. Schreien Sie es laut heraus, flüstern Sie es, schreiben Sie es Tausend Mal!"

"Tausend Mal!" Der alte Mann hatte sich in sein Thema hineingeredet. Mir kam es vor, als ob ich meinen Freund Herbert reden hörte. Darüber möchte ich jedoch hier nichts niederschreiben, der wunderbare Herbert gehört in ein anderes Buch. Der alte Mann hatte ruhig begonnen, nun aber sprach er schnell, trotzdem mit Ausdruck. Mit seinen Händen hielt er sich am Bett fest. Es musste schließlich mit Kurven gerechnet werden.

"Reißen Sie das Wort in Stücke, sezieren Sie es. Stellen Sie mit Ihrer Fantasie seine Buchstaben in einer anderen Reihenfolge neu zusammen, fixieren Sie es mit dem Kleber Ihres Geistes. Fügen Sie weitere Buchstaben hinzu oder lassen Sie welche weg. Schreiben

Sie das Wort in Versalien, lesen Sie es rückwärts. Werden Sie das Wort ..., ja, Sie meine ich, hallo, sind Sie eingeschlafen?" "Nein, nein, um Himmels willen." "Gut, äh. Also, ich meine, äh, verwandeln Sie sich in dieses Wort, ja, werden Sie es!"

"Sollte man nicht lieber mit den Buchstaben beginnen, anstelle mit Worten, kommen nicht die Worte nach den Buchstaben?", warf ich ein.

"Okay. Henne – Ei. Das ist aber noch viel komplizierter", flüsterte er und schaute mir überrascht in die Augen, so als ob er meine Frage nicht erwartet hätte.

Nun fühlte ich mich aufgerufen etwas einzubringen, um mein Interesse an der Sache zu zeigen. Da sollte die Geschichte von dem alten Gockel passen.
Aber zuerst: "Woher wissen Sie, dass ich Hühner habe?" "Sie haben Hühner? Das ist mir neu. Wie kommen Sie darauf, dass ich das weiß?" "Sagten Sie nicht gerade etwas von einer Henne?" "Nein, nein, das war nicht so gemeint."

"Also gut, lassen wir das. Kennen Sie die Geschichte von dem alten Gockel? Ich mache es kurz und gehe nicht auf die Details ein. In seiner Jugend war er leichtsinnig gewesen, wie das häufig bei Jugendlichen der Fall ist und bei den Gockeln ein wirkliches Übel darstellt, insbesondere dann, wenn der bei ihnen so üble Übermut und die Lust zum Kämpfen hinzukommt. Und die Hormone! Wenn es sich in diesem Fall um ein Pferd handelte, sagte man: 'ihn sticht der Hafer.' So hatte sich der Gockel einige Schwierigkeiten eingehandelt, war in gefährliche Situationen geraten. Sie wissen schon."

Ihr führt ins Leben uns hinein,
Ihr lasst den Armen schuldig werden,
Dann überlässt ihr ihn der Pein;
Denn alle Schuld rächt sich auf Erden.

Johann Wolfgang von Goethe

"Kenn ich, kenn ich", unterbrach mich der alte Mann. "Wilhelm Meister, der Harfenspieler." "Genau", fuhr ich fort. "Jedenfalls war der Gockel neben vielen kleineren Verletzungen, die nicht erwähnenswert sind, gleich zwei Mal verwundet worden. Einmal physisch verletzt, mit starken Blutungen, an seiner rechten Seite, unter dem Flügel, ein andermal wurde er mit Worten heftig beleidigt. Folgendes wurde dem Gockel dabei klar: Beide Arten von Wunden waren schmerzhaft. Die erstgenannte heilte jedoch bald, während die verletzenden Worte ihm für den Rest seines Lebens Unbehagen und Schmerzen verursachten."

"Ja", sagte der alte Mann, "so ist das, Sie haben es erfasst! Ein schönes Bild, das Sie da skizzieren. Ja, ja, der Gockel. Daran sieht man die Kraft der Worte." Dabei kam er mir wieder ganz nahe. Er roch nach orientalischen Gewürzen, das war mir erst jetzt aufgefallen. Nach einer Weile fuhr er fort. "Wenn Sie in das eine oder andere Wort tief genug eingetaucht sind, dann werden Sie vielleicht furchtbares Getöse, schrecklichen Lärm, wie die Schreie von unbekannten gigantischen Tieren hören. Nicht draußen, innerlich. Das ist doch klar. Oder?" Er fuhr fort, ohne auf meine Antwort zu warten. "Vielleicht werden Sie keinen Appetit mehr haben, oder Sie werden angsteinflößende Bilder sehen. Trübblass oder auch farbig. Die meisten Bilder werden Sie erschrecken. Kämpfen werden Sie, um die Bedeutung, die Inhalte dieser Bilder zu verstehen, nach den Zusammenhängen werden Sie fahnden, eine versteckte Formel möchten Sie entdecken. Fühlen werden Sie die große Bedeutung der Botschaften, die darin verborgen sind. Vielleicht erkranken Sie bei dieser Beschäftigung. Wer weiß?

Buchstaben und Worte sind nur dann Schall und Rauch,
wenn sich der Rauch verzogen hat
und kein Eindruck mehr im Herzen zurück bleibt.

Herbert

Wenn Sie mit Worten arbeiten, tief in sie eindringen, sich darin verlieren, die Form der Worte annehmen, selbst zu den Worten werden, stellen Sie irritiert fest, dass sich die Bedeutung dieser Worte leicht aber unablässig verändert. Ja, Worte haben auch ihr Leben. Sie werden geboren, altern, sterben irgendwann. Parallel mit dieser Veränderung ändert sich Ihre persönliche Wahrnehmung der Welt.

Und – Schritt für Schritt gelangen Sie nach einer langen Reise zu den eigentlichen, tiefen Wurzeln dieses Wortes. Das kann eine freudige Reise zu freundlichen Küsten, aber auch ein Abstieg in finstere Territorien werden. Oder beides. Es gibt keine Garantie.

Wo fühlten Sie denn bisher jedes einzelne Wort in Ihrem Körper? Erinnern Sie sich! Sind es eine oder mehrere Stellen, je nach Wort? Sind die Worte etwa wie vorbeisummende Hummeln, an einem sonnigen Frühlingstag, oder sind sie scharfkantig, klebrig auch, in der Farbe wie dunkles Blut, schneidend wie das Messer einer Guillotine?”

Heute hatte ich wieder zu wenig getrunken. In meinem Mund war es trocken. War da körniger Wüstensand auf der Zunge? So gerne hätte ich einen Schluck aus der Wasserflasche genommen. Der Herr versperrte mir die Möglichkeit, sie aus meinem Gepäck zu holen. Nicht nur mit seinem Körper, der sich zwischen mir und meinem Gepäck befand und ein Hindernis bildete, sondern hauptsächlich wegen seines Vortrags, der mich fesselte. Ich wollte ihn auch nicht unterbrechen. "Ja, Worte können einen aus der Balance bringen", brachte ich mühsam hervor.

"Nach einer Zeit, die Sie total umwühlt, auf den Kopf stellt und Ihnen den gewohnten, festen Boden unter den Beinen wegzieht, werden Sie mehr und mehr der eigentlichen Bedeutung der Worte näherkommen", fuhr er fort. "Es ist wie, nennen wir es kleine Aha-Erlebnisse, oder sagen Sie von mir aus Erleuchtungen dazu. Es kann auch sein, dass sich Ihnen die Worte auf einmal erschließen, wie ein Schlag mit einem Vorschlaghammer, auf Ihre bis dahin sicher weiche Birne.

Wenn Sie Ihr erstes Wort in seiner Tiefe und Breite erfasst haben, werden Sie erleichtert sein. Dann wissen Sie definitiv, dass dies auch mit anderen Worten möglich ist. Das Wort werden Sie in Ihren Körper einsinken fühlen. Es verändert sich dabei, steht für viele andere Worte, wird reich und reicher an Inhalten. Sie erfahren eine Art, äh, wie soll ich sagen, ja, eine Art Bedeutungsexplosion. Und Ihr Wort wird endlich zu einem wortlosen Wort, wortlos, weil so vielschichtig in seiner Dimension, seiner ungeheuren, unaussprechlichen Fülle, dass das Wort Wort einfach nicht mehr passt. Unbeschreiblich, nicht ausdrückbar! Ihr Innerstes wird durch dieses Wort in Ihr innerstes Schweigen des Herzens und das der Erde sinken und damit verbunden. Das Wort wird von nun an wie flüssiges Gold in Ihren Adern zirkulieren, in Ihrem Rückenmark hinauf- und herunterpulsieren, aus jeder Ihrer Zellen herausstrahlen, wie kleine leuchtende Sonnen.

Das Wort wird ein Objekt Ihrer Freude werden, das erste Mal in Ihrem Leben wird ein Wort integraler Bestandteil Ihres Körpers, wie die Finger oder die Ohren. Sie werden süchtig nach diesem Wort, möchten diese überbordende Freude auch an weiteren Worten erleben." Je länger der Herr sprach, desto weniger verstand ich. Auch erlahmte mein Interesse. Und nicht nur das: Er machte mir Angst. Ich wollte doch nur schlafen und bin unfreiwillig, wie schon des Öfteren in eine solch missliche Lage geraten. Warum geschehen mir immer solche Begegnungen? Andere Leute berichten kaum von solchen Erlebnissen. Der Mann hatte sich warm geredet. Es sah nicht so aus, als ob er bald enden würde.

"In Ihrem bisherigen Leben haben Sie die Worte unbewusst verwendet. So wie fast alle Menschen. Nicht wirklich dem gewünschten Inhalt angemessen. Manchmal fiel Ihnen vielleicht auf, dass etwas nicht genau stimmte. Wie konnte denn ein Wort den von Ihnen gewünschten Inhalt transportieren, eine Wirkung hervorrufen, wenn Sie den Inhalt sozusagen in eine unpassende Worthülse verpackt haben? Was für schreckliche Wirklichkeiten haben Sie dadurch geschaffen? In der Kommunikation mit sich selbst und mit anderen waren Sie nicht klar genug. Verwirrung haben Sie gestiftet. Sie haben die Worte gequält und sich ihre enorme Kraft nicht zunutze gemacht. Auf diese Weise haben Sie das wirkliche, das echte Leben versäumt.
Ich selbst", fuhr er fort, "benutzte die Worte auf eine unsäglich falsche Weise. Werden sie sich nun an mir rächen, oder werde ich eine Chance haben, sie künftig endlich richtig und mit Respekt zu gebrauchen? Mich quält eine Frage: Werde ich DAS ultimative

Wort finden? Das eine, auf das alles ankommt? Das Wort, aus dem sich alle anderen Worte heraus entwickelt haben, herausgewachsen sind? Die Mutter aller Worte. Wird es dieses mächtige göttliche Wort sein, das alles war, was ist, geschaffen hat? Werden die uns verfügbaren Buchstaben geeignet sein und ausreichen, um dieses Wort abbilden zu können? Werde ich dann dieses Wort richtig aussprechen, richtig betonen können? Wird es dann, einmal ausgesprochen, die Erde ins Wanken bringen? Wird alles in sich zusammenfallen, zerstört, oder wird endlich alles, alles gut?"

Der Mann machte erschöpft eine Pause, rang nach Luft, starrte mich an. Schnell schaute ich aus dem Fenster, um die Begegnung unserer Blicke möglichst zu vermeiden. In der Ferne sah ich einige bunte, kleine Lichter, ansonsten war das Fenster schwarz. Nervös blickte ich einige Male zwischen dem alten Mann und den Lichtern hin und her. Es ergaben sich kleine, helle Kopien der Lichter in entgegengesetzten Farben in meinen Augen.

Langsam dämmerte mir ein wenig, wovon er sprach. Er räusperte sich und fuhr mit sehr leiser Stimme fort. Ich konnte ihn kaum verstehen. "Mit Worten zu arbeiten ist sehr gefährlich. Es kann Sie umbringen. Es wird definitiv Ihr Leben verändern. Wenn Sie Pech haben, werden Sie verrückt. Und beachten Sie bitte: Einmal angefangen, können Sie nicht mehr aufhören. Es gibt keinen Weg zurück. Keinen Weg zurück." Das murmelte er mehrfach vor sich hin.

Das alles begründen wollen endet,
wenn es dazu kommt, was selbstverständlich ist.

Der zweite Ritter

"Ich war völlig durcheinander", erklärte er weiter, "ging nicht mehr zur Arbeit, hörte auf zu sprechen. Das Risiko, die Worte falsch zu verwenden war mir zu groß geworden. Ich wollte nichts mehr von Worten wissen, sie nicht mehr gebrauchen, gleichgültig, was das Ergebnis sein würde. Aber die Gedanken, sie waren auch aus Worten gebildet, wie konnte ich sie stoppen? Ich suchte sie zu vermeiden, dachte an anderes, aber wie konnte ich anderes denken, ohne Worte zu verwenden? Ich stellte mir Gegenstände wortlos vor. Hoffte diese nur ansehen zu müssen, sie mir vorzustellen, ohne dass Worte mit ins Spiel kamen, versuchte Worte durch Gesten zu ersetzen. Das heißt, ich stellte mir zu den Worten passende Gesten vor und versuchte in Gesten zu denken. Übliches Denken war es natürlich nicht, gerade das wollte ich ja vermeiden, da ich dabei Worte gebrauchen musste. Es ist mühsam, für all die Worte Gesten ohne zu denken zu erfinden. Sie zu unterscheiden und zu merken.

So kam ich nicht weiter, versuchte mich stattdessen an der Gebärdensprache der Gehörlosen. Auch hier kam ich nicht weiter, da die Gebärden ja wiederum Worte ersetzen. Je mehr ich mich bemühte, desto mehr Raum nahmen jedoch die Worte in meinem Bewusstsein ein. Sie haben kleine, erst unscheinbare Samen geboren. Ja, Samen. Schauen Sie nicht so entsetzt. Das stimmt schon. Diese Samen verbreiteten sich in Windeseile. Alles war davon bedeckt. Sie lagen umher und ergaben eine Art Schneelandschaft. Wortsamen, kleine Worte ... fast hätte ich Wortbabys gesagt zu diesen Bestien. Zuerst waren sie ja wirklich winzig klein, schnell war an der sich bildenden Form zu erahnen, welche Worte sich bilden würden. Sie wuchsen, wurden größer und größer, entwickelten sich zu ungeheuren Monstern. Ich hörte auf meinen Atem, konzentrierte mich auf einen winzigen Punkt. Um nicht durchzudrehen. Ich betete. Es half alles nichts. Die Worte nahmen Besitz von mir, füllten meinen Körper und Geist bis zum Platzen."
Der alte Mann machte wieder eine Pause. Ich hatte den Eindruck, dass er die letzten Sätze säuberlich abwog und die Worte sortierte, bevor sie ausgesprochen werden konnten. Ich stellte mir ein riesiges

Lager in seinem Kopf vor. Oder, wo sollte es denn sonst existieren? Mit unendlich vielen langen Reihen von massiven, eichenen Holzregalen, worauf die unterschiedlichen Wortfamilien ruhten und die Worte darauf warteten, eingesetzt zu werden. Entweder um den, der sie ausspricht, in den Untergang zu reißen oder ihn zu ungeahnten Höhen zu führen.

Das Wachsende, gut oder nicht,
tritt an die Stelle des Fallenden,
um über kurz oder lang ein Fallendes zu sein,
das ist ein ewiges Gesetz.

Theodor Fontane

"Ich muss zugeben", ergänzte er mit nunmehr schwacher Stimme, "dass ich in dieser Zeit viele Wörter verloren habe. Sie waren einfach aus meiner Einflusssphäre verschwunden. Fast alle wichtigen Worte waren darunter. Eines Morgens erwachte ich und sie waren weg! Einfach verschwunden. Ausradiert aus meiner Erinnerung und aus meinem Bewusstsein. Danach konnte ich nur noch sprechen wie ein kleines Kind. Es fehlten selbst einfachste Worte in meinem Gestammel. Sie ließen klaffende, schmerzlich empfundene Lücken zurück.

Die Sätze waren wie eine Armee, deren Soldaten zum Teil gefallen waren, verwundet und amputiert, aus einem Krieg zurückkehrten. Der Rest der mir noch verbliebenen Worte war mir plötzlich fremd geworden. So unbekannt. Die Worte lösten sich teilweise in Buchstaben auf und tanzten um mich herum, sammelten sich unentwegt in neuen sonderbaren Wortformationen, manchmal gemischt mit auf dem Kopf stehenden Buchstaben und in den unterschiedlichsten Schriftarten. Sie schnitten Grimassen, bedrohten mich. Durch die ständige Umformung der Worte ging mir zunehmend deren Bedeutung verloren und ein bunter unübersichtlicher Brei von Buchstaben und mir nichts mehr sagenden Worten blieb zurück. Ich war entsetzt, schrie, weinte. Mit meinem gequälten Kopf rannte ich gegen die Wände, betrank mich. Aber all meine Tränen konnten das Chaos nicht aus meinem gemarterten Hirn wegwaschen.

Mein Schlaf war eine Tortur, falls ich überhaupt schlafen konnte. Das erste Licht des Tages brachte mir die trügerische, winzige Hoffnung, dass vielleicht doch noch Rettung für mich bestand. Zu dieser Zeit lebte ich allein. Alle Türen der Wohnung waren versperrt. Die Vorhänge geschlossen. Die Luft war muffig, abgestanden. Ich aß kaum noch.

Kaum spricht man etwas aus, hat es sich schon verändert.

Herbert

Stellen Sie sich das nur vor! Die Bedeutungen der Worte waren fast ganz verloren. Wenige mattgraue, leere Worthülsen in verschiedenen ruinösen Formen, in trüber Brühe schwimmend, waren zurückgeblieben. Wie verlassene Schiffe in einem verseuchten Meer aus schmutzigem Öl und stinkendem Abfall. Sie warfen keine Schatten in der Brühe, keine verdammten Schatten. Es waren verrottete, stinkende Reste, Ruinen."

Autoscheinwerfer blendeten mich kurz an einem Bahnübergang. Die folgenden Worte des alten Mannes hörte ich wie aus großer Distanz. Sie schienen mir wie konzentrierte Luft. Gepresst zu Heubündeln. Ohne Inhalt und ohne, dass ich davon etwas verstand. Weitere Scheinwerfersalven wischten die Luftgebilde wieder weg.

Ich sah, wie der alte Mann seine Lippen bewegte. Durchscheinend beige, sinnentleerte Worte perlten aus seinem Mund und purzelten auf den Boden. Aber ich hörte nichts mehr! Ich schloss meine Augen, öffnete sie wieder. Vielleicht konnte ich die verschwundenen Worte, wenn nicht hören, dann doch sehen? Anstatt der Worte sah ich nur die schnell verblassenden Spuren der Scheinwerfer in meinen Augen. Wie parallele Sternschnuppen durchkreuzten sie mein inneres Blickfeld. Die Spuren der Lichter hatten unterschiedliche Farben. Im linken Auge sah ich sie in einem rötlich-gelben Ton, während ich sie im rechten Auge eher blau-grünlich wahrnahm. So entstand in der Zusammenschau ein fast plastisches Bild. Kleine violette Lichter blitzten plötzlich entlang der Leuchtpfade auf. Waren das Worte? Die Spur im linken Auge verblich zuerst und die dritte Dimension verschwand.

Dann hörte ich wieder die Stimme des alten Mannes, offenbar in der Mitte eines Satzes. Die Stimme schien einen kleinen Nachhall zu haben und kämpfte um Gehör gegen das monotone Rattern des Zuges. "... neuer Inhalt für die leeren Worthülsen musste kreiert werden. Dringend! Wie sollte ich denn ohne Worte so weiterleben? Zuerst musste ich die überflüssigen Hülsen auf einen Wort-Friedhof bringen." "Was für ein Friedhof?", warf ich ein. "All die nutzlosen und gefährlichen Worte", fuhr er unbeirrt fort. "Sei vorsichtig, sagte ich zu mir, begrabe sie tief in der Erde, um zu vermeiden, dass sie irgendwann zurückkehren, schattenlos, wie in meinen schrecklichsten Alpträumen.

Sollte ich zumindest diejenigen, die vielleicht irgendwann wieder gebraucht würden zurückhalten? Um ihnen eine Chance der weiteren Verwendung nicht völlig zu verschließen. Begreifen Sie doch, wir existieren nur, weil es die Worte gibt, wir bestehen aus Worten. Wir sind Wortkombinationen oder sagen Sie von mir aus, Sätze dazu. Ohne Worte würden wir nicht sein, die Welt würde nicht sein, kein Leben, keine Gedanken, kein Bewusstsein, nichts."

Ich hielt den Atem an, um ihn noch besser zu verstehen. Er lehnte in Brusthöhe an meinem Bett und blickte in die obere linke Ecke des Abteils, erwartungsvoll, als ob von dort goldene Worte erscheinen würden.

"Wie möchten Sie denn mit den Worten umgehen, die von vielen Generationen von Vorfahren zu uns gekommen sind? Wie haben sich diese Worte im Laufe der Jahrhunderte geändert und warum? Haben etwa die Worte ein inneres Leben und eine eigene Entwicklung? Haben sich die Worte weiterentwickelt, weil die Menschen bewusster geworden sind und sich selbst weiterentwickelt haben oder war es gar umgekehrt? Sind neue Worte aus diesem Grund aufgetaucht und alte Worte verschwunden? Als sie verschwanden, sind sie dann komplett verschwunden oder haben sie Spuren in unseren Seelen hinterlassen, schlafen sie nur in uns? Türmen sie sich in uns zu Gebirgen von Worten auf?

Welche Worte haben Sie denn bisher aus der Fülle der Worte ausgewählt, um sie zu benutzen? Was geschieht mit denjenigen, die Sie nicht gewählt haben und die aufgrund Ihrer Wahl niemals geboren wurden?

Denken Sie daran, bestimmte, schon gebrauchte Worte, in einem anderen Kontext als bisher noch mal einzusetzen? Secondhand sozusagen. Oder hält Sie der Schmerz, den Sie bei sich oder anderen verursacht haben und noch in peinlicher Erinnerung ist, davon ab? Worte können sehr verletzen, scharf sein wie Schwerter."

"Ich habe gehört", stotterte ich, "dass die Mönche in Tibet in früheren Zeiten jedes einzelne geschriebene Wort aufgehoben haben. Kein einziges Wort wurde weggeworfen. Anscheinend waren ihnen Worte und Buchstaben heilig."

"Das wird wohl so gewesen sein", nahm er meine Bemerkung auf, "aber, sagen Sie mir doch, wo sind all diese Worte geblieben? Antworten Sie doch!" Die letzten seiner Worte hatte er fast geschrien. Dabei kam er mir immer näher und fuchtelte mit seinen Händen mit ausgestreckten Zeigefingern wild vor meiner Nase herum. Ich zog mich weiter in meine Ecke zurück. "Hören Sie auf, hören Sie bitte auf", bat ich. "Halten Sie ein!"

"Was ist, wenn die Physiker recht haben, wenn sie sagen, dass Energie niemals verloren geht? Sich höchstens wandelt. Wie können dann die Milliarden von Worte, die von uns ausgesprochen oder geschrieben wurden, verschwinden? Werden die Worte sich in kleine Regentropfen verwandeln, die einen himmlischen Regenbogen hervorbringen, sich zu silbrigen Wolken zusammenfinden, um dann auf uns herunterzuregnen, segensreich, um unsere Wunden zu heilen, unsere Seelen zu waschen und die Blumen zu netzen? Antworten Sie!

Oder sind sie irgendwo in einem modrigen Lagerhaus gestapelt und werden uns eines Tages unerwartet auf unsere Köpfe prasseln? Schwer und kantig wie Ziegelsteine, scharf und tödlich? Oder werden wir fortgerissen und ertrinken jämmerlich in ihnen, wenn sie wie ein Tsunami über uns hereinbrechen?"

Einen guten Menschen erkennt man daran:
Er tut sich selbst Gutes.

Unbekannt

Unsicher blickte ich wieder aus dem Fenster. Das hatte mich schon einmal davor bewahrt durchzudrehen. Gerade fing es an zu regnen. Die Regentropfen auf der Fensterscheibe, in verschiedenen Farben abwechselnd aufleuchtend, je nach den Lichtern auf der Straße und den Neonschildern an den Hauswänden, perlten von der linken Seite des Fensters zur rechten. Worte vielleicht? Dann verließen sie das Fenster für immer, vor sich eine ungewisse Zukunft.

Bei seinen letzten Worten brannte es wie Feuer in meiner Brust. Das war es. Plötzlich verstand ich. Aufgeregt unterbrach ich ihn laut, um auch wirklich das Rattern zu übertönen. "Die Sprache ist wohl das mächtigste Werkzeug, die schlimmste Waffe, die wir Menschen haben und jemals gehabt haben!" Ich verstummte.

Er setzte hinzu: "Und wenn wir nur ein einziges Wort wirklich bis zu seinem letzten Grunde verstehen würden, würde sich alles verändern. Unser Leiden, das Leiden hätte ein Ende. Wir wären frei! Wir wären die Meister, wir wären Schöpfer!"

"Hören Sie bitte auf, hören Sie endlich auf, ich kann nicht mehr, mir wird das jetzt wirklich zu viel", bat ich.

Unbeeindruckt fuhr er fort: "Dann entdeckte ich eine fundamentale Veränderung in meiner Wahrnehmung. Es ist schwer zu beschreiben. Irgendwie war alles ähnlich, nein, fast gleichgeblieben. Und doch wiederum völlig neu. Wirklich schwer zu beschreiben. Parallel mit der Änderung der Bedeutung der Worte ging eine Änderung der Realität einher.

Zum Beispiel. Ein Baum war nach wie vor ein Baum. Aber er war irgendwie, ich möchte sagen, transparenter geworden. Er zeigte eine andere, mir bisher unbekannte Seite. Er vibrierte, hatte um sich herum scheinende Formen in leuchtenden, aber auch trüben Farben. Durchsichtig. Es erinnerte mich an eine Zeitung. Grob betrachtet sieht sie jeden Tag ähnlich aus, obwohl der Inhalt jeden Tag doch völlig unterschiedlich ist. In dieser Zeitung bewegten sich plötzlich die Buchstaben, es tanzten die Worte, wie in einem Ballett, sie purzelten durcheinander, geheimnisvollen, unhörbaren Rhythmen folgend."

Der alte Mann ließ von mir ab, schwieg nun. Er sah aus dem Fenster. Dabei atmete er heftig und unregelmäßig.

Das war meine Chance!

Schnell ergriff ich die Gelegenheit. Ohne ein weiteres Wort zu verlieren, sprang ich aus meinem Bett, sammelte so schnell ich konnte meine Habseligkeiten ein, klemmte mir meine Schuhe unter den Arm und verließ barfuß das Abteil.

Fröstelnd und heftig schnaufend rannte ich in den Speisewagen. Zum Glück waren einige späte Gäste anwesend. Sie betrachteten mich missbilligend. Ich setzte mich und zog meine Socken und Schuhe an. Der monotone Rhythmus des Zuges hämmerte schmerzlich in meinem Kopf, in meinen Adern, unablässig Worte aus lebendem Material ausstanzend und in die Luft stoßend. Worte, Worte, Worte ...

Eines ist sicher:
Das schlimmste Huhn findet die schmackhaftesten Körner.

Portugiesisches Sprichwort

Vor einiger Zeit war Ludwig bei mir, ein ganz lieber, alter Freund, hilfsbereit, bescheiden, unaufdringlich. Ich wusste von seiner Sammelleidenschaft, darüber hatten wir öfter gesprochen. Wie die Sache dann ausging, hat er mir jetzt erzählt. Da dies auch mit Hühnern zu tun hat, möchte ich sie einflechten.

Ludwig streifte lauernd durch die Gänge der Messehallen. Er benahm sich ähnlich einem Raubtier auf Beutezug. Immer aufmerksam, immer ganz bei der Sache. Er hatte es sich angewöhnt, wie er es nannte, unauffällig daher zu kommen. Ein grauer Straßenanzug und ein leeres schwarzes Köfferchen, das er hinter sich auf Rollen herzog, waren seine Berufskleidung und Ausrüstung. Ludwig hatte das Auftreten eines interessierten Geschäftsmannes eingeübt.

Einen Gang der Messehallen nach dem anderen zog er systematisch sein Köfferchen entlang und übersah keinen der vielen Stände. Was an den Ständen angeboten wurde, interessierte ihn kein bisschen. Er wusste es nicht einmal, er nahm es nicht wahr, weil er nicht darauf achtete. Die schreienden Farben der Ausstellungsstände beeindruckten ihn nicht, noch Darbietungen aller Art oder angebotenes Freibier. Ludwig war vollkommen auf seine Mission konzentriert. Er hatte oft das Einschätzen der Stände und der Menschen, die den Stand betreuten geübt. Wie aufmerksam waren sie? Wo waren die Objekte seiner Begierde positioniert? Wie viele waren es? Mittlerweile war er routiniert genug, um die Werthaltigkeit der Objekte an den einzelnen Ständen und die Möglichkeit diese zu erlangen, mit einem raschen Blick zu beurteilen. Dieser Blick huschte links und rechts über die Theken mit ihren Werbematerialien. Dabei ging es nicht nur um die Anwesenheit der gewünschten Objekte, sondern auch um die äußeren Umstände.

Wie offen lagen sie da, konnte man mit einem Griff und einem Lächeln, mit der Bemerkung, “darf ich bitte einen mitnehmen”, erfolgreich agieren (um dann zwei oder drei mitzunehmen) oder war das Risiko groß, sich eine Ablehnung zu holen. Ablehnungen mussten vermieden werden, damit konnte er nur schwer umgehen, er war einfach zu sensibel und wusste, dass ihm eine Ablehnung einiges an Mut und souveränem Auftritt kosten, möglicherweise einen ganzen Messetag ruinieren konnte. Das hatte er alles schon erlebt. Dann fühlte er sich erniedrigt, wertlos. Zugegebenermaßen waren die Verantwortlichen für die Messestände meist großzügig. Insbesondere bei großen Firmen war es dem Standpersonal gleichgültig, was geschah, so lang sie keiner dafür verantwortlich machte.

Trotzdem brauchte es jedes Mal ein wenig Überwindung, um die Tat zu begehen.
Ludwig sackte ein, was er nur konnte. Wenn es nicht auffiel, griff er ordentlich zu und nahm so viel mit, wie er vor sich selbst gerade noch vertreten konnte.
Angefangen hatte es vor vielen Jahren. Ein ehemaliger Kunde hatte ihm eröffnet, dass er Kugelschreiber sammle. Zuerst kam Ludwig das ziemlich lächerlich vor, für einen erwachsenen Menschen. Erst recht für einen bewunderten Kunden und einflussreichen Abteilungsleiter. Bei diesem Kunden, der sonst verschlossen, fast streng wirkte, hätte er so ein Hobby nicht vermutet. Freundlich wie Ludwig war, und auch weil er hoffen durfte, bei der Vergabe von Aufträgen Vorteile zu erhalten, wollte er zu der Sammlung beitragen. Fortan ließ er keine Gelegenheit vergehen, Kugelschreiber für seinen Kunden zu sammeln.

Er fragte seine Freunde danach, sammelte auf Messen und schreckte auch nicht davor zurück, Exemplare, die ihm noch nicht in die Hände gekommen waren, in Werbemittelkatalogen aufzusuchen und zu bestellen. Er hatte alle verfügbaren einschlägigen Kataloge bestellt. Als er erfuhr, dass sein Kunde nur an Kugelschreibern mit Werbeaufdruck interessiert sei, bestellte er trotzdem weiter und bewahrte diese Exemplare bei sich zu Hause auf. Vielleicht änderte der Kunde ja später seine Meinung. Dann hätte Ludwig bestens vorgesorgt.

Viel später hatte er erfahren, dass sein Kunde die Firmenaufdrucke, die sich auf den Kugelschreibern befanden, im Internet recherchierte, sie nach einem bestimmten System sortierte und sie dann auf eine Ludwig nicht klare, komplexe Art und Weise archivierte.

Die Kugelschreiber sollten später schließlich wieder identifiziert und aufgefunden werden können. Zum Beispiel: Kugelschreiber von Firmen, der Gelben Seiten Verlage. Vermuten könnte man, dass diese Kugelschreiber gelb sein würden. Sie wären noch relativ leicht zu aufzufinden. Obwohl, unter Zehntausenden ihrer Art wäre auch dies eine Tortur geworden. Bei dem Werbekugelschreiber eines Friseurs konnte man keine bestimmte Farbe vermuten. Es gab weitere Merkmale, die für seinen Kunden interessant waren. Zum Beispiel Kugelschreiber mit der Aufschrift des Namens von Parteien und deren Kandidaten, oder mehrfarbig schreibende Kugelschreiber, besonders geformte, mit kleinen Figuren versehene, andere aus fernen Ländern.

Da waren Exemplare, die beschädigt waren, denen ein kleines Teil fehlte und wo Hoffnung bestand, dass in der Kiste mit den doppelten Kugelschreibern, oder überzähligen Teilen Ersatz gefunden werden konnte. Es gab viele weitere Spielarten. Das war Ludwig egal. Er hatte sich ganz auf das Einsammeln konzentriert. So wie andere Menschen zum Angeln gehen und Stunden gespannt im Gebüsch verbringen, bis vielleicht ein Fisch anbeißt, so hatte sich Ludwig auf die Jagd auf Kugelschreiber spezialisiert. Und auf Bierdeckel, Zündholzschachteln, Briefmarken. Doch darüber vielleicht ein anderes Mal mehr.

Ludwig kannte alle Messen, die in seiner Heimatstadt stattfanden und hatte sie vielfach besucht. Manche boten reiche Beute, andere besuchte er nicht mehr. Es lohnte sich einfach nicht. Der Ertrag war zu gering. Meist waren das Endverbraucher-Messen.

Wenn er genügend Kugelschreiber zusammen hatte, sortierte er sie nach Farben. Das war das, was er leisten konnte. Internetrecherche war nicht sein Ding. Für den Versand hielt er die Kugelschreiber der einzelnen Farben mit Gummiringen zusammen und sandte sie mit der Post an seinen Kunden. Diesen hatte er schon seit einigen Jahren nicht mehr persönlich getroffen. Früher hatte er noch nach jeder seiner Lieferungen einen Dankesbrief erhalten. Solche Briefe waren jedoch lange schon ausgeblieben. Ludwig war das egal. Das Sammeln war ein Teil von ihm geworden, er wollte es nicht mehr missen. Das Gefühl der Zufriedenheit, dieses warme und unbeschreibliche Gefühl, das in ihm aufwallte, wenn er wieder einen Werbekugelschreiber einsacken konnte, war Teil seines Lebens, war ihm sehr wichtig geworden. Wichtiger als manches andere. War es doch eine der wenigen Möglichkeiten, in welchen Ludwig Erfolg haben konnte und, wenn er sich mühte, auch Erfolg hatte.

Abends saß er dann vor seinen Schätzen, betrachtete sie mit Wohlgefallen, wie sie im Licht der Lampe glänzten. Bunt, blitzend, sauber.

Er las mit bebendem Herzen ihre Aufschriften. Kugelschreiber aus dem Ausland erfreuten ihn besonders. Die schlanken, handlichen Stücke mochte er sehr, sowie alle ungewöhnlichen Formen. Teuer scheinende Exemplare waren meist dunkel in der Farbe und wiesen häufig gold- oder silberfarbene Schriften oder Linien auf. Es gab auch unförmige Exemplare. Die freuten ihn weniger, aber er nahm sie gerne als Trophäen mit. Dann gab es noch besondere Stücke, die zum Beispiel mit Figuren verziert waren oder witzige Aufdrucke aufwiesen. Das waren seine Lieblinge.

Ludwig ließ die farbigen Bündel einige Tage auf seinem Küchentisch liegen und erfreute sich mit reinem Herzen an seiner Beute, bevor er sie sorgsam in Seidenpapier eingewickelt an seinen Kunden sandte.

Er lieferte alle Exemplare ab. Wie ein treuer Buchhalter. Das führte dazu, dass er kurz nach seinen Lieferungen, oft selbst kein brauchbares Schreibgerät zu Hause hatte, da er, der Fülle wegen, auch doppelte und mehrfache Exemplare an seinen Kunden sandte.

Eines Tages erzählte er mir von seinem Umgang mit Farben und Zahlen, ich möchte der Einfachheit halber, um einen Begriff dafür zu haben, von seiner Zahlenphilosophie sprechen. Also, er wies den Zahlen Bedeutungen zu. Manches davon leuchtet mir ein, anderes ist mir bis zum heutigen Tage unklar geblieben. Nachfolgend versuche ich das Gehörte aus meiner Erinnerung so genau wie möglich zu notieren:

Die Eins steht für den Anfang. Zwei bedeutet, man tut sich zusammen. Mann und Frau, in diesem Fall. Klar. Bei drei kommt schon das Baby ins Spiel. Das heißt, aus den beiden entwickelt sich neues Leben. Wenn man zu dritt ist, ändert sich vieles. Neues Leben fordert Raum.

Man kann nicht mehr wie man will, das Baby verlangt Ordnung. Die Ordnung steht für die Vier. Ordnung benötigt Menschlichkeit. Sonst bleibt sie starr und kalt. Die Fünf ist also die Zahl des Menschen. Bei der Sechs sind wir beim Sex angekommen. Das habe ich nicht so ganz verstanden, sollte der Sex doch schon in der Zwei vorkommen. Aber gut, weiter geht's mit der Sieben. Diese ist die Zahl der Liebe, klar, Sex allein führt auf Dauer nicht zum Glück. Das Schicksal wirft nun Probleme, Katastrophen in das Leben der Menschen hinein, damit es nicht langweilig wird, mit anderen Worten, es werden Aufgaben gestellt, an denen er reifen soll. Acht ist deshalb die Schicksalszahl. Neun ist die Jesuszahl, das heißt, der Mensch wird schließlich nach all dem Erlebten und Erlittenen erlöst. Die Zehn bedeutet das Ende des Zyklus, bei der Elf geht es wieder von vorne los, aber auf einer etwas höheren Ebene.

Ludwig hat nun die Zahlen mit Farben verbunden, nämlich mit den Farben des Regenbogens. Womit wir wieder bei den Kugelschreibern angekommen wären.
Mit geschlossenen Augen nahm er einige Hände voll Kugelschreiber warf sie auf den Tisch, addierte die Zahlen, welche sich aus den Farben ergaben. Die Zahlen der Summe addierte er so lange, nahm sozusagen die Quersumme, bis er auf eine einzige Zahl unter zehn kam. So kam er zurück zur Bedeutung, welche die einzelne Zahl hatte. Auf diese Weise verschaffte er sich Antworten auf seine drängenden Fragen.

Ludwig hat mir von vielerlei Varianten seiner Zahlenphilosophie erzählt, die weiterführten, zum Beispiel die Bedeutung der Zahlen von elf bis zwanzig, oder von einundzwanzig bis dreißig und so fort. Darauf möchte ich aber nicht weiter eingehen, das führte zu weit.

Auf die Frage, wie er auf die Bedeutung der Zahlen gekommen sei, antwortete er: “Ganz einfach. Mit der Zahl Eins geht's los, der Rest entwickelt sich von selbst logisch daraus.”

Im Laufe der Zeit war Ludwig zu einem Kugelschreiberexperten geworden. Mit Formen und Farben kannte er sich bestens aus, ebenso mit den Verschraubungen der Einzelteile, der Qualität der Minen und deren Federungen, sowie den Klips, die es ermöglichen, dass man sie beispielsweise in der Innentasche seines Sakkos hängend aufbewahren kann.

Die Klips waren die Achillesverse jedes Kugelschreibers. Manche waren so schwergängig, dass man sie kaum etwas öffnen konnte, um den Stoff in der Lücke einzuklemmen. Ab und zu brach einer der Plastik-Klips ab. Die metallenen waren strapazierfähiger. Wenn das geschah, war das für Ludwig schmerzhaft. Er überlegte hin und her, ob er das beschädigte Stück an seinen Kunden liefern solle oder nicht. Manches ließ sich mit Sekundenkleber wieder in scheinbare Ordnung bringen. Aber der Schmerz blieb. War so ein Exemplar für die nächste Sendung vorgesehen, so verzögerte sich diese oft um Tage, bis Ludwig eine Entscheidung getroffen hatte, was zu tun sei. Unruhige Nächte gingen diesen Entscheidungen voraus. Solch schmerzhafte Verluste spornten ihn jedoch an, seine Sammelaktivitäten zu forcieren, um den Schaden wieder ausgleichen zu können.

Die Kugelschreiber-Mode wechselte im Laufe der Jahre, die Sammelwut Ludwigs nahm zu. Im Laufe der Zeit konnte er sein kleines Netzwerk an Unterstützern erweitern. Zulieferer könnte man sie nennen. Gleichgesinnte. Teilnehmer, Unterstützer eines großen Projekts. Vielleicht würde aus der Sammlung am Ende ein Museum entstehen. In guten Monaten kam er oft auf mehrere Hundert Kugelschreiber. Dann kamen die flauen Sommermonate, die Ferienzeit. Mit dem Sammeln von Bierdeckeln in Biergärten versuchte er sie zu überbrücken. Ein echter Ersatz war das nicht, da die Vielfalt der Bierdeckel in keiner Weise an die der Kugelschreiber heranreicht.

Manchmal wurden Bleistifte oder Filzstifte angeboten. Diese nahm Ludwig nicht mit. Das war unter seiner Würde. Dafür hatte er auch keinen Abnehmer. Er hatte eine ganz klare Vorstellung von seiner Aufgabe und ließ sich nicht, aus seiner Sicht, korrumpieren.

Ludwig erzählt gerne, dass sein Kunde einen Zeitungsartikel mit dem Inhalt gelesen hatte, dass jemand etwa zehntausend Kugelschreiber mehr gesammelt habe als er. Der Kunde hatte Ludwig angerufen und ihm dies mit Grabesstimme mitgeteilt. Ludwig betonte an dieser Stelle immer, sein Kunde sei am Boden zerstört gewesen, hätte gar damit gedroht, das Sammeln aufzugeben. Das war für Ludwig eine bedrohliche Aussage, musste er doch fürchten, dass damit sein einziger Abnehmer wegfiele. Eine schreckliche Vorstellung. Ludwig versprach seinem Kunden, dass er seine Anstrengungen intensivieren und alles daran setzen werde, in kurzer Zeit diese "lächerlichen zehntausend Stück" nicht nur zu liefern, sondern bei Weitem zu übertreffen. Der Kunde war fürs erste beruhigt, Ludwig lief zu unglaublicher Form auf, hielt sein Wort. Das war Ludwigs hohe Zeit, es ist nun schon einige Jahre her.
Vor einiger Zeit hatte er eine ungewöhnlich große Menge an Kugelschreibern erbeutet. Er verspürte Lust, den Gesichtsausdruck seines ehemaligen Kunden zu sehen ob dieser Vielfalt und Pracht. Ehemalig deshalb, weil der Kunde mittlerweile pensioniert war. So machte er sich ohne Terminvereinbarung in bester Stimmung und großer Vorfreude mit einem ansehnlich gefüllten Karton auf den Weg. Für den Besuch hatte er den frühen Abend gewählt. Eine Zeit, in der sein ehemaliger Kunde am ehesten zu

Hause vermutet werden konnte. Sogar seinen Messeanzug hatte er angezogen und die gelbe Lieblingskrawatte, auf der viele bunte Kugelschreiber abgebildet waren. Vielleicht würde der ehemalige Kunde Ludwig ins Haus bitten, auf ein Gläschen Wein. Ganz sicher würde er die neuen Regale mit den sich inzwischen angesammelten Kugelschreibern zeigen. Bei Ludwigs letztem Besuch war in den bestehenden Regalen schon kein Platz mehr gewesen.

Ludwig musste etwa dreißig Minuten mit dem Auto fahren. Warum hatte er die vergangenen Jahre die Kugelschreiber stets mit der Post geschickt, fragte er sich? Viel schöner wäre es gewesen, die Päckchen persönlich abzugeben, ein wenig mit seinem Kunden zu plaudern, die besonders schönen Exemplare gemeinsam zu bewundern, sich darüber zu freuen und einen Kaffee miteinander zu trinken. Schöne Erlebnisse konnten daher nicht stattfinden.

Von Verdiensten, die wir zu schätzen wissen,
haben wir den Keim in uns.

Johann Wolfgang von Goethe

Ludwig fuhr zu der bekannten Adresse und parkte vor einem großen Einfamilienhaus. Mittlerweile hatte die Dämmerung eingesetzt. Eine hübsche Laterne erleuchtete den Eingangsbereich des Hauses. "Typisch für meinen Kunden", dachte sich Ludwig. "So eine schöne Laterne. Ja, Geschmack hat Herr Lehmann immer gehabt, das muss man ihm lassen." Dabei nickte er zustimmend und war ein kleines bisschen stolz darauf, dass er eine so lange Beziehung zu so einem so besonderen Menschen hatte. Er, Ludwig, der sich ganz und gar unauffällig und unbedeutend vorkam. Freude durchflutete ihn, er hielt etwas inne, um diesen Zustand noch ein wenig länger zu genießen, bevor er klingeln würde.

An der Türe angekommen strich er mit der Hand zärtlich über den mitgebrachten Karton, in dem sich mit Sicherheit vierhundert schöne Exemplare befanden. Ja, das war ein schöner Schatz. Der ehemalige Kunde würde begeistert sein. Jeden Einzelnen wollte Ludwig mit ihm betrachten.

Endlich entschloss er sich, bei Lehmann zu klingeln. Nach einiger Zeit kam ein junger Mann in einem labbrigen, beigen Trainingsanzug an die Gartentüre geschlurft und fragte Ludwig, was er wolle. "Kann ich bitte Herrn Lehmann sprechen?" "Das bin ich", antwortete der junge Mann. "Kann ich Ihnen helfen?"

"Sie sind Herr Lehmann? Äh, äh, ich möchte gerne Herrn Lehmann sprechen, ich meine den älteren Herrn Lehmann, er müsste etwa siebzig Jahre alt sein." "Sie meinen wohl meinen Vater. Damit kann ich nicht dienen, er ist leider vor drei Jahren verstorben." "Verstorben?"

Ludwig traf diese Nachricht wie ein Schlag. Er verstand nicht, worüber dieser junge Mann sprach. In Ludwigs Kopf war gähnende Leere. Noch mal fragte er nach. "Verstorben, wie meinen Sie das? Herr Lehmann?" Die Leere füllte sich. Es war als ob sich ein Mühlrad in seinen Kopf verirrt hätte.

"Das tut mir sehr leid ..." Ludwig versagte die Stimme. Seine Knie wurden weich. Der Karton fiel zu Boden, er hielt sich mit beiden Händen an dem schwarzen Schmiedeeisentor fest. "Ich kannte Ihren Vater geschäftlich. Wissen Sie, äh, verstehen Sie ...? Ich meine, äh, seit Jahren ...! Ihr Vater hat doch, verstehen Sie, ich meine, er hat doch Kugelschreiber gesammelt und ich war derjenige ... wissen Sie, ich habe ihn beliefert, habe ihn all die Jahre mit neuen Exemplaren ... äh, immer gern ... beliefert.

Wissen Sie, ich habe Ihren Herrn Vater sehr geschätzt und mit Freude die äh, die Kugelschreiber für ihn gesammelt. Sie sammeln doch weiter? Oder?"

"Ach so, die Kugelschreiber", antwortete der junge Mann. "Lieber Gott! Sorry, keiner der Erben hatte Interesse daran. Das Sammeln war so eine fixe Idee meines Vaters, aber nicht sehr interessant, finde ich. Die Kugelschreiber brauchten zu viel Platz. Und Platz kostet Geld. Miete. Pflege. Es muss abgestaubt werden, und so weiter und so fort. Und wofür? Kein Mensch würde die Sammlung kaufen. Wir haben die Kugelschreiber entsorgt. Alle zusammen. Gleich nach der Beerdigung. Kistenweise. Mein Gott, zigtausende Kugelschreiber, so viel Lebenszeit wurde von Vater dafür vergeudet. In dieser Zeit hätte er weiß Gott, etwas Vernünftiges anfangen können. An all diesen dummen Kugelschreibern waren kleine Zettelchen angeheftet mit irgendwelchen ganz kleinen und unnötigen Texten drauf. Wer sollte das denn lesen? Wer braucht denn so was? Man muss doch nach vorne sehen. Und sehen, dass man zu Geld kommt.Die von Ihnen gelieferten, von mir gar nicht bestellten Kugelschreiber, habe ich immer in den Müll geworfen."

Ludwig war sprachlos. Den Karton mit Kugelschreibern, der plötzlich dunkel und fremd, wie etwas Ansteckendes am Boden lag, betrachtete er unsicher, hielt sich schwankend am Geländer fest. Sein ganzes Leben kam ihm nun sinnlos vor. Die vielen Jahre des Sammelns, die Freude, die er daran hatte. Das war alles verkehrt gewesen, unglaublich dumm. Nicht nur, dass er jahrelang etwas gesammelt hatte, was sich inzwischen als völlig wertlos erwies und auf dem Müll gelandet war, er hatte es nicht einmal für sich selbst gesammelt. Nun konnte er nichts mehr verstehen, sah ein verpfuschtes Leben, sein verpfuschtes Leben, in einem einzigen Augenblick als dunklen Schatten vorüberhuschen.

“Es war aber doch schade. Hätte man denn, hätte man denn nicht ...”, stammelte er. Der Rest des Satzes blieb Ludwig im Hals stecken. “Nein, man hätte nicht ... Ganz gewiss nicht”, antwortete der junge Herr Lehmann mit Nachdruck und deutete dabei auf den Karton am Boden. “Dass Sie mir bitte nichts mehr schicken. Ist das klar? Und diesen Karton nehmen Sie gefälligst wieder mit. Also, dann alles Gute.”

Der junge Mann zog sich kopfschüttelnd wieder zurück. Dabei murmelte er Unverständliches, schloss die Gartentüre. Zu allem Überfluss löschte er auch die Laterne. Ludwig stand im Dunklen da. Er fühlte sich einsam, abgeschnitten von allem Leben, ohne jede Zukunftsperspektive, ohne, und das stieg ihm ätzend bitter aus dem Magen, den Hals empor, ohne für seine Arbeit beachtet zu werden. Sich selbst hatte er nie wichtig genommen, sich nicht in den Mittelpunkt gestellt, mit sich hatte er sich nicht wirklich beschäftigt und war schon gar nicht auf die Idee gekommen, sich zu mögen oder gar zu lieben. Nun bemerkte er den kühlen Nachthauch, sah nach oben. Gerade eilte eine Wolke am abnehmenden Mond vorbei, stahl ihm einen großen Teil seines Lichts. Ja, abnehmen, weniger, überflüssig werden, wie der Mond, schoss es ihm durch den Kopf. Es fiel ihm schwer, einen Gedanken zu fassen, das Mühlrad drehte sich in seinem Gehirn weiter, schaufelte mit jeder Drehung vielfach “was bin ich doch für ein Idiot” in sein Bewusstsein. Bald würde der Kopf voll sein, ganz voll mit “was bin ich doch für ein Idiot”. Aus den Ohren, aus Nase und Mund würde diese Behauptung heraussprudeln. In Spruchbändern in Hunderten von bunten Kugelschreiberfarben.

Warum hatte er all die Jahre dieses unnütze Zeug gesammelt? Kugelschreiber, Bierdeckel, Briefmarken, Zündholzschachteln? Was war der Antrieb gewesen? War es Langeweile, war es deshalb, weil er mit sich nichts Besseres anzufangen wusste? Ihm schien, das mochte Teil der Sache sein, jedoch nicht die tiefere Ursache. Die Wolke hatte das Interesse am abnehmenden Mond verloren und war weitergezogen. Sie hatte sich mit der Schwärze des Nachthimmels vermählt, war nicht mehr sichtbar.

Erstaunlicherweise war der Mond so hell wie zuvor. Als wäre nichts gewesen, als wäre die Welt noch in Ordnung. Ludwig wunderte das. Ihn wunderte auch, dass er immer noch hier stand. Wäre er doch nicht zu Herrn Lehmann gefahren! Sein Leben wäre bunt und aufregend geblieben. In den bekannten, in guten Bahnen hätte es sich weiterbewegt. Nun lag es in Scherben. Es dämmerte ihm ... konnte vielleicht, konnte die Ursache für seine Sammelleidenschaft sein, dass er dabei sein wollte, bei den Menschen, die in engerem Kontakt zu dem von ihm hochgeachteten Herrn Lehmann stehen, dass er dadurch anerkannter und geachteter Teil der menschlichen Gemeinschaft sein würde? Etwas von diesem Glanz würde auch auf ihn treffen.

Unterstütze das Glück doch ein bisschen!

Französisches Sprichwort

Sein Vater fiel ihm ein, er dachte daran, dass er und seine Kameraden ihr Leben an der russischen Front riskiert hatten, um Orden zu erhalten. Wohl aus dem gleichen Grund. “Gefrierfleischorden” gab es da unter anderem zu gewinnen. Vom Onkel wurde berichtet, dass er nach einem Heimaturlaub gesagt hätte, er würde mit einem weiteren Orden, die Bezeichnung war Ludwig entfallen, zurückkommen, oder gar nicht. Er kam gar nicht zurück. Vermisst. Diese Orden kann man nun auf dem Flohmarkt für wenig Geld erstehen. Besonders wertvoll sehen sie nicht aus. Ihre Geschichte und wie viel Blut an ihnen klebt, geben sie nicht Preis.

Ludwig fragte sich, musste er wirklich Kugelschreiber sammeln, um unbewusst zu hoffen, gemocht, geliebt zu werden? War das der Einzige ihm mögliche Weg gewesen? Geliebt zu werden, weil er unentgeltlich etwas für jemand anderen geleistet hatte? Ludwig bemerkte, dass es nach frisch gemähtem Rasen roch. Ein Nachtvogel rief kurz eine nicht enträtselbare Botschaft in die Dunkelheit hinaus. War sie für Ludwig gedacht?

Nach einiger Zeit atmete Ludwig tief durch, drehte sich um und ging zu seinem Auto zurück. Er war vollkommen durcheinander. Und tief enttäuscht. Als er dort angekommen war, blieb er einen Moment stehen, bemerkte, dass er den Karton an der Gartentür zurückgelassen hatte, drehte sich um, ging zurück. Er öffnete den Karton, fühlte die verschiedenen Bündel mit Kugelschreibern, erinnerte sich daran, mit wie viel Freude er sie gesammelt und sorgsam eingepackt hatte, konnte nicht verstehen, was los war und schon gar nicht, dass sich in einem einzigen gott-verdammten Augenblick der Sinn seines Lebens verflüchtigt hatte. Einzeln zog er die Kugelschreiber aus den mit Gummis zusammengehaltenen Bündeln. Manche mit roter, blauer, grauer, zweifarbiger, Mine mit schlankem oder wuchtigem Korpus. Er kannte sie alle.

Mit Tränen in den Augen betrachtete, befühlte er, einen nach dem anderen, ohne ihn in der Dunkelheit genau sehen zu können. Alle waren nun grau bis schwarz, so grau bis schwarz wie seine Stimmung. In hohem Bogen warf er die Kugelschreiber in Bündeln, manche auch einzeln in Lehmanns Garten, in den kurz gemähten, duftenden Rasen, in die Blumenrabatte, auf den Weg, in die Dachrinne. Einer fiel in den Gulli in der Einfahrt vor der Garage. "Möge er eine Verstopfung und eine Überschwemmung verursachen, einen Tsunami, der alles mit sich reißt!" Es war sinnlos, was er tat, aber er fühlte sich mit jedem geworfenen Kugelschreiber ein wenig erleichtert. Besonders schöne Exemplare küsste er verstohlen, mmmmhh, brach sie entzwei, warf sie besonders weit und fühlte ihnen noch eine Weile nach, vermutete, wo sie zu liegen kämen. Als der Karton leer war, zerriss er ihn in kleine Stücke und warf ihn ebenfalls in den Garten.

Tage von Depression folgten. Ludwig war der Boden unter den Füßen entzogen. Seine jahrelange Arbeit war umsonst gewesen. Er wusste nicht, wie er in Zukunft seine freie Zeit verbringen sollte. Bisher drehte sich alles um Kugelschreiber. Seiner Gewohnheiten, seiner wahren Heimat und Aufgabe war er beraubt.

Ludwig kam ins Grübeln. Wie war das gewesen, als er noch jung war. Als noch viele Erwartungen auf ihm ruhten? Was war daraus geworden? Seine Karriere endete beim Sammeln von Kugelschreibern, seine persönliche Entwicklung war gekennzeichnet von dem Wunsch, geliebt zu werden und deshalb für alle den Deppen zu machen! Ludwig war in großer Verzweiflung, er war traurig, nichts freute ihn. Erinnerungen aus vergangenen Zeiten kamen hoch, meist in Verbindung mit Agnes. Damals, als er mit ihr zusammen war, sie sich liebten, das war Leben. Überbordend. Wild. Gierig. Die Luft knisterte. Ja, so kann man es sagen. Wie unbegreiflich, wie peinigend war diese Gier gewesen, wie schön und verzehrend. Nach ihrem Haar, ihrem Körper, nach der Art, wie sie ihn anlächelte, nach dem kleinen Ausschnitt des Nackens, der sich zeigte, wenn sie die Haare hochband. Verrückt machte ihn das.

O Gott! Eine Zukunft in großer Fülle sah er voraus, damals, so viele nicht getrunkene Becher warteten auf Agnes und ihn, so viel Glück! Alles war gut gewesen. Damals. Und war zu schauerlichem

Jammer geworden. Er spürte die Sehnsucht nach Leben fast wie früher. Nach Tun, nach lieben, nach Freude, nach ..., nach allem! Es schnürte ihm den Hals zu. Agnes' Gesicht hing wie ein freundlicher Mond über ihm, verwandelte sich schnell in eine Hexenfratze mit grellen Augen.

Das ertrug er nicht. Der Punkt war gekommen, an dem er unmutig aufstand und aus dem Fenster sah, in die immer gleiche, von Sternen durchlöcherte Dunkelheit, in die milden Lichter am Horizont. In den öden Lichtkreis der Straßenlaterne. Er konnte es nicht fassen, schüttelte den Kopf, schlug mit den Fäusten an die Decke der Mansarde, ging die knarrende Holztreppe nach unten und holte sich eine Flasche Schnaps. Egal welche Sorte, er betrank sich. Er benötigte kein Glas.

Bitte den Baum der Erkenntnis nicht
mit dem Baum des Lebens verwechseln!

Der zweite Ritter

Ludwig stellte sich vor, dass er wenigstens einige Nächte durchschlafen könnte. Nicht wie in der letzten Zeit, in der er übermüdet nach zwei bis drei Stunden erwachte. Sein Herz würde sich beruhigen, die Schmerzen in Schläfen und am Haaransatz des Hinterkopfs würden dann gewiss verschwinden. Er würde klare Gedanken fassen, sich weiterführenden Dingen zuwenden und aus der kranken Situation wieder herauskommen. Leere Schnapsflaschen stapelten sich im Laufe der Wochen, der Schlaf stellte sich nicht wie gewünscht ein.

Ja, die gute Agnes! Weiß Gott, was aus ihr geworden ist. Wegen einer banalen Kleinigkeit platzte die Beziehung. Von da an ging's bergab mit Ludwig. Nicht immer steil, aber stetig. Darauf war

Verlass. Gefühle von Beklemmung und Wehmut begleiteten ihn durch die trüben Tage, in den Nächten verstärkten sich diese Gefühle. Er hatte sich nicht mehr unter Kontrolle.

Eines Nachts kam ihm in den Sinn, dass er für alle der Gute, der Anständige sein wollte. Er wollte zuverlässig, hilfreich sein. Er wollte jemand sein, der vorausgeht, dem man beruhigt folgen, einer, auf den man sich verlassen konnte. Ja, der Gute wollte er sein, ohne Fehl und Tadel. Und tapfer.
Derjenige, der an den Tugenden festhält. Der weiße Ritter. Einer, der sich in die Bresche wirft für die Schwachen, Verluste in Kauf nimmt und weiß, dass sich das Gute durchsetzt und am Ende belohnt wird.

Aber, wo endete auch dieser Gedankengang? Bei dem grenzenlosen Wunsch, geliebt zu werden. Dabei seine eigenen Bedürfnisse nicht zu leben, ja nicht einmal zu kennen. Hatte er zu wenig Liebe bekommen? Als Kind, als Jugendlicher vielleicht? Für Ludwig schwamm alles zu einer finsteren Brühe zusammen und er fürchtete sich davor, sie auslöffeln zu müssen.

Ludwig kenne ich seit unserer Schulzeit. Eines schönen Tages besuchte er mich wieder einmal. Schlecht, müde sah er aus. Dunkle Augenringe zeigten sich, der unrasierte Bart trug seinen Teil zum grauen Bild bei. Wir tranken Bier aus der Flasche, saßen auf der wackeligen Gartenbank und fütterten die Hühner. Vor uns der kleine Gartenteich mit den allzeit hungrigen Goldfischen.

Einige Hühner hatten keine Scheu vor Ludwig. Er streichelte mit großer Zärtlichkeit über ihren Rücken, fütterte sie mit Leckerli. Luise hatte es ihm besonders angetan. “Luise, Luischen, mein Schatz!” Sie flog auf sein Knie, guckte ihn, soweit ich das beurteilen konnte, bewundernd an, blieb dort sitzen. So als ob das schon immer ihr Platz gewesen sei. Das Huhn grödelte vor Vergnügen, deutete ein Aufplustern der Federn dezent an. “Darf ich ab jetzt jeden Tag kommen und etwas Zeit mit den Hühnern verbringen?” Ludwig kam jeden Tag. Wir haben manche Bierflasche geleert, über unsere Ängste gesprochen. Ludwig hatte Unmengen davon. Manche, die er benennen konnte, andere, und das waren die üblen, beschwerten sein Herz, verursachten Panik, er konnte sich über sie nicht klar werden. Das Wort Zukunft war ihm ebenso zuwider, wie die dazugehörige Bedeutung.

Eines Tages sah Ludwig im Fernsehen eine Dokumentation über das Fliegenfischen. Die Fliegenfischer verbrachten viel Zeit mit ihrem Hobby. Die Schnur richtig zu werfen verlangt Übung und Geschick. Und es musste sehr oft geworfen werden, bis ein Fisch anbiss. Wenn sie dann endlich einen gefangen hatten, freuten sie sich darüber, zeigten ihn ihren Kollegen, maßen bei größeren Exemplaren, seine Länge, fotografierten ihn und ließen ihn dann wieder frei. Catch and Release nannten sie das.

Das brachte Ludwig auf eine Idee und führte zu einem unerwarteten Umschwung in seinem Leben.

Ludwig sammelte wieder Kugelschreiber, besuchte aber nur die guten Messen und auch nur einen Tag, nun nach dem Slogan der Fliegenfischer. Wie er das machte? Am Vormittag sammelte er die Kugelschreiber ein, während er sie am Nachmittag bunt durcheinander auf den Messetischchen verteilte. Die Besetzungen der Messestände wurden neugierig, manche erkundigten sich, wie er auf diese geniale Marketingidee gekommen sei und danach, wer seine Auftraggeber seien. Das gab Ludwig Gelegenheit, seine Geschichte zu erzählen. Nicht selten kam es vor, dass die Leute ihn auf eine Tasse Kaffee oder ein Glas Wein einluden. Langsam ging es aufwärts. Ludwig berichtete von durchgeschlafenen Nächten. Agnes' Gesicht hing manchmal noch wie ein freundlicher Mond über ihm, verwandelte sich aber nur dergestalt, dass sie ihn anlächelte.

Auf diese Weise kam er mit vielen Menschen in Kontakt. Auf das Sammeln und Verteilen von Kugelschreibern allein mochte er sein Leben allerdings nicht mehr aufbauen. Das hatte er gelernt.

Einmal berichtete Ludwig, er habe einen Traum gehabt, es könne aber auch sein, dass sich ein Teil dessen, was er als Erkenntnis daraus gewonnen habe, sich beim Duschen dazugesellt hatte. Mit Details wolle er mich nicht belasten, meinte aber, dass seine Erkenntnis auch für mich von Wert sein könne. Nach dieser Vorrede streichelte er Luise über den Rücken, die wie gewohnt auf seinem rechten Oberschenkel saß. "Geliebtes Luischen." Luischen grödelte vor Vergnügen, deutete ein Aufplustern der Federn dezent an. Ludwig schwieg und betrachtete dabei mit Interesse Luischens feuerroten Kamm. Offenbar hatte Ludwig eine bedeutende Erkenntnis gewonnen und wollte, dass ich danach frage. Recht hatte er, man soll das Besondere nicht in einen Nebensatz verpacken.

Besser das Huhn in der Hand, als das Ei auf dem Dach!

Bruno

Ich hatte es nicht eilig damit. Erst wollte ich in mich hineinfühlen und zusehen, ob ich etwas davon in mir erahnen könne. Dabei betrachtete ich die beiden. Luischen und Ludwig hatten sich gefunden. Sie waren ein Herz und eine Seele geworden. Wenn Ludwig am Gartentürchen klingelte, war von Luise ein freudiges Gacken zu hören. Unter Zuhilfenahme ihrer Flügel eilte, nein flog sie, im Laufschritt Ludwig entgegen. Offenbar hatte sie sich an die Tageszeit gewöhnt, in der er erschien. Ludwig nahm sie dann hoch, drückte sie an sich und lachte. "Hallo, Luischen, wo warst denn die ganze Zeit? Hast du auf mich gewartet?" Viel später erst, wenn die erste Wiedersehensfreude gelebt war, begrüßte er mich.

Luise strahlte über ihr braun-rot-oranges Gefieder, mit wenig Schwarzanteilen, ganz im Glück. Neben Ludwigs gewohnten Sitzplatz wächst seit Jahrzehnten an einer Stange, direkt am Gartenhäuschen eine Hopfenpflanze. Sie gab einen herrlichen Hintergrund zur bunten Luise ab. Bei längerem Betrachten schien Luises Federkleid mit dem Hopfen zu verschmelzen, ihr Gefieder durchgrünte sich, setzte sich hopfig fort, kletterte spiralig auf das dunkelgrau, dachpappegedeckte Häuschen, spiegelte sich zart in den ruhenden Kumuluswolken und im Gartenteich.

"Interessiert dich meine Erkenntnis nicht?" "Doch, doch, ich wollte nur erst selbst ein wenig darüber nachdenken, was es sein könnte. Da du oft von deiner Angst gesprochen und unter ihr sehr gelitten hast, könnte es damit zu tun haben." "Genau, messerscharf erkannt." Wir schwiegen wieder, ich betrachtete die Kumuluswolken genauer. Hatte mich mein Blick vorhin getäuscht, als ich Grüngefiedertes in ihnen sah? Ich schloss meine Augen bis auf zwei schmale Schlitze, in der Hoffnung, besser und klarer sehen zu können. Tatsächlich, das Federkleid wand sich grüngefiedert um die Wolken, tauchte ein. Weiter hinten war ein roter Fleck zu erkennen. Zweifellos eine Spiegelung von Luises Kamm.

“Also gut, nun bin ich bereit und unglaublich neugierig. Was war bitte deine Erkenntnis?” Ludwig räusperte sich. Seine rechte Hand lag ruhig auf dem Rücken von Luise. Sie sah Ludwig auf den Mund, gespannt, was nun kommen würde. Vielleicht, hoffte sie, rückt er endlich mit der Sprache raus, damit es mit uns beiden weitergeht. “Hast du gehört, dass man sagt, das Gegenteil von Liebe sei nicht der Hass, sondern die Angst?” Ja, hatte ich. “Und weiter?” “Also, daraus ergibt sich, wer sich in der Liebe befindet, kann kaum Angst haben. Und umgekehrt. Man kann sich schließlich nicht gleichzeitig in Gegensätzen befinden. Das ist alles.” Ludwig sah mich an, sah Luise an, machte riesengroße Kinderaugen. Wandte sich einem großen Goldfisch zu, der an seinem Zeh, den er im Wasser wie eine Vereinsfahne, leicht hin und her schwenkte, knabberte. Er lachte. “Das kitzelt!” Luise wunderte sich.

“Hört sich einfach an, scheint schon deshalb ein genialer Gedanke zu sein”, meinte ich. Unglaublich, worauf Ludwig so alles kam. “Ein Gedanke ist es gerade nicht. Klar, es begann mit einem Gedanken, aber dann geschah etwas Ungewöhnliches. Dieser Gedanke, ich weiß nicht wie ich es sagen kann, verteilte sich in meinem ganzen Körper, wärmte meinen Bauch, brannte in meinem Herzen, erfüllte mich ganz, bis hinunter zu den Zehen. Ja, er ergriff mich. Bis ich schließlich spürte, es war nun kein Gedanke mehr, es war etwas anderes. Der Gedanke materialisierte sich gewissermaßen in mir. Die Erkenntnis war Teil von mir geworden. Ich bräuchte sie nicht zu merken, sie wäre immer da, als ein unverlierbarer Teil von mir. Nun muss ich sehen, wie ich in die Liebe komme, um mich dort aufzuhalten. Dafür brauche ich ein Rezept, um hineinzukommen. Und eins, um drin zu bleiben.”
“Ah, darüber muss ich nachdenken.” An diesem Tag fand sich kein Rezept. Auch nicht am nächsten. Man kann aber kaum erwarten, dass neue Erkenntnisse einfach so hereinregnen!

Ein andermal, Luise hatte Ludwig nicht am Gartentürchen erwartet. Er war erschrocken, fragte wo sie sei. “Hoffentlich ist ihr nichts zugestoßen.” Aufgeregt suchten wir den Garten ab, die Hühner wurden unruhig, Bruno krähte sein Was-ist-denn-nun-schon-wieder-los-Krähen. Schließlich schauten wir ins Hühnerhäuschen. Und, siehe da, Luise saß im Nestchen und legte gerade ein verspätetes Ei. Offenbar war sie gerade fertig damit, gackerte laut, flog schnurstracks auf Ludwigs Schulter, wo sie sich zufrieden niederließ. Wir setzten uns auf die Gartenbank. Luischen grödelte vor Vergnügen, deutete ein Aufplustern der Federn dezent an. Ludwig meinte, er habe erkannt, wie er in die Liebe kommen könne. Er habe sich intensiv damit auseinandergesetzt. Vieles sei ihm nun klarer geworden. “In die Liebe kommt man, wenn man für andere da ist. Wenn man sie ohne etwas zu erwarten unterstützt, wenn man sich an ihrer Freude mitfreut. Dann ist man nicht mehr so bei sich allein verwurzelt. Es ist ein bisschen wie Ausdehnen, zum anderen hin. Man wird Teil eines Netzes, das uns alle tragen kann. Eigentlich ist es ganz einfach zu begreifen. Es gibt aber noch ein Hindernis dabei.”

Ludwig blies Luise mit vollen Backen ein Staubkörnchen vom Rücken. Gegen die Richtung der Federn, die sich leicht anhoben. Luise erschrak dabei nicht. Sie wusste: Alles, was von Ludwig kam, war gut für sie. Ängstigen brauchte sie sich nicht. War Ludwig über Luise, waren gar die beiden in die Liebe gekommen? Konnten nicht nur Menschen, sondern auch Hühner lieben? Ich dachte mir immer schon, dass die Mutterliebe bei den Tieren nicht nur Instinkt sein könne. Das zu behaupten ist einfach unfreundlich. Das Gleiche hätte man doch auch von den Menschenmüttern behaupten können.

“Lieber Ludwig, bitte, spanne mich nicht auf die Folter, was ist denn dieses Hindernis?” “Man sollte, äh, man muss, na ja, man muss sich selber lieben. Das ist die Voraussetzung, dass das auch bei den anderen geht. Das ist verflixt schwer, wenn man an all die schlechten Erfahrungen und an die Schweinereien denkt, die man selbst gemacht hat. Man sollte die Fähigkeit haben, sich zu lieben, als den, der man ist. Einen Besseren haben wir nicht, also müssen wir mit uns selbst vorliebnehmen, so wie wir sind. Oder wenn das noch zu schwierig sein sollte, dann als den, welcher man sein könnte und auch wirklich werden kann, wenn man anfängt sich zu lieben."

Ludwig baute sich in seinem Gärtchen einen Hühnerstall. Mit zwei Fensterchen aus weiß gestrichenen Fensterrahmen und waldgrünen Fensterläden. Das sah putzig aus. Er arbeitete ganz genau, mit solcher Hingabe, als ob er vorhätte, selber einzuziehen. Zur Einweihung konnte ich einen jungen Gockel beitragen. Übrigens, Ludwig nannte ihn Bruno. Und auf meinem Arm wie ein Falke sitzend, brachte ich Luise zu Ludwig.

Es scheint ein Problem unserer Zeit zu sein,
dass wir oft nicht glauben, was wir wissen.

Herbert

Entweder Marie legt derzeit nicht oder sie hat die Eier an einem geheimen Platz versteckt. Trotz intensiver Suche, kann ich keine Eier von ihr finden. Einige Tage später sehe ich das Huhn in einer dunklen Ecke sitzen. "Komm doch raus, liebe Marie. Was suchst du denn in diesem dunklen Loch?" Zufrieden sieht sie aus. Aha! Sie brütet! Kann das sein? "Bravo, liebe Marie, ich freue mich!" Sie nickt mir zu. Ich nicke zurück. Sie schlägt zärtlich, ganz vorsichtig mit den Flügeln.

Wenn alles gut geht, wird es bald niedliche Mariechen geben.

Über den Autor

Franz Huber hat sich sein Leben lang als Ingenieur betätigt. Durch den Tod seiner Mutter kam er unfreiwillig zu den Hühnern. Eigentlich wollte er sie schnell loswerden. Als er aber mit dem Gockel Bruno, mit Maria, Martha und den anderen eine Weile lebte, hat sich – ja, es hat sich tatsächlich so etwas wie gegenseitige Zuneigung und sogar viel mehr noch ergeben.
Vergnügliches, Erstaunliches haben der Autor, Bruno und seine Damen miteinander erlebt.
Dieses Buch ist der Versuch festzuhalten, was sich zugetragen hat und auch ein dezenter Hinweis darauf, was einem entgehen kann, wenn man denkt, Hühner seien nur dumpfe Eierleger.

232 Seiten, broschiert
ISBN 978-3-89845-590-9
€ [D] 18,95

Birgit Rusche-Hecker und Annette Dorstijn

Fühlende Wesen

Tiere als Brücke zu unserer wahren Natur

Mit diesem Buch erkennen wir unser Bewusstsein für uns selbst und die Welt um uns herum. Wir erfahren, wie es gelingen kann, unsere Verbundenheit mit uns selbst und anderen fühlenden Wesen wiederherzustellen und zu spüren, welch wichtige, hilfreiche Begleiter unsere Mitgeschöpfe, die Tiere, auf diesem Weg sind.
Eine Inspiration für Menschen, die sich auf den Kern ihres Seins rückbesinnen und ihren Teil zum persönlichen sowie zum Wohl der Tiere beitragen möchten. Mit gratis MP3 Download

224 Seiten, broschiert
ISBN 978-3-89845-415-5
€ [D] 14,95

Diana L. Guerrero

Tiere – Unsere spirituellen Begleiter

Warum sie unsere Seele berühren und was sie uns lehren

Tiere haben eine ganz besondere Beziehung zu den Menschen. Sie öffnen unser Herz und zeigen uns den Weg zu innerer Stärke und vertrauensvoller Liebe. Mit Tieren zusammen zu sein heißt, etwas über sich selbst zu lernen.
In diesem Buch erfahren wir, wie wir eine klare Kommunikation mit Tieren herstellen, und entdecken, dass Tiere uns helfen, Zugang zu unserer spirituellen Natur zu erhalten und unser persönliches Wachstum zu beschleunigen. So lernen wir, in Harmonie mit der ganzen Schöpfung zu leben und uns mit den Tieren und dem Vollkommenen verbunden zu fühlen.

196 Seiten, durchgehend farbig, broschiert
ISBN 978-3-89845-558-9
€ [D] 18,95

Bend Martinschitz

Die lebendige Kraft der Berge

Das gemeinsame Wachsen von Mensch und Natur

Die magische Gebirgswelt ist schon tausendfach beschrieben worden. Doch nun lernen wir sie neu kennen und betreten terra incognita.
Bernd Martinschitz lässt uns teilhaben an der Kraft der Bergriesen. Er präsentiert Berge erstmals als lebendige Wesen mit eigener Historie sowie die gesamte Landschaft als vitales Feld, in das wir Menschen seit Urzeiten eingewoben sind und von dessen Energien wir profitieren können.
Ein einmaliger Reiseführer in das Lebendige der Natur und zu uns selbst.

160 Seiten, mit Farbteil, broschiert
ISBN 978-3-89845-344-8
€ [D] 12,95

Sigmund Schuster

Gesund schlafen mit der Heilkraft des Holzes

Der lebensfreundliche Schlafplatz

Unser Schlafplatz übt einen entscheidenden Einfluss auf unsere Gesundheit und unser Wohlbefinden aus.
Sigmund Schuster zeigt uns, wie jeder Schlafplatz zu einem energetischen Ort umgewandelt werden kann, der sich positiv auf unser Wohlbefinden und unsere Gesundheit auswirkt. Er erklärt, wie wir die Lichtkraft des Baumes und somit die Heilkraft des Holzes in einem NaturkraftSchlafplatz bündeln können. Praktische Tipps zum Ausbau eines solchen lebensfreundlichen Schlafplatzes und dessen positive Auswirkungen auf unsere Seele und unsere Gesundheit helfen uns, den Schlaf für die Heilung unseres Körpers und Geistes zu nutzen.

256 Seiten, broschiert
ISBN 978-3-89845-353-0
€ [D] 16,90

Ellen Vande Visse

Der spirituelle Garten

Wie Naturgeister uns helfen

Ellen Vande Visse lädt Sie ein, harmonisch mit dem Naturreich zusammenzuarbeiten. Unterhaltsame Erzählungen erläutern Schritt für Schritt,
was Sie tun können, um gemeinsam mit der Natur zu gärtnern und mit den Elementarwesen zu kommunizieren – vollkommen unabhängig davon, ob Sie medial veranlagt sind oder nicht.
Der spirituelle Garten lehrt uns, mit den Pflanzen als Lebewesen zusammenzuarbeiten. Ein Buch uber außergewöhnliches Gärtnern, das Sie bis zur letzten Seite nicht mehr aus der Hand legen werden.

208 Seiten, farbig, mit vielen Fotos, broschiert
ISBN 978-3-89845-612-8
€ [D] 18,00

Mark Mathew Braunstein

MicroGreen Küchengarten

Sorten – Aufzucht – Rezepte

Microgreens begeistern mit ihrem intensiven Aroma und enthalten vier- bis sechsmal so viele Vitamine und Phytochemikalien wie die reifen Pflanzen!
Mark Mathew Braunstein verrät, wie Sie Microgreens einfach und günstig zu Hause ziehen können. Dieser umfassende Ratgeber enthält auch ein Verzeichnis von fast 50 Microgreens mit der Beschreibung von Aromen, speziellen Bedürfnissen und vielem mehr.

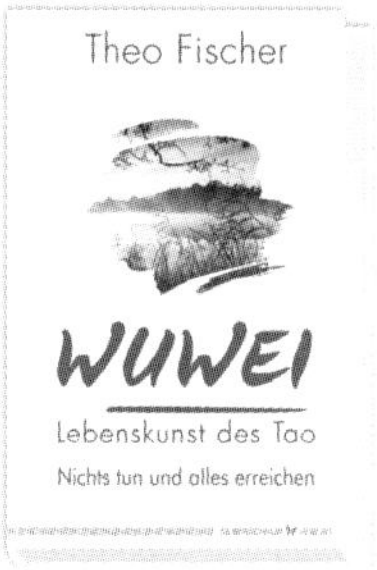

160 Seiten, durchg. farbig, gebunden
ISBN 978-3-89845-623-4
€ [D] 16,00

Theo Fischer

WuWei – Lebenskunst des Tao

Nichts tun und alles erreichen

Wer sich der jahrtausendealten Weisheit des Tao öffnet, wird erfahren, dass es sich mit ihr unbeschreiblich leicht lebt. Theo Fischer zeigt, wie man lernen kann, in der Gegenwart zu leben und das Leben zu genießen. Er begleitet uns auf dem Weg des Tao, der uns zeigt, dass wir das Leben annehmen sollen, so wie es ist, wie man aus seiner Mitte heraus durch Geschehenlassen handeln kann und dadurch frei von Sorgen und Gedanken um das Morgen wird. Wer aufhört, gegen seine innere Kraft zu kämpfen, der erfährt, wie schön und voller Freude unser Dasein von seiner ursprünglichen Bestimmung her sein kann.

224 Seiten, broschiert
ISBN 978-3-89845-596-1
€ [D] 17,00

Maria G. Baier-D'Orazio

Schneiden Sie die Tomaten doch mal anders als sonst

Aus der Routine des Alltags ausbrechen und jünger werden

Haben Sie sich nicht schon immer ein Leben gewünscht, in dem Platz ist für Neues, für Spontaneität, Lebenslust und Abenteuer? Genau dieses Leben können Sie sich erschaffen und frischen Wind in Ihr Leben lassen. Entdecken Sie, wie Sie mit kleinen Veränderungen dem Leben Farbe verleihen, es facettenreicher, intensiver werden lassen.
Der wunderbare Nebeneffekt: Diese neue Art an gelebter Intensität wird in Ihnen das Jungsein aktivieren. Begleitet von einer Vielzahl spielerischer Übungen, entdecken Sie so einen wahren Jungbrunnen für ein Leben, das sich jeden Tag neu erschafft.

88 Seiten, gebunden
ISBN 978-3-89845-530-5
€ [D] 9,95

Alira Fay

Bewusst malen - Krafttiere

Gönnen Sie sich eine kleine Auszeit vom geschäftigen Betrieb des Alltags. Wann immer Sie ein bisschen Ruhe und Kraft benötigen, nehmen Sie einfach diesen wunderbaren Anti-Stress-Begleiter, wo immer Sie möchten, zur Hand.
In diesem Buch erwarten Sie 36 wunderschöne und edle Krafttiere, die mit Farbe zum Leben erweckt werden wollen. Lassen Sie sich von den Bildern und den begleitenden Affirmation in den Bann Ihres Krafttieres ziehen, und bauen Sie so eine ganz besondere Verbindung zum Geist des Tieres auf – dies hilft dabei, sich auch mit dem eigenen Geist und der inneren Welt zu verbinden und schenkt Ruhe und Kraft.